Susanne Dohrn

Das Ende der Natur

Die Autorin
Susanne Dohrn ist promovierte Historikerin und lebt als freie Journalistin und Buchautorin in Schleswig-Holstein. Sie wurde 2013 in den Rat der Stadt Tornesch gewählt, war Mitglied der Chefredaktion des »vorwärts« und hat in verschiedenen Funktionen für Tageszeitungen und Magazine gearbeitet.

Susanne Dohrn

DAS ENDE DER NATUR

Die Landwirtschaft
und das stille Sterben
vor unserer Haustür

FREIBURG · BASEL · WIEN

Für Gerhard und Walther, die mich – jeder auf
seine Weise – gelehrt haben, genau hinzuschauen.

© Ch. Links Verlag GmbH, Berlin 2017

Erweiterte und aktualisierte Taschenbuchausgabe
© Verlag Herder GmbH, Freiburg im Breisgau 2018
Alle Rechte vorbehalten
www.herder.de

Umschlaggestaltung und Satz: Nadja Caspar, Ch. Links Verlag
Umschlagmotiv: © PKruger/shutterstock
Herstellung: CPI books GmbH, Leck

Printed in Germany

ISBN Print: 978-3-451-03170-0

INHALT

PROLOG
**Die industrielle Landwirtschaft –
Totengräberin der biologischen Vielfalt** 8

JANUAR: Eine Tüte Vielfalt 16

WIESEN UND WEIDEN
**Kein Platz für Mädesüß, Klappertopf
und Männertreu** 20
Hungerkünstler und Futterdiebe 24 · *Sargnägel für
die Vielfalt* 28 · *Retten was zu retten ist?* 33

FEBRUAR: Schälen und fräsen 35

ÄCKER
**Der organisierte Feldzug gegen Klatschmohn,
Kornblume und Co.** 36
Auf dem Feuerlilienpfad 40 · *100 Äcker für die Vielfalt* 44 ·
Kulturdenkmäler auf dem Acker 49 · *Dornröschen unter der
Erde* 52 · *Auf der Suche nach der Arche Noah* 55

MÄRZ: Der Trick mit dem Sand 58

KNICKS UND HECKEN
Plattgemacht: Das Wegenetz der Artenvielfalt 59
Der beste Windschutz aller Zeiten 62 · *Umgehauen,
abgeholzt, vernichtet* 70

APRIL: Das Unheil wächst zuerst 78

MOORE
Klimaschutz gratis mit Torfmoos, Sonnentau und Wollgras 79
Die Drohne im Moor 84 ·
Neue Moore braucht das Land 86

MAI: Gießen oder nicht? 93

MAIS
Ein Kraftprotz mit Nebenwirkungen 94
Gefährlicher Siegeszug 97 · *Der verstummte Acker* 101 ·
Der Mais, das Klima und der Boden 109

JUNI: Gruß aus der Samenbank 115

AMPHIBIEN
Kleiner König ohne Heim 116
Zertifizierter Eiersucher 117 · *Ohne Wasser kein Leben* 123 · *Killer auf dem Trecker* 127

JULI: Manche mögen's heiß 136

WIESENVÖGEL
Allerweltsarten in Not 137
Güllen, schleppen, mähen, ernten 140 · *Liebestaumel und schneller Sex* 145 · *Aufhorchen bei der EU?* 151

JULI: Sie sind wieder da 153

INSEKTEN
Bekämpfen bis zum letzten Flügelschlag 154
Schlechte Zeiten für Spezialisten 155 · *Schmetterlinge zählen* 159 · *Teuflische Wirkstoffe* 164 · *Die Tankstellen-Offensive* 169

AUGUST: Sensenleid 174

BODEN
Bedrohter Hotspot unter unseren Füßen 175
Würmer: Schwerstarbeiter unter der Erde 176 · *Der Boden-Lobbyist* 178 · *Gift und Gülle für den Boden* 182 · *»Black Box« Boden* 186

AUGUST: Ab ins Heu 190

AUSWIRKUNGEN AUF DEN MENSCHEN
Gefährlich für die Gesundheit 191
Die Natur wird zur Latrine 191 · *Klimawandel und intensive Landwirtschaft* 194 · *Resistente Keime aus dem Stall* 197 · *Zu viel Nitrat im Grundwasser* 200 · *Glyphosat – das neue DDT?* 203

EIN JAHR SPÄTER 208

DIE MÄR VOM NATURSCHUTZLAND DEUTSCHLAND 209
Naturschutz: Ein Tiger ohne Zähne 214 · *Exklusiver Nestbesuch* 219 · *Streit ums Wasser* 222

ZURÜCK ZUR NATUR
Eine andere Landwirtschaft ist möglich 225

ANHANG
Anmerkungen 234 · *Register von Tieren und Pflanzen* 261 · *Dank* 269

PROLOG
Die industrielle Landwirtschaft – Totengräberin der biologischen Vielfalt

Die unscheinbare Schöne mit den zartlila Kreuzblüten wächst seit Jahren unter unseren Apfelbäumen. Wiesenschaumkraut heißt sie und verdankt ihren Namen einem Fressfeind, der Wiesenschaumzikade. Ihre Larven beißen ein Loch in den Stängel und ernähren sich von Pflanzensaft. Zudem produzieren sie aus Eiweiß und Luft ein feuchtes Schaumnest. In dieser sogenannten Kuckucksspucke sind sie vor Fressfeinden geschützt. Schiebt man den Schaum ein wenig zur Seite, entdeckt man darin die kleine grüne Larve der Zikade.

Wegen des Wiesenschaumkrauts habe ich neuerdings ein schlechtes Gewissen. Das hat mit einem Falter zu tun. Sein Name: Aurorafalter. Sobald das Wiesenschaumkraut blüht, ist er da. Die Falter sind weiß, die Flügelspitzen der Weibchen grau, die der Männchen leuchtend orange. Bei den Gesprächen für dieses Buch habe ich viel darüber gelernt, wie eng Pflanzen und Insekten kooperieren. Aurorafalter suchen auf den Blüten des Wiesenschaumkrauts nicht nur Nektar, die Weibchen legen dort auch ihre Eier. Die kleinen Räupchen fressen bevorzugt Blüten und Samenschoten, verpuppen sich nach etwa fünf Wochen in Bodennähe und schlüpfen im kommenden Frühjahr. Hier kommen meine Gewissensbisse ins Spiel: Bis zum nächsten Frühjahr bearbeiten wir die Fläche mehrfach mit dem Motorrasenmäher, häckseln Raupen oder Puppen folglich klitzeklein. Wir verwandeln unser sorgfältig gehegtes Wiesenschaumkraut für den Aurorafalter in eine biologische Falle: Erst locken wir ihn an, dann bringen wir ihn um. Ich habe gelernt: Man kann nur schützen, was man kennt. In Zukunft wird das Wiesenschaumkraut nicht mehr gemäht, auch wenn das Stück Rasen irgendwann braun wird.

Aurorafalter sind häufig – noch. Möglicherweise gehören auch sie bald zu den bedrohten Arten. Denn die Landschaft um uns herum hat sich verändert: Bunt blühende Wiesen und Wegraine? Fehlanzeige. Äcker mit Mohn und Kornblume? Raritäten. Schmetterlinge? Seltene Gäste im Garten. Das morgendliche Vogelkonzert im Frühling und Frühsommer? Eine Stimme nach der anderen verstummt. Kröten, Unken, Salamander? Vom Aussterben bedroht. Wiesen- und Ackerpflanzen, zahllose Insektenarten und Feldvögel gehörten bis vor wenigen Jahrzehnten ganz selbstverständlich zu unserer Normallandschaft. Ihr Lebensraum sind die Wiesen und Weiden, Äcker, Wege, Hecken, Knicks und Feuchtgebiete, also landwirtschaftlich genutzte Flächen. Die machen mehr als 50 Prozent der Landfläche Deutschlands aus, sie sind unsere »Natur«.

Diese Vielfalt wurde von Menschenhand geschaffen, von Bauern, die das Land urbar machten und bearbeiteten. Doch als nach dem Zweiten Weltkrieg aus Bauern intensiv produzierende Landwirte wurden, änderte sich das rasant. Aus artenreichen Wiesen und Weiden machten sie Intensivgrünland, aus vielfältigen Ackerlandschaften industriell bewirtschaftete Monokulturen. Sie beseitigten Knicks, Hecken und Feldraine – das Wegenetz der Biodiversität – und legten nahezu jede Senke und Mulde trocken, die sich auf ihren Flächen befand. Weil Monokulturen anfälliger für Krankheiten sind, rücken sie nun mit Insektiziden, Herbiziden und Fungiziden – von der Industrie mit dem freundlichen Namen »Pflanzenschutzmittel« ausgestattet – allem zu Leibe, was von der angebauten Ackerfrucht abweicht, und vernichten so die Nahrungsgrundlage für alle körner- und insektenfressenden Tiere gleich mit. Und als wäre das noch nicht genug, verwandeln sie mit ihrer stinkenden, medikamentenverseuchten Güllefracht unsere Landschaft in eine gigantische Latrine.

Statt dem Treiben Einhalt zu gebieten, fördert die Politik den ganzen Wahnsinn mit Subventionen für Biogas noch zusätzlich. So wird die Landwirtschaft zur Totengräberin der biologischen Vielfalt, eine Entwicklung, die inzwischen sogar die Bodenlebewesen erfasst. Diesen rücksichtslosen Raubbau bekommen auch wir Menschen zu spüren. In vielen Bundesländern, auch in meiner Heimat Schleswig-Holstein, verseucht Nitrat aus der Gülle großräumig das Grundwasser. In den Urinproben vieler Menschen werden Rückstände von Glyphosat gefunden, einem Unkrautvernichter, der in Verdacht geraten ist, Krebs auszulösen. Seit Jahren streiten Wissenschaft und Politik, ob das Mittel verboten gehört.

Es ist pervers. Verglichen mit intensiv bewirtschafteten landwirtschaftlichen Flächen sind unsere Städte, ja sogar viele Randstreifen von Autobahnen mittlerweile geradezu ein Hort der Biodiversität. Exemplare der Bienen-Ragwurz, einer stark gefährdeten Orchideenart, wachsen in einem feuchten Graben entlang der A 8 nördlich von Amsterdam, weil dort nicht gedüngt und keine Herbizide ausgebracht werden. Auf den Randstreifen der A 14 bei Bernburg vermehren sich selten gewordene Zauneidechsen. Weil dort keine Insektizide ausgebracht werden, finden sie eine reiche Beute an toten und halbtoten Insekten, die ihnen die vorbeifahrenden Autos direkt vors Maul wirbeln. Die Eidechsen wandern von dort sogar auf neue Autobahnabschnitte aus.

In Ausnahmefällen leben an Autobahnen sogar Kreuzottern oder Schlingnattern. Auf dem Mittelstreifen einer Autobahn hat man neugeborene Blindschleichen gefunden, wie Klaus Richter, Professor an der Hochschule Anhalt, auf dem Deutschen Naturschutztag 2016 berichtete. Im Begleitgrün der A 14 bei Bernburg in Sachsen-Anhalt zählten Wissenschaftler und freiwillige Helfer 2014 zwischen Mai und September beispielsweise eine hohe Zahl an Tagfalterarten, wie man sie heute in der intensiv genutzten Agrarlandschaft vergeblich sucht. Vor allem für ehemals weit verbreitete Arten können solche Grünflächen heute wichtige Rückzugsräume sein, gelegentlich treten sogar Seltenheiten auf, wie zum Beispiel der Himmelblaue Bläuling, der in der Region Bernburg seit 1975 verschollen war, oder das Veränderliche Widderchen, das ebenfalls auf der Roten Liste steht. Übrigens ist die Fläche des Begleitgrüns in Deutschland mit etwa vier Prozent der Landesfläche etwa halb so groß wie die der Naturschutzgebiete in unserem Land.[1]

Landwirtschaftlich genutzt werden hingegen mehr als 50 Prozent unseres Landes. Hinzu kommen noch gut 30 Prozent Wald. Siedlungs- und Verkehrsflächen machen nur knapp 14 Prozent der Landesfläche aus. Das als Hinweis an alle, die, wie kürzlich eine Agrarlobbyistin, meinen, den Verlust der Insektenvielfalt auf den Tod an Autofrontscheiben zurückführen zu können.

Bei einem der vielen Gespräche für dieses Buch fiel ein Satz, der sich mir eingebrannt hat: »Die Landschaften meiner Kindheit waren voller Leben.« Er stammt von Michael Succow, Landschaftsökologe und Träger des Alternativen Nobelpreises. Succow wurde 1941 in Brandenburg als Sohn eines Landwirts geboren. Vom Fenster seines Kinderzimmers sah er Großtrappen bei der Balz zu: Die Hähne leuchteten wie weiße Federbälle, die Weibchen mit ihren langen Beinen und Hälsen hielt er bei seinen ersten Begegnungen für Strauße. Im Dezember 1959 beobachtet er Tausende Finkenvögel: Grau-, Gold- und Rohrammern, Buch- und Bergfinken, Blut- und Berghänflinge, Birkenzeisige, Feldsperlinge bei der Suche nach Samen auf einem abgeernteten Acker. »Ich meinte damals, das bliebe immer so.« Wenn er heute die Landschaft seiner Kindheit besucht, stimmt ihn das traurig. Der Gesang der Gartenammer aus den Wipfeln der Linden ist verstummt, der einst von Schwanenblume und Pfeilkraut umsäumte Feldteich, in dem Wasserläufer und Gelbrandkäfer, Rotbauchunke und Kammmolch lebten, ist ausgetrocknet. Selbst die Regenwürmer sind selten geworden. »Komme ich heute in mein Heimatdorf, wandere ich durch Ackerfluren, die mir früher so vertraut waren, so bin ich immer wieder von neuem erschüttert. Wie wenig ist geblieben! Die Idylle meiner Kinderjahre – zur Unkenntlichkeit entstellt, ausgeräumt, erloschen.«[2]

Wer jung ist, mag denken: So jammerten die Alten schon immer. Ich gebe zu, eine Weile ging es mir ähnlich. Bis ich von »shifting baselines« las. Entdeckt hat sie der Fischereibiologe Daniel Pauly. Er stellte fest, dass Fischereiexperten die Fisch-Populationen am Beginn ihrer Karriere als Referenzpunkte nutzten, aber nicht die Populationen aus den Generationen davor. So fiel es ihnen zwar auf, dass im Laufe ihres Forscherlebens die Fische kleiner und seltener wurden. Doch um wie vieles häufiger und größer die Fische eine Generation davor waren, nahmen sie nicht wahr. Für die Biodiversität gilt Ähnliches. Wer nie im Leben eine artenreiche Blumenwiese gesehen hat, wie es sie in den 1950er Jahren noch überall gab, mag blühenden Raps und Löwenzahn für biologische Vielfalt halten. Wer die Vielfalt heimischer Schmetterlinge nicht erlebt hat, gibt sich mit Admiral und Tagpfauenauge zufrieden. Dabei gäbe es so viel mehr zu entdecken.

Heute frage ich mich, warum mir die Veränderungen nicht früher aufgefallen sind. Ich glaube, es liegt nicht nur daran, dass langsame Veränderungen sich unserer Wahrnehmung verschließen. Es kommt noch etwas Wichtiges hinzu: Berichte über Millionenausgaben für den Schutz von Großtrappen, über Fische oder Fledermäuse, die Autobahnen verhindern können, haben bei mir für das Gefühl gesorgt, es werde bei uns eher zu viel als zu wenig für den Naturschutz getan. Wenn sich dann noch Wolf, Wildkatze, Biber, Fisch- und Seeadler wieder ausbreiten, verstärkt sich der Eindruck, Deutschland sei eigentlich Europas ökologischer Musterschüler. Wie weit wir davon in Wirklichkeit entfernt sind, zeigt dieses Buch.

Manchmal gibt es Heureka-Momente. Als ich vor ein paar Jahren im Sommer nach Estland fuhr, entdeckte ich eine Landschaft, an der ich mich nicht sattsehen konnte: das zarte Grün der Wegraine durchsetzt mit lichtem Blau und einem kleinen Stich ins Lila, weil der Wiesenstorchschnabel in voller Blüte stand. Rosa Wiesen-Flockenblumen, auf denen Sechsfleck-Widderchen sich sonnten, die wegen ihrer leuchtend roten Punkte auf den Flügeln auch Blutströpfchen heißen. Blaue Kornblumen, an denen der Schwalbenschwanz, unser größter Tagfalter, Nektar saugte. Die Erkenntnis traf mich wie ein Schlag: So etwas gab es bis vor wenigen Jahrzehnten auch bei uns. Warum ist das weg?

Also begab ich mich auf die Suche nach der verlorenen Vielfalt, sprach mit Bauern und Botanikern, mit Insekten- und Vogelkundlern, mit Natur- und Landschaftsschützern, sogar ein Laubfrosch-Experte war dabei, und schnell kristallisierte sich eine Hauptursache heraus: die intensive Landwirtschaft, der ab den 1960er Jahren alle anderen Interessen untergeordnet wurden. Als dabei Butterberge, Milchseen und Rindfleischgletscher entstanden, wurden sie vernichtet oder gingen – von der EU hoch subventioniert – in den Export. Als viele Höfe diese Politik nicht überlebten, gaben die Funktionäre von Landwirtschaft und Ernährungsindustrie die Maxime »Wachsen oder Weichen« aus. Ein Umdenken fand nicht statt, obwohl die Warnungen seit den 1980er Jahren immer lauter wurden, dass diese Art der Landwirtschaft die Vielfalt und Schönheit unserer Natur peu à peu zugrunde richtet. Und als wäre das alles nicht schon schlimm genug, entdeckte die Politik die Biokraftstoffe und die Biogasanlagen, so dass heute auf knapp 20 Prozent der Ackerflächen Pflanzen für die Energieerzeugung angebaut werden.[3]

Es ist verrückt: Jahrtausende waren Artenvielfalt und Landwirtschaft zwei Seiten einer Medaille, ja die Vielfalt früherer Jahrhunderte wäre ohne die Landwirtschaft gar nicht erst entstanden. Doch nach dem Zweiten Weltkrieg hat die Landwirtschaft den Vertrag mit der Natur gekündigt. Sie wurde zu einer Industrie, die ohne Rücksicht auf Verluste unsere Lebensgrundlage ausbeutet und dabei eine Vielfalt zerstört, die nicht nur das Auge erfreut, sondern unsere Lebensgrundlage für die Zukunft sichert. Statt endlich umzudenken und umzusteuern, bietet die moderne Technik nur wieder eine scheinbar einfache Lösung an: Die Samen von Ackerwildkräutern werden in Samenbanken für die Zukunft konserviert, um sie bei Gelegenheit wieder herausholen zu können und ein paar Genschnipsel davon für eine neue Züchtung zu nutzen.

Dieses Buch will die Liebe wecken zu den bedrohten und viel zu oft übersehenen Pflanzen und Tieren der Agrarlandschaft – von den Wiesenblumen und den Ackerwildkräutern bis zu Insekten und Vögeln, die alle aufeinander angewiesen sind. Es ist ein *J'accuse* gegen die intensive Landwirtschaft, die die Vielfalt unserer Natur auf dem Altar immer neuer Ertragssteigerungen mit noch mehr Einsatz von Chemie und Dünger opfert, und eine Politik, die es fördert, dass tonnenweise Raps, Getreide und Mais in Biogasanlagen und Autotanks landen. Es ist zudem ein Appell, sich nicht Sand in die Augen streuen zu lassen, wenn behauptet wird, wir müssten so intensiv wirtschaften, um die Welt zu ernähren. In jeder meiner zahlreichen Lesungen aus diesem Buch bekam ich dieses Argument zu hören. Meist gefolgt von einem zweiten Hinweis: „Die Verbraucher wollen doch billige Lebensmittel."

Da hat die Agrarlobby gute Arbeit geleistet. Denn in Wirklichkeit ist es umgekehrt. Mit seinen Futtermittelimporten beansprucht Europa Millionen Hektar Ackerland vor allem in Lateinamerika – Ackerland, für das Urwälder gerodet, Kleinbauern vertrieben und ihrer Existenzgrundlage beraubt wurden. Dafür stehen die Kühe bei uns im Stall, statt auf einer artenreichen Wiese zu fressen, wie es ihrer Natur entspricht und produzieren mehr Milch als die Welt trinken kann. Anfang 2018 lagen in der EU 400 000 Tonnen Milchpulver auf Halde.

Wir leben in einem fatalen Kreislauf von industrieller Produktion, sinkenden Preisen und Mangel an Achtung vor den Produkten aus der Landwirtschaft. Im Durchschnitt wirft jeder von uns pro Jahr 82 Kilo Lebensmittel weg. Das sind zwei vollgepackte Einkaufswagen. Wir „bezahlen" dafür doppelt: mit unserem Geld und mit dem Verlust der Vielfalt in unserer Landschaft: auf blütenreiche Äcker, Wiesen und Weiden, auf das Insekten-Konzert an einem Sommertag, auf die Balzrufe von Kiebitzen, wenn der Frühling naht und das Froschkonzert am Dorfteich bei einem Ausflug aufs Land.

Ob wir in Deutschland einige Prozent mehr landwirtschaftliche Produktion haben oder weniger, wird die Nahrungsmittelsicherheit weltweit nicht berühren. Für die Artenvielfalt hingegen wären 20 Prozent nicht intensiv genutzte Ackerfläche ein Riesenschritt. Die Vielfalt unserer Natur ist ein kulturelles Erbe, über Jahrtausende von Menschenhand geschaffen, gehegt und gepflegt, älter als der Kölner Dom und vielfältiger als alle Kunstschätze aller Museen zusammen. Wir sollten uns endlich darauf besinnen, sie zu hüten und zu fördern. Gelungene Beispiele dafür gibt es, wenn auch noch viel zu selten. In diesem Buch kommen Landwirte, Forscher und Naturschützer ausführlich zu Wort, die beispielhaft für eine andere als die kritisierte Landwirtschaft stehen und gelungene Beispiele dafür sind, wie diese Vielfalt erhalten werden kann.

Einen Versuch dazu habe ich selbst gestartet. In meinem Garten habe ich eine artenreiche Wiese angelegt. Sie hat die Entstehung dieses Buches begleitet und sich zum Eldorado für Bienen, Hummeln, Schwebfliegen und Schmetterlinge entwickelt. Auch ein junger Hase und eine Ricke haben die Gräser und Wildkräuter für sich entdeckt. Jedes Jahr im September wird meine kleine Wiese gemäht – natürlich mit der Sense.

Tornesch, im August 2018

JANUAR
Eine Tüte Vielfalt

Die Idee, der intensiven Landwirtschaft etwas Konkretes entgegenzusetzen, entsteht an einem Januartag in Halle an der Saale. Dort treffe ich Josef Settele, Wissenschaftler am Helmholtz-Zentrum für Umweltforschung (UFZ). Gerade hat er ein Buch über die Tagfalter Deutschlands herausgebracht. In seinem Garten hat er eine Wiese angelegt, nur einige Quadratmeter groß, hinter dem Rasen für die Kinder. »Wir haben uns von einem Gärtnerkollegen eine Mischung aus regionaltypischem Saatgut geholt«, erzählt er. Jeden Sommer beobachte er nun mit großer Freude, »was dort so lebt«, und greift im Spätsommer zur Sense, um sie zu mähen. Das Beispiel zeigt: Die biologische Vielfalt kann man auch im Kleinen fördern.

Auf der Rückfahrt beschließe ich, selbst eine kleine Wiese anzulegen. Sie soll so aussehen wie früher, als in der Feldmark (Äcker, Wiesen, Weiden, Wälder, Raine, alles was zu einem Ort gehört, aber nicht bebaut ist) rosa Kuckucks-Lichtnelken blühten, lila Wiesenschaumkraut, blaue Rundblättrige Glockenblumen und man niemandem erklären musste, dass es sich bei Bläuling, Blutströpfchen oder Schwalbenschwanz um Schmetterlinge handelt. Ich will den Tisch decken für Hummeln und Bienen, für Falter und Fliegen. Im Netz finde ich einen Betrieb, der sich auf die Herstellung von regionaltypischem – das Fachwort lautet autochthon – Saatgut spezialisiert hat, und schicke eine Mail.

Dieses Saatgut wird in der Region gesammelt, vermehrt und dort wieder ausgebracht. Die Idee dahinter hat mit der Entwicklung unserer Natur und Landschaft zu tun. Wildpflanzen haben sich im Laufe der Jahrhunderte an die lokalen Umweltbedingungen angepasst. Abhängig von Klima, Boden, Sonneneinstrahlung und Feuchtigkeit, haben sie unterschiedliche genetische Potenziale entwickelt, sind stärker oder weniger frostempfindlich, blühen früher oder später. Hinzu kommt ein Artenspektrum, das sich von Region zu Region entsprechend den Bodenverhältnissen stark unterscheidet. Nördlich und westlich von Halle und im Südharz gibt es Muschelkalkhänge und Karstlandschaften, also kalkhaltige Böden. In Schleswig-Holstein hingegen herrschen Marsch- und Sandböden vor. Auf einer typischen artenreichen Wiese in der Umgebung von Halle wachsen demzufolge andere Pflanzen als auf einer Wiese im Norden Hamburgs.

Eine Stunde nach der Mail kommt der Rückruf. Sogleich wird die Sache verzwickt: Offensichtlich habe ich das falsche Unternehmen ausgesucht. Es beliefert landwirtschaftliche Betriebe und Kommunen, die Blühstreifen anlegen wollen, Flächen-Minimum: ein Hektar. Mit 50 Quadratmetern sei meine Wiese viel zu klein, »Apothekermengen« würden sie eigentlich nicht verkaufen, sagt der Berater. Wir einigen uns auf 500 Gramm Saatgut, doppelt so viel, wie ich für meine kleine Wiese brauche. Weniger sei nicht möglich, weil die gewünschte Menge und die Zusammensetzung für jeden Kunden individuell zusammengestellt werden müsse. Sei die Menge zu klein, werde der Aufwand zu teuer.

Meine Mischung nennt sich »Nordwestdeutsches Tiefland«, umfasst Marschen, Flusslandschaften und Altmoränen von Emden bis Lüneburg und Hannover bis Flensburg. Andere Mischungen heißen »Nördliche Kalkalpen«, »Fränkisches Hügelland« oder »Uckermark mit Odertal«. 22 sind es insgesamt. Meine enthält 35 verschiedene Arten, eine unglaubliche Vielfalt im Vergleich zu Wiesen heute, auf denen zwei bis drei schnellwachsende Gräser wie das Deutsche Weidelgras wachsen und vielleicht noch Löwenzahn.

Meine Gräser hingegen tragen Namen wie Wiesenrispe, die in den USA Bluegrass genannt wird und einer Bergkette, den

Bluegrass Mountains in Kentucky, den Namen gab. Ein anderes Gras heißt Wiesen-Fuchsschwanz und hat eine Ähre so dick wie Pfeifenputzer. Der Rotschwingel bildet dichte Horste am Boden. Würde meine kleine Wiese beweidet, wäre dieses Gras für die Tiere ein besonderer Leckerbissen. Die Feld-Hainsimse, eine Binse, schmeckt eher den Ameisen. Sie hat einen raffinierten Trick entwickelt, um neue Standorte zu besiedeln. Biologen nennen ihn Myrmekochorie, von griechisch mýrmēx *(= Ameise) und* chōrein *(= sich verbreiten). Die Simse stattet ihre Samen mit einem fettreichen Anhängsel aus. Diesen Leckerbissen tragen Ameisen mitsamt den Samen in ihre Bauten. Auf diese Weise verbreiten sie die Feld-Hainsimse.*

Zu den Hülsenfrüchten gehört die Vogel-Wicke, die leuchtend blau-lila blüht und nahrhafte Samen produziert, über die sich die Vögel im Herbst freuen werden. Das Echte Mädesüß heißt so, weil es nach der Mahd angenehm duftet. Der himmelblaue Gamander-Ehrenpreis trägt im Volksmund den Spitznamen Männertreu: Wenn man die Pflanze pflückt, fallen die Blüten rasch ab. Nicht alle Pflanzen werde ich im Laufe des ersten Jahres kennenlernen, warnt der Berater. Manche keimen erst nach dem nächsten oder übernächsten Winter. Die Wiese werde ihre Zusammensetzung im Laufe der Jahre verändern.

Die Tüte, ein schlichter, weißer, oben grob zugenähter Papierbeutel, kommt zwei Wochen später. Sie enthält elf verschiedene Gräser, fünf Leguminosen, ein anderes Wort für Hülsenfrüchte, und 19 unterschiedliche Kräuter, die alle zusammen bis vor wenigen Jahrzehnten überall zu ganz normalen Wiesen gehörten. In meinem Garten sollen sie wachsen und blühen dürfen, als buntes, vielfältiges, nektarreiches Insekten-Eldorado. Für die Aussaat ist es noch zu früh. Wir haben gerade mal Ende Januar, und wo die Wiese wachsen soll, befindet sich noch Rasen. Der muss erst abgeschält werden, damit meine Wiesensaat eine Chance gegen die konkurrenzstarken Rasengräser bekommt. So habe ich Zeit, mich mit dem Inhalt der Tüte zu beschäftigen und die langen schma-

len, dicken runden, großen und kleinen Saatkörner zu erforschen. Was heißt es, wenn die Tüte fünf Gramm Vogel-Wicke enthält, 2,5 Gramm Rotklee und 2,5 Gramm Gamander-Ehrenpreis, aber 70 Gramm Rotschwingel? Wie viele Pflanzen können das werden? Hunderte, Tausende, zehn, eine?

Die Recherche ergibt: Das Gewicht von Saatgut wird als Tausendkornmasse angegeben und die ist bei jeder Pflanze anders. Die Samen der Vogel-Wicke sind dick und schwer. 1000 Stück wiegen 40 Gramm, 1000 Rotkleesamen hingegen um die 2 Gramm, beim Rotschwingel sind es nur noch 1,2 Gramm, und der Gamander-Ehrenpreis ist geradezu ein Leichtgewicht. 1000 Samen bringen nur 0,2 Gramm auf die Waage. Entsprechend bunt ist die Saatgut-Mischung: Gut 125 Saatkörner von Vogel-Wicken, gut 1250 des Rotklees, 12 500 Ehrenpreissamen und 63 000 des Rotschwingels. Er ist eines der elf Gräser auf meiner kleinen Wiese und soll mehr als einen Meter hoch werden. Ob die Blütenpflanzen dazwischen überhaupt noch zu sehen sein werden? Wird die kleine Wiese womöglich Ehrenpreis-blau blühen oder Rotklee-rosa?

WIESEN UND WEIDEN
Kein Platz für Mädesüß, Klappertopf und Männertreu

Wiesen und Weiden sind Menschenwerk, ihre natürliche Vielfalt verdanken sie den Bauern. Es gibt sie, seit Menschen in der Jungsteinzeit begannen, sesshaft zu werden. Bauern haben sie dem Wald abgerungen, haben Bäume gefällt, auf die so entstandenen Grünflächen ihre Tiere getrieben und Äcker angelegt. Die Bäume des Waldes lieferten Viehfutter und Einstreu für die Ställe.[1] Die biologische Vielfalt unserer Wiesen und Weiden entstand weitgehend aus dem schon vorhandenen Arteninventar, das der Beweidung standhielt oder sich ihr anpasste. Rinder, Schafe, Schweine und Ziegen sorgten dafür, dass neue Büsche und Bäume nicht nachwachsen konnten, und verbreiteten mit ihrem Fell und in ihrem Dung die Pflanzensamen.

Die strikte Trennung zwischen Wald und Weide, wie wir sie heute kennen, gab es nicht. Das Vieh lebte vielerorts bis in die Neuzeit fast ganzjährig im Wald. Und zwar in großen Zahlen, wie ein Protokoll aus dem Jahr 1739 zum Vieheintrieb in den 4500 Hektar großen Kaufunger Wald in Nordosthessen/Südostniedersachsen zeigt: In ihn wurden jährlich 795 Schweine, 1173 Rinder und 3146 Schafe getrieben, im 21 000 Hektar großen Reinhardswald in Hessen waren es sogar 5459 Schweine, 3059 Pferde, 5869 Rinder, 19 374 Schafe und 718 Ziegen. Für kirchliche und weltliche Grundbesitzer war die Verpachtung von Weiderechten zur Schweinemast im Wald eine wichtige Geldquelle.[2]

Die tausendjährigen Eichen, die heute fälschlich als Urwaldrelikte angesehen werden, sind die Zeugen dieser Nutzung als Hute- oder Hudewald. Sie konnten nur deshalb so raumgreifende Kronen ausbilden, weil die Tiere die Flächen um sie herum kurz hielten und Platz schufen. Wo immer heute solche alten Eichenriesen stehen, kann man mit ziemlicher Sicherheit davon ausgehen, dass es sich um Bäume aus einem als Viehweide genutzten Hutewald handelt. Mit dem Ende dieser gemeinschaftlich genutzten Wälder spätestens im 19. Jahrhundert verschwanden Vögel wie der Wiedehopf aus der Landschaft. Der etwa drosselgroße Vogel wirkt wegen seiner aufrichtbaren fünf bis sechs Zentimeter langen Federhaube viel größer, nistet gern in den Höhlen alter Bäume, zum Beispiel von Hute-Eichen, sucht aber in offenen Landschaften mit kurzer Pflanzendecke seine Nahrung.

Die großen Heuwiesen hingegen sind eine Erfindung der vergangenen 100 bis 150 Jahre. Für die Heuwiesen nutzten die Landwirte vor allem Flussniederungen. Dort leiteten sie das Wasser im Frühjahr durch »Flöße« – das sind kleine Gräben – auf die Wiesen. Die nährstoffhaltigen Schwebstoffe des Flusswassers düngten die Wiesen, beanspruchten also keinen wertvollen und knappen Stallmist, der für die Feldkulturen benötigt wurde. So sind auch die ehemals artenreichen Feuchtwiesen durch menschliche Nutzung entstanden, denn die ein- bis zweimalige Heuernte begünstigt Blütenpflanzen, die das Licht lieben. Mit der Mahd werden dem Gras Nährstoffe entzogen und die Saat der Blütenpflanzen kann ausfallen, bevor das Heu abgefahren wird. Die Heuwiesen waren eine Folge des steigenden Fleischkonsums im 19. Jahrhundert, weshalb die Landwirte mehr Viehfutter für den Winter einlagern mussten. Damals wurde Fleisch zur Ikone der gesunden Ernährung. »Die gewöhnlichsten Erfahrungen geben zu erkennen, dass das Fleisch vor allen anderen Nahrungsstoffen die größte Ernährungsfähigkeit besitzt«, schrieb Justus von Liebig, der Erfinder von »Liebigs Fleischextrakt«, nicht ganz uneigennützig in seinen »Chemischen Briefen«, die er ab 1841 regelmäßig in der *Augsburger Allgemeinen Zeitung* veröffentlichte.[3]

Im Laufe der Jahrhunderte passten sich menschliche Nutzung, Pflanzen, Insekten und Vögel auf Weiden und Wiesen einander an. Auf trockenen Böden leben Pflanzen, die lange Durststrecken ertragen können, wie der Wiesensalbei, auf nassen Standorten solche, die mit viel Feuchtigkeit klarkommen, wie die Kuckucks-Lichtnelke mit ihren ausgefransten rosa Blüten. Es gibt Wiesenpflanzen, die an saure Böden angepasst sind, und solche, die lieber auf kalkhaltigen wachsen, wie in der Schwäbischen Alb. Auf mageren Wiesenstandorten gedeihen andere Pflanzen als auf nährstoffreicheren. Deshalb gehörte früher zu jeder Region und jedem Bodentyp eine typische Wiesenlandschaft mit ihrer ganz eigenen Blütenpracht.

Es gab gelb blühende Schlüsselblumen-Wiesen, Storchschnabel-Goldhafer-Wiesen, Salbei-Glatthafer-Wiesen, Wiesenschaumkraut-Fuchsschwanz-Wiesen, Sumpfdotterblumen-Wiesen, um nur einige zu nennen. Botaniker haben jeder dieser Pflanzengesellschaften einen Namen gegeben. Alle sind an bestimmte Standortvoraussetzungen gebunden und haben eine ganz spezifische Zusammensetzung. In manchen Fällen wachsen 60 bis 100 verschiedene Pflanzenarten auf einer solchen Wiese. Das hat wiederum eine entsprechende Vielfalt von Insekten zur Folge und von Vögeln, die sich von ihnen ernähren.

Je magerer die Böden, umso größer ist oft die Vielfalt, denn auf diesen Standorten sind die langsam wachsenden Hungerkünstler zu Hause. Einige haben ausgebuffte Strategien entwickelt, um unter diesen widrigen Umständen zu überleben. Der gelb blühende Große und Kleine Klappertopf bemüht sich gar nicht erst, selbst für ausreichend Nahrung zu sorgen. Er zapft lieber die Wurzeln benachbarter Pflanzen an, um ihnen Wasser und Nährstoffe zu rauben, weshalb die Bauern ihn nicht schätzen und ihn Milchdieb nennen. Versucht er bei der

Magerwiesen-Margerite auf Futterraub zu gehen, beißt er allerdings auf Granit, beziehungsweise auf Holz. Sie bildet harte Bereiche, um sich gegen den Nährstoffklau zu wehren.[4]

Pflanzen auf trockenen Standorten verhindern trickreich, dass sie zu viel Wasser verlieren. Eine Möglichkeit ist: Verdunstungsfläche reduzieren. Das geschieht mit kleinen, fein zerteilten Blättern oder mit einer schützenden Wachsschicht. Oder sie produzieren ihren Schatten selbst. Das Habichtskraut trägt dazu unter seinen Blättern einen dicken Filz. »Wenn wir zwei gleich große Blätter im selben Momente von der Pflanze abtrennen und so in die Sonne legen, dass eines die nackte Ober-, das andere die zottige Unterseite den Strahlen darbietet; ersteres wird weit früher welken«, ist unter dem Titel »Sommerlust« in einem Beitrag des *Bulletin de la Société des naturalistes luxembourgeois* aus dem Jahr 1900 zu lesen. Und das, obwohl sich die Wasser abgebenden Spaltöffnungen nur auf der Blattunterseite befänden, schreibt der Autor und erklärt, warum diese Pflanzen ihre Blätter einrollen, wenn die Sonne es zu bunt treibt. Dann zeigt das Habichtskraut nämlich seine behaarte Unterseite zur Sonne. Fetthennen mit ihren dickfleischigen Blättern schaffen es sogar, die Sammler von getrockneten Pflanzen auszutricksen. »Wenn man sie ins Herbarium presst, wachsen sie zwischen den Trockenpapieren lustig weiter und entfalten ihre bis dahin verschlossenen Blüten.«[5]

Eines haben alle Wiesenpflanzen gemeinsam: Sie sind langlebig. Sie können Jahre, manchmal Jahrzehnte an einem Standort existieren. Sie sind darauf angewiesen, dass sie – allerdings nicht zu oft – gemäht oder von Tieren abgefressen werden, sonst würden mehrjährige Stauden, Büsche und Bäume nach und nach ihre Fläche erobern und sie verdrängen. Ihre Samen hingegen sind eher kurzlebig. Sie sterben innerhalb von einem bis fünf Jahren ab. Nur weniger als 20 Prozent der Saaten von Grünlandarten überleben länger.[6] Vermutlich waren ihre Lebensbedingungen verhältnismäßig konstant und es gab kaum eine Auslese hin zu langlebigem Saatgut. Für meine kleine Wiese hat das eine praktische Konsequenz: Ich werde sie im kommenden Jahr vergrößern müssen, bevor die Samen ihre Keimfähigkeit verlieren. Denn für die geplante Fläche brauche ich nur die Hälfte des Saatgutes, das ich erhalten habe.

Hungerkünstler und Futterdiebe

Bis in die 1960er Jahre waren Wiesen und Weiden ein Eldorado für Pflanzen, Insekten und Vögel. Die Vielfalt der Gräser und Kräuter bildete ein Mosaik aus kurzem und hohem Bewuchs. Es gab trockene, feuchte und nasse Stellen, und entsprechend dicht oder dünn war der Boden bewachsen. Auf offenen Trittstellen konnten Schmetterlinge Mineralien aus dem Boden saugen und sich in der Sonne wärmen, es konnten sich Pionierpflanzen ansiedeln wie der Kreuzenzian, der zum Keimen offenen Boden braucht. Auf den unbefestigten Feldwegen lebte eine »Trittgesellschaft« aus Pflanzen, die an Störungen angepasst war, wie Vogelknöterich und Breitwegerich, die ihre Nährstoffe in den Wurzeln speichern und sich nach Verletzungen durch Viehtritt oder Wagenräder rasch wieder erholen können. Minze und Disteln, die von den Rindern ungern gefressen werden, lieferten Pollen und Nektar für Fliegen, Käfer und Schmetterlinge, auf die wiederum insektenfressende Vögel Jagd machen.

Viele dieser Standorte, wie die Bergwiesen im Harz, wurden über Hunderte von Jahren auf die gleiche Art und Weise bewirtschaftet. Die Bergleute dort hielten Vieh, vor allem robuste Rinder wie das Harzer Rote Höhenvieh oder die genügsamen Harzziegen, und legten für die Winterfütterung Heuwiesen an. Extensive Beweidung, regelmäßige Mahd und ein Mangel an Düngemitteln haben im Harz Juwelen der Artenvielfalt entstehen lassen, die je nach Höhenlage und Wasserversorgung eine ganz unterschiedliche Zusammensetzung der Flora und Fauna zur Folge haben. Weiterbestehen kann sie nur, wenn diese Art der Nutzung beibehalten wird – mit extensiver Beweidung und Heugewinnung, in unzugänglichen Bereichen heute mit der Muskelkraft engagierter Naturschützer, wenn Maschinen nicht eingesetzt werden können, weil das Gelände zu steil oder unzugänglich ist. Bleibt diese Landschaftspflege aus, verschwindet diese Vielfalt innerhalb weniger Jahre. Hochwachsende Stauden, Büsche und Bäume verdrängen die Licht liebenden Wiesenpflanzen.

In der Nähe von Greifswald hat ein artenreiches Wiesen-Juwel inmitten landwirtschaftlich intensiv genutzter Flächen überlebt, der »Heidehügel von Mesekenhagen«. Für die Botaniker der Universität Greifswald war er schon zu DDR-Zeiten ein Hotspot der Diversität. Seit 2013 ist er ein Naturdenkmal und steht unter Naturschutz. Naturdenkmäler sind nach dem Bundesnaturschutzgesetz »Einzelschöpfungen der Natur«, zum Beispiel seltene Bäume, Findlinge oder bis zu fünf Hektar große Flächen von besonderer »Seltenheit, Eigenart oder Schönheit«. Den Heidehügel müsse ich unbedingt kennenlernen, sagt Peter König. Er lehrt an der Universität Greifswald und ist Kustos des Botanischen Gartens der Universität, eines der ältesten in Deutschland. Der Garten wurde 1763 von Samuel Gustav Wilcke gegründet, der bei dem schwedischen Naturforscher Carl von Linné Naturalhistorie studiert hatte. Die naturkundliche Exkursion wird zu einer Schule des Sehens und wirbelt mein bisheriges Verständnis einer Heidelandschaft, in die früher unsere Bienen zum Honigsammeln gebracht wurden, ganz schön durcheinander.

Von Greifswald fahren wir Richtung Nordwesten und parken nach einigen Kilometern an einer nassen Wiese. Zu sehen ist nichts als feistes Grün mit dem einen oder anderen gelben

Tupfer Löwenzahn. Wir stapfen gegen den Wind an, der an diesem kalten Maitag unerbittlich von der Ostsee weht, König mit dem schnellen Schritt des Ortskundigen vorneweg. Ich halte derweil Ausschau nach Heidepflanzen. Die sind nicht in Sicht. König bemerkt meinen Blick. »Sieht aus, als ob hier nichts los ist. Tote Hose, salopp gesagt«, so der Botaniker, als wir endlich stehen bleiben. Offensichtlich sind wir da, nur, wo bleibt die Heide? Die werde ich nicht zu Gesicht bekommen, erfahre ich, denn ich bin einem Missverständnis, besser gesagt meiner Unwissenheit, auf den Leim gegangen. »Früher war Heide alles, was nicht als Privatbesitz zugewiesen war, also Allmende.« Heide umfasste also eher einen Rechtsbegriff als die Landschaftsform, an die wir heute bei der Lüneburger Heide denken.

Bei der »Heide« von Mesekenhagen handelt es sich um einen eiszeitlich entstandenen Sandhügel, umgeben von ertragreichen Böden. In der Tat fällt beim genauen Hinschauen auf, dass der Bewuchs nicht ganz so dick und dicht ist wie auf der Wiese, über die wir gerade gekommen sind. Auch das Grün ist reicher an Schattierungen. Weil der Boden, anders als in der unmittelbaren Umgebung, wenig ertragreich ist, blieb er über die Jahrhunderte eine gemeinschaftlich genutzte Schafweide oder Streuwiese. So nannte man Wiesen, die einmal im Jahr, im Spätsommer, gemäht werden und deren nährstoffarmes Heu nicht als Futter, sondern als Einstreu im Winter verwendet wurde. Als zu DDR-Zeiten die Intensivierung der Landwirtschaft vorangetrieben wurde, blieb der Sandhügel verschont, weil er zu niedrige Erträge versprach. Deshalb hat sich dort eine Fülle von Arten erhalten, die man im Grünland der Umgebung vergeblich sucht.

König bückt sich, zupft einige unscheinbare Grashalme ab, reibt sie zwischen den Fingern und hält sie mir unter die Nase. Das Gras verströmt ein leichtes Waldmeisteraroma. Die Erklärung dafür: Es enthält eine chemische Vorstufe des Cumarins, das auch als blutgerinnungshemmender Arzneistoff bekannt ist. »Wohlriechendes Ruchgras, *Anthoxanthum odoratum*«, sagt König. »Das ist ein Gras, das sehr schwachwüchsig ist und an nährstoffarme Standorte angepasst ist. Wenn das Nährstoffangebot am Standort steigt, wird es verdrängt.« Einige Schritte weiter entdeckt er die auberginefarbene glockenartige Blüte der Bach-Nelkenwurz. »*Geum rivale*, die Wurzel hat man früher ausgegraben und als Nelkenersatz verwendet.« Daher der Name. Echte Nelken aus dem Kolonialwarenladen waren teuer und vermutlich auch nicht immer vorrätig. Er zeigt auf die Blätter der Färber-Scharte. »Sie hat bläulich-violette Blüten und ihre grünen Pflanzenteile wurden zum Gelbfärben verwendet.« So wird der Ausflug auf die Magerwiese zum Anschauungsunterricht in den vielfältigen Nutzungsmöglichkeiten von Wildpflanzen.

Auf dem Heidehügel blüht zuhauf das Breitblättrige Knabenkraut, eine geschützte heimische Orchideenart. »Orchideen produzieren die winzigsten Samen, die es in der Natur gibt«, sagt der Botaniker und gewährt einen Einblick in deren raffinierte Vermehrungsstrategie: Die Samen wiegen nur wenige Mikrogramm und jede Pflanze produziert Abertausende. Die Samen sind so leicht, dass der Wind sie Hunderte Kilometer weit verbreiten kann. Damit steigt die Aussicht, dass sich irgendwo schon ein geeigneter Lebensraum finden wird. Diese Strategie hat einen gravierenden Nachteil: Den mikroskopisch kleinen Samen steht kein Nährgewebe zur Verfügung, von dem sie leben können, bis sie Keimblätter gebildet haben und Photosynthese betreiben können. Der Orchideenembryo braucht einen Partner, der ihm den notwendigen Energieinput in der ersten schwierigen Lebenszeit liefert. Dieser Partner ist ein Pilz. Nur dort, wo die Orchideensamenkörner auf diesen Pilz treffen, haben sie eine Chance zu wachsen.

Allerdings ist der Pilz nicht selbstlos. Sobald die Orchidee Blätter für die Photosynthese gebildet hat und Wurzeln, mit denen sie Mikronährstoffe im Boden anzapfen kann, fordere der Pilz seine Investition zurück, so König. Nun muss die Orchidee ihm Nährstoffe abgeben. Allerdings achtet sie dabei darauf, dass der Pilz nicht zu viel verlangt. »Wenn man einen Querschnitt durch die Wurzel macht, ist außen der Pilz mit seinen Hyphen.« Das sind fadenartige Zellen, mit denen Pilze ihre Nährstoffe und Wasser aufnehmen. König weiter: »Der Pilz dringt ein paar Zelllagen tief in die Wurzeln ein. Irgendwann sieht man keinen Pilz mehr, weil die Hyphen durch die Pflanze aufgelöst werden.«

Sargnägel für die Vielfalt

Kulturgrasland gehörte lange Zeit zu den artenreichsten Lebensräumen. Mehr als 1000 Pflanzenarten wurden darauf insgesamt nachgewiesen. Das war einmal. Ab den 1950er Jahren verwandelte sich die Vielfalt in einem rasanten Ausmaß in Eintönigkeit, eine Entwicklung, die ganz Deutschland erfasste. Es blieben einige wenige Rückzugsgebiete, auf denen sich die intensive Landwirtschaft nicht lohnte, die aber, wie der Heidehügel oder die Bergwiesen im Harz, weiter traditionell bewirtschaftet werden. Sie sind Archen der Vielfalt. »164 als schutzwürdig erkannte Halbtrockenrasen (in Niedersachsen) nehmen nur 0,02 % der Landesfläche ein; sie beherbergen jedoch 16 % aller höheren Pflanzen-, 25 % aller Schnecken-, 33 % aller Tagfalter- und 50 % aller Heuschreckenarten des Landes. In Bayern kommen sogar 38 % der gefährdeten höheren Pflanzen in den Trockenrasen vor, die 0,26 % (18 000 ha) der Landesfläche bedecken«, mahnte der Sachverständigenrat für Umweltfragen der Bundesregierung (SRU) schon 1985.[7] Seitdem hat sich die Situation weiter dramatisch verschlechtert.

Verursacht hat diesen Rückgang eine Landwirtschaft, die, unterstützt von der Politik, nur ein Ziel hat: die Steigerung der

Erträge. Nach dem Zweiten Weltkrieg setzte ein gigantisches Modernisierungsprogramm ein. Eines der wichtigsten Projekte der Nachkriegszeit war die Flurbereinigung. Dabei wurden ab 1953 verstreute Flächen und zersplitterter Grundbesitz in ganz Deutschland zu größeren Flächen zusammengefasst, um sie effektiver nutzen zu können und die landwirtschaftliche Produktion zu erhöhen. Zur Flurbereinigung gehörten auch bodenverbessernde Maßnahmen wie Entwässerung, die Kultivierung von Ödland und Moorflächen, die Beseitigung von Knicks und die Befestigung der Wege mit robusten und leistungsfähigen Betonfahrspuren. »Ein Zurück zur Natursteppe kann es nicht geben«, heißt es 1980, beseelt vom Fortschrittsglauben, in einer Jubelbroschüre über »25 Jahre Flurbereinigung« in Schleswig-Holstein, herausgegeben vom Ministerium für Ernährung und Landwirtschaft. Größere Flächen ermöglichten größere Maschinen, ermöglichten eine intensive Landbewirtschaftung, »die auf den Flächen nur die bestellte Frucht dulden kann«. Ziel war es, die Natur mithilfe der Technik so zu korrigieren, »dass den Nutzpflanzen an jedem Standort optimale Wachstumsbedingungen geboten werden«.[8]

Dass das negative Auswirkungen auf die Vielfalt der Natur hatte, wussten auch die Autoren der Broschüre. Die Zahl der gefährdeten oder vom Aussterben bedrohten Pflanzen- und Tierarten ist in ihr nachzulesen: »Nach der ›Roten Liste‹ der Pflanzenarten sind von den etwa 1380 Gefäßpflanzenarten in Schleswig-Holstein 546 Arten, d. s. rd. 40 Prozent, in ihrem Bestand gefährdet. 71 Arten sind bereits ausgestorben, 150 Arten sind bedroht. Die ›Rote Liste‹ der Brutvogelarten führt von 187 hier vorkommenden Arten 68 als gefährdet an.« Wohlgemerkt, das war 1980, und mit Gefäßpflanzen sind nicht etwa irgendwelche Sonderlinge der Natur gemeint, sondern alles, was Samen bildet, Wurzeln, Stängel, Zweige und Blätter – also Bäume, Sträucher, Blumen, Gräser und Farne. Die Autoren wischten die Erkenntnisse über die Rückgänge der Pflanzenarten mit dem Hinweis vom Tisch, die Mehrzahl konzentriere sich auf »im Wesentlichen die feuchten Standorte, wie Moore, Sümpfe und feuchte Wiesen, sowie die Knicks«. Die »Normallandschaft« war damit außen vor, ebenso wie der Naturschutz. Für den hatten die Autoren einen zynischen Vorschlag: Er solle, da er finanziell nun mal schlechter ausgestattet sei als die Flurbereinigungsverwaltung, die Zusammenarbeit suchen, um aus der Rolle als »ständiger Nein-Sager« herauszukommen.[9]

Kontra gab es für diese Sichtweise vom Sachverständigenrat für Umweltfragen. Die institutionelle Flurbereinigung habe den großflächigen Anbau erst ermöglicht und die »ökologische ›Ausräumung‹ der Landschaft« unterstützt. Es gehe um nichts Geringeres als den »Totalitätsanspruch der modernen landwirtschaftlichen Produktion«, bei dem praktisch »nichts mehr der Spontaneität der Natur überlassen« sei. Von einer rückläufigen Tendenz der Flurbereinigung könne auch 1985 nicht gesprochen werden, da die Zahl der angeordneten Verfahren seit 1982/83 wieder ansteige. Bemühungen, dem Anliegen des Naturschutzes und der Landschaftspflege Rechnung zu tragen, seien gemessen am Flächenanteil »relativ gering«.[10]

Größere Flächen ermöglichen intensivere Bewirtschaftung und mehr Ertrag, auch im Grünland. Nach dem Zweiten Weltkrieg begann die Blütezeit des Mineraldüngers. Großindustriell herstellbar war er seit Anfang des 20. Jahrhunderts, jetzt entwickelte er seine volle Durchschlagskraft. Der Einsatz von Stickstoff verfünffachte sich in Westdeutschland von gut 500 000 Tonnen im Jahr 1949/50 auf knapp 2,5 Millionen Tonnen 1987/88.[11] In der DDR war die Entwicklung ähnlich. Nährstoffarme Standorte wurden damit quasi im Handumdrehen beseitigt, magere Grasfluren innerhalb von wenigen Jahren in Fettwiesen umgewandelt. Die Düngegaben führten zu einem fast kompletten Artenaustausch, wettbewerbsstarke Arten übernahmen die Regie. Sie wachsen schnell, sind ertragreicher und werden deshalb von der Landwirtschaft bevorzugt. Gleichzeitig verdrängen sie die licht- und wärmeliebenden Spezialisten der mageren Standorte, eine Entwicklung, die durch die ständig steigenden Güllefrachten aus der Massentierhaltung noch verstärkt wird. Wer wissen will, ob eine Wiese, ein Grünstreifen, Graben- oder Wegesrand sehr nährstoffreich ist, kann das an einfachen Kriterien feststellen: reichblühender Löwenzahn im Frühjahr, Gras, das im Juni bis zum Bauch steht, viele Brennnesseln, weiß blühender Kerbel und Bärenklau. Diese Pflanzen lieben viel Stickstoff und nutzen das Nährstoffüberangebot, um sich richtig breitzumachen. Sogar die Art der Schmetterlinge ist verräterisch: Es sind vor allem weiße.

Mehr Dünger gleich mehr Wachstum gleich mehr Ertrag – heutzutage können Wiesen deshalb statt ein- oder zweimal im Jahr drei-, vier- und fünfmal im Jahr gemäht werden. Auch das beeinträchtigt die Vielfalt. »Die Vorverlegung des ersten Wiesenschnittes vor die Blütezeit entzieht vielen Wiesenkräutern die Möglichkeit zur Blüten- und Samenbildung und hat außerdem negative Auswirkungen auf blütenbesuchende Insekten und die Buntheit des Landschaftsbildes«, kritisierte der Sachverständigenrat für Umweltfragen schon 1985 und warnte, das Gras-Kräuter-Verhältnis habe sich deshalb von ehemals 70 zu 30 auf ein Verhältnis von 85 zu 15 verringert. Seitdem wurden den Landwirten auch 15 Prozent Kräuter auf einer Wiese zu viel. Sie pflügten die Wiesen um und ersetzten Dauergrünland durch »Ansaatgrünland« mit sechs und weniger Arten, die die höchsten Erträge für die Futtergewinnung und die Weidemast liefern.

Artenreiches Grünland, also blütenreiche Wiesen und Weiden, das war einmal. Kaum ein anderer in Deutschland hat den Verlust so intensiv verfolgt wie der Geobotaniker Professor Christoph Leuschner mit seinem Team. Ich habe ihn in der Georg-August-Universität Göttingen besucht, wo er die Abteilung Pflanzenökologie und Ökosystemforschung leitet. Er sei mit dem Naturschutzbund Deutschland (NABU) groß geworden, erzählt Leuschner. Seinen Berufsweg als Biologe hat das geprägt. »In den 1970er Jahren habe ich im Moorgürtel von Neugraben, der damals ein großes Grünland-Moorgebiet war, die Brachvögel und Uferschnepfen gezählt. Alles zusammengebrochen.« Biologie habe er immer als Ökologie verstanden. Leuschner und sein Team, an dem Wissenschaftler der Universität Göttingen und des Senckenberg Museums für Naturkunde in Görlitz beteiligt waren, haben 2008 bis 2013 untersucht, wie in den vergangenen Jahrzehnten aus bunter Vielfalt Einheitsgrün wurde. Dazu sind sie in die Archive gestiegen und haben alte Diplomarbeiten mit Vegetationsaufnahmen aus den 1950er und 1960er Jahren herausgesucht. Sie haben die damals artenreichen Standorte in Niedersachsen, Schleswig-Holstein und Sachsen-Anhalt noch einmal besucht, die Pflanzen mit den gleichen Methoden erneut gezählt und mit den Daten von früher verglichen. »BioChange-Germany« hieß das Forschungsprojekt, das zum ersten Mal seit 1985 in großem Stil vergleichbare Zahlen lieferte.

Das Ergebnis ist alarmierend: Fast die Hälfte des Grünlandes aus den 1950er und 1960er Jahren war verschwunden, zum größten Teil umgewandelt in Ackerland, mit dem ein Landwirt mehr verdienen kann. Um den restlichen Teil des Grünlandes ist es schlecht bestellt. Artenreich waren 2008 gerade mal 16 Prozent, vom Feuchtgrünland waren noch 15 Prozent übrig. Entsprechend nahm die Artenvielfalt ab, so die Wissenschaftler. Von den 299 Arten, die es in den 1950er Jahren noch gegeben hatte, waren 110 gänzlich verschwunden. 23 erlitten dramatische Häufigkeitsrückgänge. Zu ihnen zählen nicht nur Rote-Liste-Arten, sondern auch ehemals häufige Pflanzen wie Kuckucks-Lichtnelke, Wiesenschaumkraut und das Wohlriechende Ruchgras. Besonders stark von den Rückgängen waren einjährige Arten betroffen und solche, die von Insekten bestäubt werden. Das Fazit der Wissenschaftler: »Viele konkurrenzschwache, weniger stickstoffbedürftige Arten mit Insektenbestäubung wurden durch konkurrenzstarke, nitrophile [Stickstoff liebend, S. D.] sowie mahd- und beweidungstolerante Arten mit Windbestäubung ersetzt.« Zum Vergleich untersuchten die Forscher ein Naturschutzgebiet. Es heißt »Gülper See«, liegt an der Unteren Havel und steht seit 1967 unter Schutz. Hier, wo die Natur dem Zugriff der intensiven Bewirtschaftung entzogen wurde, nahm die Zahl der Arten im gleichen Zeitraum sogar zu.[12]

Retten was zu retten ist?

Im Besitz meiner Familie befindet sich ein alter Kosmos-Naturführer. Er heißt »Was blüht denn da?«, riecht nach altem Buch und stammt aus dem Jahr 1965. Darin gibt es eine Rubrik mit dem Namen »Wiesen, Weiden, Triften«. Den Begriff »Triften« musste ich erst nachschlagen. Es sind Wege, die das Vieh regelmäßig zwischen Weideland und Stall benutzte. Das Wort ist in Vergessenheit geraten, weil die Stallhaltung überwiegt. Früher verknüpften Triften Biotope. Sie waren Wege, auf denen nicht nur das Vieh und mit ihnen die Pflanzensamen, sondern auch Insekten und Vögel von einem Biotop zum anderen gelangen konnten. Heute sind die meisten Biotope vereinzelt. Sie bilden kleine Inseln, zwischen denen Tiere und Pflanzen, Samen, Pollen und Sporen nicht mehr oder kaum noch hin und her wandern, sich genetisch austauschen und neue Flächen besiedeln können. Das gefährdet die Reste ursprünglicher Vegetation zusätzlich, denn natürlich ist das Risiko des Aussterbens größer, je kleiner eine Population ist.

Um 10 000 Liter Milch pro Jahr zu geben, brauchen Kühe ein so proteinreiches Futter, wie es eine artenreiche Wiese nicht leisten kann. Bullen müssen in 15 bis 18 Monaten ihr Schlachtgewicht von 500 Kilo erreichen. Schweine, die vermutlich ältesten Weidetiere des Menschen, werden zu Zehntausenden in engste Ställe gepfercht. Die genügsamen Schafe, die zudem mit ihrer Wolle für die Verbreitung der Wildkrautsamen sorgten, sind aus der Landschaft nahezu verschwunden. Auf knapp 60 Prozent der Landwirtschaftsflächen werden heute Futtermittel für die Intensivtierhaltung angebaut.[13] Die Folge ist Monotonie statt Artenvielfalt.

Das ist sogar dem Bundeslandwirtschaftsministerium aufgefallen. Zusammen mit der Bundesanstalt für Landwirtschaft und Ernährung finanziert es ein Forschungsprojekt der Universität Regensburg, das historisch altes Grünland identifizieren soll. Es soll dann in »Grünland-Erhaltungszentren« gesichert werden, bevor die einzigartigen Pflanzengesellschaften und ihre genetische Zusammensetzung ein für alle Mal verloren sind. 600 000 Euro werden dafür bereitgestellt – für drei Jahre.[14] Zum Vergleich: Die intensive Landwirtschaft wird in Deutschland mit mehr als sechs Milliarden Euro unterstützt – jährlich. Das ist mit Steuermilliarden betriebener Artenverlust.

In der Saatgutmischung für meine kleine Wiese befinden sich auch Kornblumen. Sie waren ein Zugeständnis des Saatgutherstellers an unsere ungeduldigen Zeiten, denn sie sollen dafür sorgen, dass meine kleine Wiese auch im ersten Jahr schon blüht. Kornblumen sind keine Wiesenblumen, sondern Ackerwildkräuter, deren Blau einst unsere Kornfelder prägte. Von mehr als 90 Prozent der Äcker sind sie verschwunden ebenso wie der Klatschmohn. Sie sind die Opfer eines Vernichtungsfeldzuges, den die Landwirtschaft mit Milliarden-Subventionen gegen alles führt, was nicht Mais, Raps oder Weizen ist.

FEBRUAR
Schälen und fräsen

Wo die Wiese wachsen soll, ist Rasen, und der muss weg. Die Saat hätte sonst keine Chance, sich gegen die schnell wachsenden Rasengräser, vor allem das allgegenwärtige Weidelgras, durchzusetzen. Ein befreundeter Gärtner kommt, schält mit einer Maschine die Grasnarbe ab und fräst den Boden, um die Wurzelreste herauszureißen. In zwei Stunden ist all das fertig, was mich Tage des Umgrabens gekostet hätte. Nun soll ich warten, bis alles abgetrocknet ist. Dann könne ich die »Klüten«, gemeint sind die Wurzeln, besser ausharken, weil die Erde gut abfällt. Ich hoffe ganz gegen meine Natur auf ein paar Tage »Kahlfrost«, also Minusgrade ohne schützende Schneeschicht für den Boden. Dann trocknen die Pflanzenreste schneller. Außerdem lockern Eiskristalle den Boden. Bodengare nennt man das, und die ist wichtig für das Pflanzenwachstum.

ÄCKER

Der organisierte Feldzug gegen Klatschmohn, Kornblume und Co.

Auf meinem Schreibtisch liegt ein Herbarium. Die Funde darin reichen zurück bis in die 1950er Jahre. Wer damals Pflanzen bestimmen wollte, hängte sich die Botanisiertrommel über die Schulter und zog los in die Feldmark. In das etwa 40 Zentimeter große ovale Gefäß mit einer Klappe auf der Oberseite konnte man die Pflanzen hineinlegen, um sie in Ruhe zu Hause mit einem Pflanzenführer zu bestimmen. Dann wurden die Stängel, Blätter und Blüten zwischen Löschpapier gelegt, gepresst, getrocknet, aufgeklebt und mit Namen versehen. Bis zur Erfindung der Farbfotografie bildeten Herbarien die einzige Möglichkeit, das Aussehen und die Herkunft von Pflanzen wissenschaftlich zu dokumentieren.

Die größten Herbarien befinden sich in St. Petersburg und London, mit jeweils rund 6,5 Millionen Bögen. In London wird auch ein Teil des Nachlasses Carl von Linnés verwahrt, darunter 14 000 Herbarbelege. Dem schwedischen Naturforscher verdanken wir eine geniale Erfindung. Linné beendete die bis 1753 üblichen langatmigen Pflanzenbezeichnungen und ersetzte sie mit lateinischen (und griechischen) Doppelnamen. So wurde aus »Bellis scapo nudo unifloro«, übersetzt »die einblütige Schöne mit dem nackten Stiel« – gemeint ist das Gänseblümchen –, »Bellis perennis«, »die ausdauernde Schöne«. Bellis ist der Gattungsname der »Schönen«, zu der 15 weitere Arten zählen. »Die einblütige Schöne mit dem nackten Stiel« gefällt mir zwar besser, aber ich kann Carl von Linné verstehen. Wer, wie er, beim Einsortieren und Beschriften Tausender Herbarbelege mit Namen konfrontiert war wie

»Salvia foliis lanceolato-ovatis integris crenulatis, floribus spicatis, calycibus acutis«, übersetzt »mit lanzenförmigen runden, unzertheilten und fein gekerbten Blättern, und Blumen welche in Aehren beysammen stehen, und spitzige Kelche haben«, musste eher früher als später die Geduld verlieren. Dank Linné heißt die Pflanze knapp und einprägsam »Salvia officinalis«, Gemeiner Salbei.[1]

Solche alten Herbarien sind mehr als nostalgisches oder historisches Anschauungsmaterial. Wissenschaftler können ihnen DNA-Proben entnehmen und sie mit heutigen Pflanzen vergleichen. Mein altes Herbarium erschließt mir die Flora der 1950er bis 1970er Jahre rund um meinen Heimatort Tornesch. Auf einer Seite des Herbariums hat die Wilde Möhre ihre weiße Dolde ausgebreitet. Daneben der Fruchtstand, bei dem sich die Strahlen der Dolde wie zu einem Vogelnest zusammengerollt haben. Am Stängel sind die zart gefiederten Blätter gut zu erkennen. Wissenschaftlicher Name: Daucus carota. Fundort: Feldrain Bergstraße, in der Nähe des Elternhauses. Datum: 10. August 1963. Inmitten der weißen Teilblüten des Herbarbelegs ist ein schwarzer Punkt zu erkennen. Er sieht aus wie ein Insekt, das zufällig mitgetrocknet und -gepresst wurde, aber das täuscht. Der Punkt ist eine sterile Blüte und heißt »Mohrenblüte«. Er gab der Wilden Möhre ihren Namen. Wissenschaftler nennen ihn Anthocyanpunkt. *Ánthos* ist das griechische Wort für »Blüte« und *kyáneos* bedeutet »dunkelblau«. Die Wilde Möhre ist eine Vorfahrin unserer Karotten. Die bis zu 80 Zentimeter lange dünne Wurzel der Wilden Möhre habe ich damals nicht ausgegraben, obwohl sie für ein perfektes Herbarium mitgepresst werden sollte. Die Raupen des Schwalbenschwanzes, einer unserer auffälligsten Tagfalter, fressen gerne die Blätter der Wilden Möhre.

Zu den gelben Pflanzen meines Herbariums gehört das Echte Leinkraut. Fundort: Wegrain, Lensahn. Datum: 16. Mai 1954. Lensahn liegt in der schleswig-holsteinischen Schweiz, nicht weit von der Ostsee. In die Rapsfelder dort brachte mein Vater jedes Jahr seine Bienen zum Honigsammeln. Während er am Wochenende die Bienenvölker inspizierte, botanisierte meine Mutter. Das Echte Leinkraut ist ein Mitbringsel von dort. Seine Blüte erinnert an ein kleines Löwenmaul. Der orangefarbene Lippenwulst ist fest an die zartgelbe Oberlippe gepresst. Nur Hummeln und einige größere Wildbienen sind imstande, sich Zugang zu dem Nektar in dem 10 bis 13 Millimeter langen Sporn zu erzwingen. Wenn die Hummeln dazu zu faul sind, beißen sie ein Loch in den Sporn, erkennbar an einem braunen Punkt. Das Loch können auch Insekten nutzen, deren Rüssel so kurz sind, dass ihnen die Nektarquelle verschlossen bliebe, zum Beispiel Honigbienen. Für die Pflanze ist das ein schlechtes Geschäft. Die Insekten umgehen so die Staubblätter mit dem Pollen, die für die Befruchtung und Vermehrung nötig sind.

Die Acker-Kratzdistel im Herbarium stammt von mir. Fundort: Garten, Datum fehlt. Vielleicht weil das gefürchtete Unkraut immer ausgerissen wurde. Sie ins Herbarium aufzunehmen war ein Akt des Widerstandes, denn ich liebte die vielen Falter, die kamen, um auf den roten Blüten Nektar zu saugen. An Wegrainen, wo die Distel immer noch häufig anzutreffen ist, kann man das gut beobachten. Wie die Acker-Kratzdistel in den Garten und auf die Äcker gekommen ist, ist eine interessante Geschichte. Sie war ursprünglich in unseren Wäldern heimisch, wechselte aber auf die Äcker, als vor etwa 7000 Jahren die Menschen in Europa begannen, Bäume zu fällen und Platz für den Anbau von Feldfrüchten zu schaffen.

Auf den von lästiger Konkurrenz befreiten Flächen fand die Pflanze ideale Bedingungen, weil sie aus ihrer langen Wurzel immer wieder austreiben und sich ausbreiten kann. Botaniker nennen heimische Pflanzen, die auf die Äcker wechselten, Apophyten. Allerdings waren die wenigsten Pflanzen, die wir heute als Ackerwildkräuter bezeichnen, ursprünglich bei uns heimisch. Bei der Mehrzahl handelt es sich um Einwanderer aus dem Süden, vor allem aus dem Fruchtbaren Halbmond, der sich von Jordanien entlang der Mittelmeerküste über Syrien, die südliche Türkei, Teile des Irans und den Irak bis zum Persischen Golf erstreckt. Dort entstand vor etwa 12 000 Jahren der Ackerbau. Zu diesen Zuwanderern aus dem Nahen Osten gehört auch die Kornblume, deren tiefes Blau über Jahrhunderte auf den Äckern leuchtete.[2]

Ich habe die Pflanzen mit meinem alten Kosmos-Naturführer »Was blüht denn da?« bestimmt. Sein Umschlag löst sich auf und er enthält nur Schwarz-Weiß-Zeichnungen. Ich habe ihn trotzdem nicht weggeworfen, denn er erlaubt den Blick zurück in eine Zeit, als die Industrialisierung der Landwirtschaft noch in den Anfängen steckte. Damals war Botanisieren eine Entdeckungsreise zu einem Reichtum an Farben und Formen, wie sie heute kaum mehr existieren. Damit man die Pflanzen im Buch findet, sind sie nach der Farbe der Blüten sortiert – Weiß, Gelb, Rot, Blau, Lila und Grün – und nach Standorten. Ein Standort heißt: »Äcker, Gärten, Wege, Bahndämme, Schutt« – aus heutiger Sicht ein ungewöhnliches Sammelsurium unterschiedlichster Lebensräume. Des Rätsels Lösung findet sich im Vorwort. Das Werk für den »fachlich nicht vorgebildeten Pflanzenfreund« hat der Innsbrucker Arzt Dr. Alois Kosch geschaffen, und zwar im Jahr 1935. Äcker, Gärten, Wege, Bahndämme und Schutt hatten damals eines gemeinsam: Sie waren, anders als heute, alle nährstoffarm. Kunstdünger war teuer und Stallmist knapp und kostbar, weil Rinder, Schweine und Geflügel nur den Winter im Stall verbrachten.

Auf dem Feuerlilienpfad

Weiß, Gelb, Blau, Rosa, Orange, Lila – bis vor einigen Jahrzehnten waren das die Farben des Sommers auf dem Land. Kornfelder mit Echter Kamille, Kornblume und Klatschmohn, Wegraine mit Leinkraut und Wilder Möhre waren fester Bestandteil unseres Landschaftsbildes. Wer zum ersten Mal in seinem Leben eine solche Vielfalt erlebt, ist überwältigt von ihrer Farbenpracht. Heute dominiert eine Farbe unsere »Normallandschaft«: Grün. Die Ausnahme bilden wenige Wochen im Frühjahr, wenn Raps und Löwenzahn Äcker und Wiesen gelb färben. Raps wird in Monokultur angebaut und Löwenzahn ist ein Stickstoffanzeiger. Er wächst, wo stark gedüngt wird. Vielfalt sieht anders aus.

Um sie kennenzulernen bin ich nach Govelin gefahren. Der Ort liegt in Niedersachsen, an der ehemaligen Grenze zur DDR, ein kleiner Weiler mit drei Höfen und vier Einwohnern. Eine abgelegene Gegend, mit sandigen Böden, die wenig Ertrag liefern. Mit Ehemann Harry und Tochter Stefanie betreibt die Landwirtin Christel Bergmann engagiert den Schutz der Acker-Feuerlilie. In meinem alten »Was blüht denn da?« suche ich die Pflanze allerdings vergeblich. Es gibt sie nicht. Vielleicht weil der Autor sie für eine Gartenpflanze hielt? Aus seiner Sicht sogar zu Recht. Die dekorative Blume mit ihren leuchtend orangefarbenen Kelchen fand sich früher in vielen Bauerngärten. Vor allem aber wuchs sie seit Jahrhunderten auf den Roggenäckern der Niederlande und Deutschlands, wo der Boden nährstoffarm war und kein anderes Getreide Ertrag brachte.

Die Acker-Feuerlilie ist eine Zwiebelpflanze. Sie wird maximal 1,20 Meter hoch und blüht von Juni bis Juli. Im Gegensatz zu den großblütigen und in vielen Farben erhältlichen Gartenzüchtungen duftet sie nicht und hat sehr schmale Blätter, die unten bis zu zehn Zentimeter lang werden können. Heute gehört die Feuerlilie zu den vom Aussterben bedrohten Arten. Hätte sie auf den Äckern der Familie Bergmann im Wendland nicht überlebt, wäre sie auch in Niedersachsen weitgehend verschwunden.

Wer die Geschichte der Feuerlilien kennenlernen will, muss Fred Bos treffen, ein alter Freund der Familie Bergmann. Mit geradezu kriminalistischem Gespür hat er sich auf die Erforschung ihrer Ursprünge gemacht und dabei ganz zufällig die Landschaft seiner Kindheit wiederentdeckt. »Ich habe das nicht gesucht, das ist mit mir geschehen«, sagt der Niederländer, dem die Natur seiner Heimat sehr am Herzen liegt. Bos stammt aus der Provinz Drente. Sie liegt im Norden des Landes und grenzt an Niedersachsen. Ein Teil der Provinz besteht aus einer sandigen Altmoräne der Saale-Eiszeit, eine 100 000 bis 150 000 Jahre alte geologische Formation, die sich über das Emsland bis nach Govelin zieht. Auf den ausgelaugten Böden wuchs vor allem Heide, die von Schafen beweidet wurde. Von der Heide stach man Plaggen ab, flache Heide- und Grassoden, um sie als Winterstreu in den Ställen zu nutzen. Mit den Plaggen aus den Ställen düngte man dann im Folgejahr die Äcker. Eine üppige Nährstoffzufuhr bedeutete das nicht, weshalb vor allem Winterroggen angebaut wurde.

Es ist Mitte Juni, die Feuerlilien blühen. Fred Bos ist zu Besuch bei Familie Bergmann und erzählt von der Pflanze wie von einer wiedergefundenen großen Liebe. »1980 erschien ein Atlas der Flora der Niederlande, in dem auch die seltenen und verschollenen Arten erwähnt wurden. Darin stand, dass die Feuerlilie bis 1950 in der Provinz Drente gefunden wurde und danach nicht mehr.« Bos wusste jedoch, dass sein Vater bei Arbeiten an einem Fußballplatz 1952 noch Zwiebeln ausgegraben und in den Garten gepflanzt hatte. Bos wusste auch, dass es sie vor dem Krieg auf den Äckern in der Region, in der er aufwuchs, gegeben hatte. Als sein Vater in den Ruhestand ging, schickte Fred Bos ihn auf Forschungsreise in die Umgebung. »Ich habe zu ihm gesagt: ›Du kannst herumradeln, und wo du im Garten Feuerlilien siehst, kannst du nachfragen, wo sie herkommen.‹«

Bos sammelte die Informationen, veröffentlichte sie und trat damit eine Lawine los. Von allen Seiten kamen Hinweise: weitere Fundorte, Belege aus Büchern, Hinweise auf Abbildungen in den Gemälden Alter Meister. Wieder und wieder schrieb Bos für Zeitungen und in wissenschaftlichen Publikationen über die Feuerlilien. Als Feuerlilien-Experte wurde er nach Niedersachsen eingeladen, als 2007 der Verbreitungsatlas der Farn- und Blütenpflanzen in Niedersachsen und Bremen erschien. Am liebsten hätte Bos daraufhin jede Feuerlilie des Bundeslandes in Augenschein genommen, aber dafür ist Niedersachsen zu groß. Also erkundigte er sich, wo es die schönsten Vorkommen gibt. Dabei fiel, so erzählt er, immer wieder der Name Govelin. Bos fuhr hin und stellte fest: »Hey, das ist die verschwundene Landschaft meiner Kindheit«. Noch heute stehen ihm die Tränen in den Augen, wenn er davon erzählt.

Wie genau die Feuerlilie auf die Äcker gekommen ist, darüber gibt es unterschiedliche Theorien. In einigen Publikationen gilt sie als Neophyt, als Einwanderer nach der Entdeckung Amerikas. Andere nennen sie eine steinzeitliche Kulturfolgerin, die nach der letzten Eiszeit zusammen mit den Ackerbauern eingewandert sein könnte. Sicher ist, dass sie bei Dannenberg in Niedersachsen im 19. Jahrhundert häufig war. Ein Mitglied des Naturkundlichen Vereins Lüneburg beschreibt die Pflanze 1867 als »massenhaft im Getreide« der Region. Viel weiter zurück datieren Kunstwerke, auf denen sie abgebildet ist. Bos kennt sie so ziemlich alle. Eines davon ist Hans Memlings Triptychon »Das Jüngste Gericht«. Dort blüht sie prachtvoll am Fuße der Treppe, auf der die geretteten Seelen ins Paradies hinaufsteigen. Das Bild entstand zwischen 1467 und 1471 in Brügge, also vor der Entdeckung Amerikas durch

Christoph Kolumbus 1492. Das spricht gegen die Neophyten-Theorie. Für einen Gartenflüchtling hält er die Pflanze ebenfalls nicht. Die Bauern in Drente waren arm. Sie hatten keine großen Blumengärten und konnten sich teure Pflanzen nicht leisten, stattdessen pflanzten sie Blumenzwiebeln vom Acker in den Garten. Dort findet man sie immer noch vereinzelt, vor allem in Gegenden, wo früher Roggen angebaut wurde.

Dass es sich mittlerweile um eine Rarität handelt, war auch mir nicht bewusst, bevor ich von Fred Bos und den Feuerlilien in Govelin erfuhr. Ich habe mich nur Jahr für Jahr über die orangefarbenen Lilien gewundert, die unverdrossen an versteckten Stellen in meinem Garten blühen. Niemand aus der Familie konnte sich erinnern, sie jemals gepflanzt zu haben. Sie waren einfach immer da. Ich habe Fred Bos Aufnahmen von Blüte und Blättern gezeigt und siehe da: Es sind Feuerlilien. Sicher ist auch: Sandige Roggenäcker gab es hier bis in die 1960er Jahre zur Genüge. An die abgeernteten Getreidefelder, auf denen wir als Kinder Stoppelacker-Barfußlauf probten, kann ich mich gut erinnern.

Weil sie so wunderschön ist, nennt Fred Bos die Acker-Feuerlilie den Pandabären unter den Pflanzen, schützenswert auch deshalb, weil sie für eine ganze Gesellschaft von Pflanzen und Tieren steht, mit der zusammen sie in Govelin vorkommt. Die Pflanzen haben Namen wie Acker-Kleinling und Mäuseschwänzchen. Bei den Insekten ist es der Warzenbeißer, eine gefährdete Heuschreckenart. Wird sie gefangen, wehrt sie sich mit kräftigen Bissen und erbricht ätzenden Magensaft, von dem man früher annahm, er könne Warzen heilen. Weil der Roggen auf den nährstoffarmen Äckern eher spärlich wächst, sind die Böden sonnenbeschienen und erwärmen sich rasch, was Insekten und Ackerwildkräuter begünstigt. Die wiederum locken Vögel an, die sich von den Insekten und Pflanzensamen ernähren. Deshalb kann man in Govelin auch seltene Vögel wie den Ortolan, Pirol oder Neuntöter beobachten.

Zum Glück haben es Govelins Acker-Feuerlilien mittlerweile zu internationaler Bekanntheit gebracht. Vor allem dank der Feuerlilien-Tage mit Vorträgen und Führungen mit Hunderten Besuchern, die die Bergmanns Jahr für Jahr im Juni veranstaltet haben. Für sie sind die Lilien ein kulturelles Erbe, dem sie sich verpflichtet fühlen. Allerdings ist das nur möglich, wenn ihre Arbeit finanziell unterstützt wird. Denn reiche Ernte fahren sie auf ihren Sandäckern nicht ein. Für den entgangenen Ertrag zahlt die Landesregierung derzeit eine Entschädigung. Eine dauerhafte Perspektive für den Erhalt der Acker-Feuerlilien ist das nicht, zumal sich auch in der Göhrde der Anbau von Silomais immer weiter in die Landschaft hineinfrisst. Und so bleibt Govelins jahrhundertealte Pflanzengesellschaft ein kleines gefährdetes Paradies.

100 Äcker für die Vielfalt

Das Projekt »100 Äcker für die Vielfalt« ist ein Versuch, diesem Dilemma zu entkommen. Es hat das Ziel, die Ackerwildkrautflora in Deutschland zu schützen und zu fördern und »ein Netzwerk zum Erhalt bedrohter Ackerwildkräuter in Deutschland zu errichten«.[3] Auf mindestens 100 Standorten soll der Erhalt der Pflanzengesellschaften wenigstens für zehn bis 25 Jahre sichergestellt werden. Das ist ein mühsames Unterfangen. In der 1992 von den Mitgliedstaaten der EU beschlossenen Fauna-Flora-Habitat-Richtlinie (FFH-Richtlinie), die helfen soll, die Fauna, Flora und deren Lebensräume in Europa zu erhalten, kommen Äcker nicht vor, ebenso wenig wie in der Naturschutzgesetzgebung Deutschlands. Auch das 2016 wieder einmal novellierte Bundesnaturschutzgesetz formuliert zwar als allgemeines Ziel, »die Vielfalt der Tier- und Pflanzenarten einschließlich der innerartlichen Vielfalt sowie die Vielfalt an Formen von Lebensgemeinschaften und Biotopen« auf Dauer zu sichern, aber die Äcker sucht man darin vergebens. Ihre Bedeutung als Biotop ist sogar vielen Naturschützern nicht bewusst. Das Augenmerkt liegt immer noch stark auf sogenannten »natürlichen« Biotopen, obwohl es sie in unserem dicht besiedelten und intensiv bewirtschafteten Land fast gar nicht mehr gibt.

Der Verdacht liegt nahe, dass Ackerwildkräuter auch deshalb keine Lobby haben, weil man mit ihnen kein Geld verdienen kann. Düngemittel, Herbizide und intensive Bewirtschaftung machen ihnen den Garaus. Für Pflanzenzucht und Gentechnik sind sie uninteressant. Bei Landwirten gelten sie als Unkraut, das es zu bekämpfen gilt. Bauern, die sie schützen, müssen damit leben, von Berufskollegen als »Unkrautbauern« abgestempelt zu werden. Spaziergänger hingegen können sich an Feldern mit Mohn- und Kornblumen und bunten Wegrainen gar nicht sattsehen. Botaniker sind begeistert, wenn sie eine gelbe Acker-Ringelblume oder ein rosa Acker-Löwenmaul entdecken, die zierlichen Verwandten unserer Gartenblumen. Für sie sind diese Pflanzen Juwelen, herübergerettet aus vergangenen Zeiten, schützenwert wie der Kölner Dom oder die Frauenkirche in Dresden.

Robert Gradmann war einer der Ersten, der forderte, Ackerwildkräuter zu schützen. Der Pflanzensoziologe aus Baden-Württemberg schrieb schon 1950 über die Schwäbische Alb, dass »die blumengeschmückten Kornfelder aus unserer heimischen Landschaft schon fast verschwunden sind und nächstens wird man kleine Schutzgebiete einrichten müssen, auf denen die Dreifelderwirtschaft grundsätzlich mit schlecht gereinigtem Saatgut betrieben wird«.[4] Sein Ruf verhallte, ebenso wie der anderer Naturschützer in Ost und West. Von einigen zeitlich begrenzten Extensivierungs-, Stoppel- und Ackerrandstreifenprogrammen abgesehen, passierte nichts, um den durch die Intensivierung vorangetriebenen Verlust aufzuhalten. Es wird, so viel ist sicher, ein Wettlauf mit der Zeit.

Ackerwildkräuter brauchen eigene Schutzkonzepte, »Schutzäcker«, wie es Botaniker auf einer »Tagung zum Schutz der Ackerwildflora« 2004 in Karlstadt am Main formulierten.[5] Das sind Äcker, auf denen keine Herbizide ausgebracht und die extensiv bewirtschaftet werden, damit die charakteristischen Arten der unterschiedlichen Standorte – ob Kalk-, Lehm- oder Sandboden – erhalten werden können. Als »soziale« Wesen bilden sie mit den Kulturpflanzen zusammen hochspezialisierte Gesellschaften, die im Laufe von Jahrtausenden entstanden sind. Der Pflanzenökologe Stefan Meyer von der Georg-August-Universität Göttingen erklärt das, als ich ihn beim Besuch eines Schutzackers treffe, am Beispiel stark saurer Böden. »Auf diese Bedingungen kann sich nur eine bestimmte Pflanzengruppe spezialisieren. Da finden wir im Durchschnitt 15 Arten auf 100 Quadratmetern. Geht der pH-Wert durch die Kalkung nach oben, können viel mehr Pflanzen die Flächen besiedeln, aber die 15 speziellen Zeigerpflanzen für niedrige pH-Werte, die Hungerkünstler, sind meist weg.«

Die Botaniker haben den Pflanzengesellschaften Namen gegeben, zumeist von sogenannten Zeigerpflanzen. Sie verschwinden als Erste, sobald sich die Lebensbedingungen verändern. Auf Kalkäckern wächst die Haftdolden-Adonisröschen-Gesellschaft. Die Knäuel-Lämmersalat-Gesellschaft bevorzugt nährstoffarme, leichte und saure Sandböden, die Kamillen-Gesellschaft Lehmböden, und zur wärmeliebenden Weinbergslauch-Gesellschaft gehören viele im Frühling blühende Zwiebelpflanzen, wie die gelbe Weinberg-Tulpe. Die Spezialisierung der Pflanzengesellschaften macht den Erhalt von Ackerwildkräutern nicht einfacher. Wer sie schützen will, muss ihre ganz spezifischen Anforderungen an die Böden und an die Bewirtschaftung respektieren. Aus dieser Erkenntnis ist das Projekt »100 Äcker für die Vielfalt« entstanden.

Stefan Meyer ist einer der Hauptinitiatoren des Projekts. Ich bin mit ihm im schleswig-holsteinischen Schoolbek an der Schlei verabredet. Der dortige Biohof war bundesweit der erste, der sich an dem Projekt beteiligte. Die Namen der Äcker – Lüttmoor, Sandberg oder Schweineweide – erinnern an vergangene Zeiten. Wir sitzen auf der Terrasse mit Blick auf die im vergangenen Jahr angelegte Schmetterlingswiese. Wilde Möhre und Majoran stehen in voller Blüte, ein Eldorado für die Falter der Umgebung. Der Hof gehört Susanne von Redecker und ist seit 1993 ein Biobetrieb. Vermutlich ist das der Grund, warum Botaniker auf ihren Flächen zwischen 2005 und 2008 so viele gefährdete Ackerwildkrautarten entdeckten, darunter den Lämmersalat, ein unscheinbarer, blass- bis goldgelb blühender Korbblütler. Der dünne, zehn bis 20 Zentimeter lange Blütenstängel ist oben verdickt, ein typisches Merkmal dieser Pflanze. Auf der Roten Liste wird er als stark gefährdet geführt, mit einem sehr hohen Risiko des Aussterbens in der Natur in unmittelbarer Zukunft. Dass gerade diese Pflanzen hier wachsen, hat mit den Böden an der Spitze der Eckernförder Bucht zu tun. Die bestehen vorrangig aus eiszeitlichem Geschiebesand und haben nur 17 bis 21 sogenannte Bodenpunkte. Sie bezeichnen die Qualität von Ackerflächen. In der Umgebung sind es 60. In der Magdeburger Börde gibt es Ackerböden mit 100 Bodenpunkten. Will heißen: Viel ernten kann Susanne von Redecker hier nicht. Allenfalls »aufdüngen« und Mais anbauen. Aber das lehnt die überzeugte Biolandwirtin ab. Sie ist stolz auf Lämmersalat und Kahles Ferkelkraut, auf Deutsches Filzkraut und Bauernsenf, auf Einjährigen Knäuel und Acker-Ziest und betreibt deshalb eine schonende Landwirtschaft ohne direkte Düngung und Kalkung. Alle zwei bis drei Jahre liegen die Äcker brach und können sich selbst begrünen. Das ist Landwirtschaft für Ackerwildkräuter und für alle, die fast vergessen haben, wie Kornfelder jahrhundertelang ausgesehen haben. Nebenbei schützt diese Art der Landwirtschaft auch noch das Grundwasser. Das angebaute Getreide fressen die Biohühner eines befreundeten Landwirts, an den von Redecker ihre Ernte liefert.

Um den legendären Lämmersalat kennenzulernen, machen wir uns auf den Weg zu einem ihrer Äcker. Am Wegrain blühen Acker-Witwenblume und Leinkraut. Auf dem Acker wird in diesem Jahr Triticale angebaut, eine Kreuzung aus Roggen und Weizen. Es ist ein altmodisches Feld, auf dem das Getreide licht steht und genügend Platz lässt für die Ackerwildkräuter. Über uns stehen ein paar Feldlerchen als kleine Punkte am Himmel. »Wir haben immer welche gehabt, aber es werden noch mehr. Wahrscheinlich kommen sie aus Gegenden, wo es ihnen nicht so gefällt, zu uns«, sagt die Landwirtin und zitiert den Maler Emil Nolde, der im Norden Schleswig-Holsteins gelebt hat: »mein Land, darüberhin die tausenden Lerchen jubelnd auf- und niederschwebend, mein Wunderland von Meer zu Meer«. Tausende sind es schon lange nicht mehr. Heute gelten die 1,6 Sänger pro Hektar in Schoolbek als guter Bestand. Der Lämmersalat hingegen macht sich rar. »Vor einer Woche war er noch da«, sagt Susanne von Redecker und scannt besorgt den Boden zwischen den Ähren. Zu schade, wenn sie die wichtigste Pflanze ihrer Schutzäcker nicht präsentieren könnte.

Stefan Meyer lässt sich davon nicht beirren. Er zeigt auf einen Kleinen Perlmuttfalter, der gerade vorbeiflattert, auch er ein Ackerspezialist. »Seine Raupen fressen die Blätter des Acker-Stiefmütterchens«, sagt der Botaniker. Dann verschwindet er zwischen den Halmen. Ab und zu ruft er den Namen einer Pflanze herüber, die er entdeckt hat: Zwerg-Filzkraut, Knäuel oder Bauernsenf, Pflanzen, die so klein sind, dass sie keine Konkurrenz für das Getreide darstellen. Der Kleine Vogelfuß, auch Mäusewicke genannt, den er auf dem Acker entdeckt, ist sogar ein Nützling. Die zierliche, einjährige Pflanze mit kleinen weißlichen Schmetterlingsblüten ist spezialisiert auf relativ nährstoffarme, kurzlebige Unkrautfluren. Weil sie, wie alle Hülsenfrüchte, in ihren Wurzelknöllchen stickstoffbindende Bakterien beherbergt, sorgt sie außerdem noch dafür, dass der Boden mit Stickstoff angereichert wird. Am Ende finden wir doch noch den Lämmersalat. Die Blütezeit ist vorbei, nur noch die kleine, auf dem Boden liegende Blattrosette, einige Blütenstängel mit Samenkapseln sind zu sehen, sowie die verdickten Stängelabschnitte unter der Blüte, die typisch sind für den Lämmersalat.

Und weil wir schon da sind, machen wir noch einen Abstecher auf die Seekoppel, die »landschaftlich schönste Fläche«, wie Susanne von Redecker sagt, und ihr ganzer Stolz. 2008 war sie noch eine »dicke mastige Wiese«, erzählt sie. Jetzt schimmert sie in allen Farbschattierungen: Weißes Labkraut, gelbes Johanniskraut, eine alte Heilpflanze, blaue Glockenblumen und Ochsenzungen, dunkelrot leuchtender Zwerg-Sauerampfer formen eine Landschaft, die in allen Farben schimmert. Die Fläche wird nicht gemäht, sondern nur im Winter beweidet. Der Nährstoffentzug hat die ursprüngliche Zusammensetzung der Wiesenpflanzen wieder hervorgebracht.

Flächen wie die in Schoolbeck sind rar. Es ist engagierten Landwirten und Naturschützern zu verdanken, dass sie in der Agrarwüste überlebt haben. Von den knapp 17 Millionen Hektar landwirtschaftlich genutzter Fläche in Deutschland machen alle Schutzäcker zusammen etwas mehr als 500 Hektar aus. Das bewirtschaftet mancher Landwirt in den neuen Bundesländern allein und ist entschieden zu wenig, um die Vielfalt der Ackerwildkräuter auf Dauer zu erhalten.

Kulturdenkmäler auf dem Acker

Als unsere Vorfahren lernten, dass Getreide dort am besten gedeiht, wo sie den Boden vorher von anderen Pflanzen befreit hatten, spezialisierten sich auch einige Wildpflanzen auf solche

Flächen. Der Klatschmohn wuchs schon vor 12 000 Jahren auf den Kornfeldern des Fruchtbaren Halbmonds im Nahen Osten, vermutet der Regensburger Botaniker Peter Poschlod. Er nennt ihn deshalb »eines der ältesten ›Kulturdenkmäler‹ der sesshaften Menschheit«.[6]

Mit dem Ende der letzten Eiszeit vor etwa 10 000 Jahren wurde Ackerbau auch weiter im Norden möglich. Im Saatgut der Bauern und im Fell ihrer Haustiere befanden sich, sozusagen als blinde Passagiere, immer auch Samen von Wildkräutern. Etwa drei Viertel der Ackerwildkräuter sind auf diese Weise zu uns gekommen. Sie sind wie Weizen, Emmer, Einkorn und Gerste Immigranten aus dem Nahen Osten. Ihre Ausbreitung ist das Werk von Menschen, die im Laufe der Jahrtausende Wälder und Brachen in Ackerflächen umwandelten. Botaniker nennen diese Pflanzen Archäophyten, von griechisch *archaíos* für »alt« und *phytón* für »Pflanze«. Sie meinen damit Pflanzen, die vor der Entdeckung Amerikas nach Europa gelangten.

Ackerwildkräuter gedeihen dort am besten, wo der Boden regelmäßig bearbeitet wird, neben und zwischen den kultivierten Pflanzen. Genau betrachtet sind Ackerwildkräuter keine »Wildpflanzen«, sondern Kulturfolger. Die meisten sind nur ein- oder zweijährig. Keimen, wachsen und blühen können sie nur auf Flächen, die bewirtschaftet werden. Sie brauchen es, dass ihr Umfeld regelmäßig »auf null« gestellt wird, wie Botaniker es nennen. Auf Wiesen oder Brachen hingegen herrschen mehrjährige Arten vor. Die sind konkurrenzstärker, so dass die Ackerwildkräuter keine Chance haben.

Im Laufe der Jahrhunderte haben sie sich zu regelrechten Spezialisten entwickelt. Einige, wie der leuchtend blau blühende Acker-Rittersporn, bevorzugen kalkreiche Äcker. Andere, wie der Lämmersalat, finden sich nur auf nährstoffarmen sauren Sandböden. Er ist eher auf Wintersaaten spezialisiert. Die Pflanzen bilden schon im Herbst kleine Rosetten.

Das rosa blühende Acker-Löwenmaul wächst am liebsten zwischen Hackfrüchten wie Kartoffeln oder Rüben. Es wanderte zusammen mit den Römern ein, braucht eine höhere Keimtemperatur und hat dort die besten Wuchsbedingungen, wo die letzte Bodenbearbeitung erst im späten Frühjahr stattfindet. Der Acker-Schwarzkümmel, der in seinem Aussehen an die Jungfer im Grünen erinnert, blüht erst von Juli bis September. Er ist ein Spezialist für Stoppelfelder, wo er zwischen den abgeernteten Reihen steht und seine Saat nur reifen kann, wenn die Stoppeln, wie früher üblich, erst spät im Jahr umgebrochen werden.

Nach dem Acker-Krummhals ist sogar eine ganze Pflanzengesellschaft benannt. Dabei macht er nicht viel her. Seine Blätter und Stängel sind rau und mit kratzigen Borsten besetzt, seine unscheinbaren Blüten blau-weiß, und er wird nur 15 bis 20 Zentimeter hoch. Seinen Namen verdankt er nicht seinem krummen Wuchs, sondern seiner Blüte. Die hat, wenn man sie herauszieht, einen gebogenen Kelch, man könnte auch sagen: einen krummen Hals. Die lateinische Bezeichnung *arvensis* in seinem Namen deutet darauf hin, wo die Pflanze vorkommt, nämlich auf dem Acker.

Botaniker gehen heute davon aus, dass es eine Koevolution – also eine wechselseitige Anpassung – zwischen den Kulturpflanzen, wie Getreide oder Kartoffeln, und den Ackerwildkräutern gegeben hat. Ein besonders anschauliches Beispiel dafür ist die Kornrade oder Kornrose. Sie hat sich im Laufe der Jahrtausende perfekt an den Getreideanbau angepasst. Ihre langen, dünnen Stängel, die bis zu einem Meter hoch werden, stützen sich auf die umgebenden Getreidepflanzen, so dass ihre leuchtenden purpurfarbenen Blüten das Korn überragen. Eigenständig vermehren kann sie sich nur schwer. Sie benötigt zur Ausbreitung den Menschen, denn ihre nierenförmigen, bis zu drei Millimeter großen Samen stecken in einer Samenkapsel, die an ihrer Spitze einen so engen Kelch bildet, dass die Saatkörner nicht herausfallen können. Erst wenn man die Samenkapsel zerdrückt oder sie beim Dreschen zerstört wird, lösen sich die Samen heraus.

Die Samen haben einen gravierenden Nachteil: Sie sind giftig, dürfen also nicht ins Mehl geraten. Deshalb begannen Bauern schon in vorgeschichtlicher Zeit, sie aus dem Getreide zu sieben. Mit der Folge, dass nur die größeren Saatkörner der Kornrade im Getreide zurückblieben und wieder ausgesät wurden. Deshalb waren die Samen der Kornrade früher kleiner als heute – natürliche Auslese von Menschenhand. Schon in meinem alten »Was blüht denn da?« steht über die Kornrade: »als Unkraut seit der Steinzeit bekannt«. Allerdings sei sie »fast ganz von den Äckern verschwunden«. Heute gehört die Kornrade definitiv zu den vom Aussterben bedrohten Ackerwildkräutern.

Die Saatkörner der Kornrade brauchen Minusgrade, damit sich aus ihnen eine Pflanze entwickelt. Sie ist ein Kaltkeimer. Erst bei Frost bauen ihre Samen eine Art »Keimbremse« ab, die das Keimen unterdrückt. Deshalb wuchs die Kornrade meist im Wintergetreide: Winterroggen, Winterweizen oder Emmer, eine alte Weizenart. Wintergetreide wird schon im Herbst ausgesät. Kaltkeimer sind auch viele heimische Gartenpflanzen, die ursprünglich von Wiesen, Weiden, Äckern und Wegrainen stammen wie Fingerhut, Akelei, Lupine, Natternkopf oder Rittersporn. Wer sie kultivieren will, sollte die Saat im Herbst ausbringen.

Dornröschen unter der Erde

Pflanzensamen können schlafen wie Dornröschen. Das ist ein kluger Trick der Natur. Keimt nur ein Teil der Samen, überdauern sie widrige Umstände, zum Beispiel Trockenzeiten, Erdrutsche oder Überschwemmungen, besser. Der Fachbegriff dafür ist »Dormanz«, von Lateinisch *dormire* (= schlafen). Ausgelöst wird sie von Licht- und Sauerstoffabschluss oder vom Druck des darüberliegenden Bodens, wenn Bodenbearbeitung, Regenwürmer, Ameisen, kleine Nagetiere oder Wetterereignisse die Samen unter die Erde befördert haben. Dass Samen im Boden lange schlafen können, habe ich in meinem Garten festgestellt. Nachdem wir ein Stück Staudengarten in Rasen umgewandelt hatten, keimte plötzlich überall der Eisenhut. All die Jahre zuvor wollte er sich nicht vermehren, nun war er plötzlich da, ebenso wie ein Gelber Senf. Er tauchte dort wieder auf, wo er vor Jahren als Bienenweide ausgesät worden war.

Dass Pflanzensamen im Boden überdauern und auch nach Jahren noch keimen können, wussten Biologen schon im 19. Jahrhundert. Ein Lichtreiz genügt, ausgelöst beim Umgraben oder Pflügen, und der Hebel wird auf Keimen umgelegt. Aber wie lange können Pflanzensamen »schlafen«? Um das herauszufinden, startete 1879 in den USA ein Experiment, das bis heute dauert. William James Beal, Professor an der Universität von Michigan, vergrub 20 Flaschen, in die er jeweils 50 Samen von 21 »Unkräutern« mit etwas feuchtem Sand vermischt hatte. Der Plan war, alle fünf Jahre eine Flasche auszugraben und zu testen, ob die Samen noch keimfähig sind. Die Vogelmiere keimte noch nach 20, die Gemeine Nachtkerze sogar noch nach 80 Jahren, um nur zwei Beispiele zu nennen. Später verlängerte man den Abstand auf zehn, dann auf 20 Jahre. Die letzte Flasche soll 2020 ausgegraben werden. Der Versuch hat damit die Chance, zum längsten der Geschichte zu werden. Die Wahrscheinlichkeit, dass auch nach 141 Jahren noch einige Pflanzen keimen werden, ist groß. Vom Löwenzahn weiß man, dass seine Saat 600 Jahren überdauern kann, in Israel wächst eine Dattelpalme heran, deren 2000 Jahre alter Kern aus der Festung Masada geborgen wurde.

Ackerwildkräuter gehören eher zu den Langschläfern unter den Samen. Auf einem Roggenacker in Brodowin im nördlichen Brandenburg blühte 2010 plötzlich das Sommer-Adonisröschen, wunderschön, leuchtend rot und zahlreich, obwohl es in der Region seit den 1960er Jahren als ausgestorben galt. Was war passiert? Der dort ansässige Demeterhof hatte Grünland umgebrochen. Offensichtlich war die Fläche Jahrzehnte zuvor als Acker genutzt worden. Die Samen des Sommer-Adonisröschens hatten 50 Jahre im Boden überdauert und auf eine günstige Gelegenheit zum Keimen gewartet. Um den seltenen Schatz zu vermehren, haben die Brodowiner Biolandwirte etwas Oberboden vom Adonisröschen-Acker auf einen anderen übertragen, damit es nun auch auf einem zweiten Schlag blühen darf.

In Thüringen untersuchten Forscher 48 Ackerwildkrautarten und konnten bei immerhin 38 Arten eine Keimfähigkeitsdauer von mehr als 50 Jahren nachweisen.[7] Vermutlich hat die Landwirtschaft, und damit der Mensch, die Pflanzen zu »Langschläfern« werden lassen. Bis zum Aufkommen des Kunstdüngers im 19. Jahrhundert mussten die Bauern ihre Äcker immer wieder brachliegen oder beweiden lassen, damit die Böden sich erholen und Nährstoffe ansammeln konnten. Manchmal, wenn Kriege ganze Landstriche verwüsteten, dauerte es Jahre und Jahrzehnte, bis eine Fläche wieder beackert wurde, so dass die pflanzlichen Langschläfer wieder wachsen und sich vermehren konnten.

Heute nützt den Ackerwildkräutern ihre Fähigkeit, Wartezeiten in Kauf zu nehmen, nicht mehr. Das Sommer-Adonisröschen auf dem Biohof in Brodowin hätte nicht überlebt, wären die Flächen konventionell bewirtschaftet worden. Herbizide – insbesondere das Totalherbizid Glyphosat – hätten der seltenen Pflanze unmittelbar nach dem Keimen den Garaus gemacht, denn die Mittel töten unterschiedslos alles, was auf dem Feld wächst. Ausgenommen einige resistente Allerweltsarten. Weil Herbizide Jahr für Jahr ausgebracht werden, vernichten sie im Laufe der Zeit die Samenbank im Boden.

Botaniker rechnen damit, dass jedes Jahr nur etwa sechs bis acht Prozent der Samen im Boden keimen. Hochgerechnet auf 30 bis 35 Jahre Herbizideinsatz, bleibt nicht mehr viel nach. »In den 1950er und 1960er Jahren befanden sich durchschnittlich 25 000 bis 30 000 Samen von Ackerwildkräutern pro Quadratmeter im Boden. Heute sind es bei jahrzehntelang konventionell bewirtschafteten Feldern oftmals nur noch einige Tausend Samen auf den Quadratmeter«, sagt Stefan Meyer. Steuern Landwirtschaft und Politik nicht rasch um, werden auch die letzten Relikte ursprünglicher Vielfalt unwiederbringlich verloren sein.

Auf der Suche nach der Arche Noah

»Von den etwa 350 auf den Äckern vorkommenden Pflanzenarten sind zwei Drittel mehr oder weniger stark bedroht«, sagt der Göttinger Ökosystemforscher Christoph Leuschner. Im Rahmen von »BioChange-Germany« haben er und sein Team auch heutige Äcker untersucht und sie mit der Vielfalt der 1950er und 1960er Jahre verglichen. Der Artenverlust ist so ernüchternd wie beim Grünland. Damals wurden durchschnittlich etwa 23 Arten pro Fläche gefunden, heute sind es sieben. Dabei handele es sich um herbizid-resistente Allerweltsarten wie Kletten-Labkraut, dessen klebrige kugelige Samen sich nur mit Mühe wieder von der Kleidung entfernen lassen, oder Gräser wie Windhalm und Acker-Fuchsschwanz. »Selbst am Rand, der ja immer artenreicher war, fanden wir 2010 weniger Diversität als damals [also in den 1950er und 1960er Jahren, S. D.] im Inneren der Äcker«, so Leuschner auf dem 33. Deutschen Naturschutztag im September 2016 in Magdeburg. Ehemals häufig anzutreffende Arten wie der leuchtend blau blühende Acker-Rittersporn oder das Rundblättrige Hasenohr mit seiner goldgelben Blütenkrone sind auf den Äckern selten geworden. Jede zweite Ackerwildkrautart steht heute in mindestens einem Bundesland auf der Roten Liste der gefährdeten Pflanzen. Kornblume und Klatschmohn sind von 90 Prozent der Flächen verschwunden.

Verantwortlich macht Christoph Leuschner dafür vier Ursachen: Waren die Äcker – im Jargon der Landwirtschaft heißen sie Schläge – früher zwei bis fünf Hektar groß, sind es heute fünf bis 20 Hektar, manche haben mehr als 100 Hektar. Das hat die Fläche der Randbereiche, auf denen immer mehr Arten wuchsen als im Zentrum der Äcker, stark verringert. Wer aufmerksam durchs Land fährt, wird zudem feststellen, dass fast überall bis an die Straßen intensiv geackert wird. Hinzu kommen Unkrautvernichtungsmittel und Dünger: »Wir haben heute einen flächendeckenden Einsatz von Herbiziden, der den meisten Ackerwildkräutern das Überleben schwermacht«, so der Wissenschaftler. »Die Stickstoffüberschüsse pendeln sich heute bei etwa 115 Kilogramm pro Hektar ein, so dass konkurrenzschwache Ackerwildkräuter keine Chance mehr haben.« Als Letztes nennt er die Verarmung der Feldfruchtvielfalt. Früher wurden verschiedene Arten von Sommer- und Wintergetreide angebaut, dazu Hackfrüchte wie Kartoffeln, Zucker- und Futterrüben. Heute sind es vor allem Winterweizen, Wintergerste, Mais und Raps. Wissenschaftler haben den Verlust an Ackerwildkräutern und die Ertragssteigerung von Weizen in Beziehung gesetzt und kommen zu dem Ergebnis, so Christoph Leuschner auf dem Naturschutztag: »Mit jeder Tonne mehr pro Hektar gehen ungefähr zehn weitere Ackerwildkräuter verloren.«

Das Aussterben von Pflanzen setzt eine ganze Verlustkaskade in Gang, die der Biologe und ehemalige Umweltminister von Schleswig-Holstein Berndt Heydemann 1983 so beschrieb: Mit jeder Ackerwildkrautart, die verloren geht, verschwinden durchschnittlich zwölf pflanzenfressende Tierarten, die von ihnen leben. Von diesen Tierarten hängen wiederum ebenso viele andere Arten ab, die sie fressen oder als Parasiten von ihnen leben.[8]

Völlig versagt hat auf diesem Feld die Biodiversitätsstrategie der Bundesregierung. Dabei ist das Ziel eindeutig formuliert: »Bis zum Jahre 2020 ist die Biodiversität in Agrarökosystemen deutlich erhöht. Bis 2015 sind die Populationen der Mehrzahl der Arten (insbesondere wildlebende Arten), die für die agrarisch genutzten Kulturlandschaften typisch sind, gesichert und nehmen wieder zu.« Das Gegenteil ist der Fall. »Die Zielerreichung ist in der Politik in keinem Bereich so schlecht wie im Bereich Biodiversitätsschutz«, kritisiert Christoph Leuschner beim Gespräch in seinem Büro in Göttingen. »2010 wurde gesagt: Bis 2015 wollen wir den Rückgang stoppen. Das wurde bei Weitem verfehlt. Jetzt heißt es 2020. Dann wahrscheinlich 2025. Jeder Insider weiß, das wird nicht erreicht.«

Das hat auch damit zu tun, dass die intensive Landwirtschaft sich nicht damit begnügt, der Vielfalt auf ihren Äckern den Garaus zu machen. In ganz Deutschland beseitigte sie – vor allem nach dem Zweiten Weltkrieg – Knicks und Feldhecken gleich mit, weil sie einer intensiven Bewirtschaftung im Wege stehen. Damit zerstörte sie die letzten Rückzugsorte für Pflanzen und Tiere in der Kulturlandschaft – ein weiterer Sargnagel für die Biodiversität, wie das folgende Kapitel zeigt.

MÄRZ
Der Trick mit dem Sand

Wie sät man fünf Gramm Saat pro Quadratmeter? Das ist die empfohlene Saatmenge für meine kleine Wiese. Ein Trick hilft: verdünnen. Die Hilfsmittel bestehen aus Sandkistensand, Schubkarre, Wischeimer, Blumenübertopf und Schnapsglas. Die Saat in der Tüte vorher noch einmal richtig gut durchmischen, damit nicht alle kleinen Körner unten liegen, dann geht's los: ein Schnapsglas Saat auf drei Blumentöpfe Sand. Sand und Saat im Eimer gut durchrühren und ab in die Schubkarre. Für 250 Gramm Saat brauchen wir zehn Kilo Sand. Dann wird gesät. »Das macht man so.« Mein Vater klemmt sich einen mit Sand-Saat-Gemisch gefüllten Eimer unter den Arm und streut die Mischung, die Finger leicht gespreizt, mit gekonntem Schwung aus. Jetzt zeigt sich ein weiterer Vorteil der Methode: Der weiße Sand hebt sich gut von der schwarzen Erde ab. Ich bin an der Reihe. »Das macht man mit bloßen Fingern«, kriege ich zu hören, als ich mit Gartenhandschuhen in den Eimer greifen will. In der Tat: Man muss den kühlen, feuchten Sand spüren, um ihn gut auszustreuen. Am Ende harken wir alles glatt, aber nur ganz leicht. Die meisten Pflanzen brauchen Licht zum Keimen.

KNICKS UND HECKEN
Plattgemacht:
Das Wegenetz der Artenvielfalt

Meinen Garten begrenzt nach Westen eine Hecke aus Weißdorn. Mittlerweile ist sie haushoch. Gepflanzt wurde sie vor mehr als 100 Jahren von den Ururgroßeltern. Weißdorn eignet sich hervorragend als lebender Zaun. Seine langen Dornen bilden eine schwer durchdringbare Barriere für Mensch und Vieh. Für die Natur hingegen ist der Weißdorn ein Schatz. Ein Eichhörnchen hat darin seinen Kobel gebaut, der es vor Kälte, Regen und Schnee schützt. Manchmal nutzt ein Habicht die Hecke als Ansitz zur Jagd auf unvorsichtige Amseln. Die Weißdornblüten sind reich an Nektar und Pollen. Von den Blättern ernähren sich mehr als 300 Insektenarten. Vögel bauen in seinen stacheligen Ästen ihre Nester und finden direkt vor der Haustür einen reich gedeckten Tisch. Im Herbst liefern die roten Beeren des Weißdorns Futter für Eichhörnchen, Marder und Mäuse. Die verbreiten die Saatkörner wiederum mit ihrem Kot, so dass überall im Garten immer wieder kleine Weißdornbäumchen sprießen. Im Mai können wir an der Hecke das Wetter ablesen. Wenn nach den ersten warmen Frühlingstagen der Weißdorn zu blühen beginnt, wird es meistens wieder kalt. »Weißdornkälte« nennt man das hier im Norden, denn die Blüte fällt meist in die Zeit der Eisheiligen.

Hecken- und Knicklandschaften gibt es von Dänemark über Großbritannien bis nach Nordwestspanien und Portugal. Das hat auch mit Wind und Wetter zu tun. Die Region wird geografisch »maritimer Grünlandgürtel« genannt. Der regelmäßige Regen und das atlantische Klima begünstigen Wiesen und Weiden, so dass sich die Region auch gut zur Viehhaltung eignet. Hinzu kam eine seit dem 18. Jahrhundert stetig wachsende Bevölkerung, die ernährt werden musste. Um die Erträge zu steigern und die erschöpften Böden zu regenerieren, begannen die Bauern, in regelmäßigen Abständen zwischen Saat- und Weidewirtschaft zu wechseln. Das machte die Einhegung der Flächen notwendig, um das Vieh auf den Weiden und von den Äckern fernzuhalten. Weil es weder Stacheldraht noch Elektrozaun gab, legte man Hecken an oder bepflanzte Erd- und Steinwälle zu Wallhecken, sogenannten Knicks. Die Entstehung der Knicks geht also vermutlich auf ein Zaunproblem zurück. Parallel dazu wurden beginnend vor gut 200 Jahren gemeinschaftlich genutzte Flächen zunehmend in Privatbesitz überführt. Hecken und Knicks definierten fortan auch die Grenzen von Eigentum.

Auch links und rechts von Wegen wurden Knicks angelegt. Solche sogenannten Redder sorgten dafür, dass das Vieh, wenn es in den Stall oder zurück auf die Weide getrieben wurde, nicht ausbrechen konnte. Knicks und Hecken waren zudem vielseitig nutzbar. Sie lieferten Buschwerk und Holz zum Heizen und Bauen, Haselnüsse, Hagebutten, Brombeeren und Holunderbeeren für die Ernährung. Esche, Ahorn und Hasel lieferten Stiele für landwirtschaftliche Werkzeuge. Typisch für Knicks sind die sogenannten Überhälter. Das sind alte Bäume – zumeist Eichen –, die nicht zurückgeschnitten wurden. Sie überragten mit ihren großen Kronen in regelmäßigen Abständen von 40 bis 80 Metern den Knick und eigneten sich perfekt als Bauholz und zunehmend auch als Brennholz. 1919 beschrieb ein mecklenburgischer Heimatforscher die Hecken folgendermaßen: »Es ist ein gleichmäßig gewölbter Erdaufwurf mit kleinen Gräben auf beiden Seiten, reich bestanden mit älteren Bäumen, besonders Eichen, ferner Hasel, Hollunder [sic!], Heckenrosen, Schwarzdorn und einer reichen Flora, belebt von zahllosen Vögeln, nicht nur Singvögeln, sondern auch Rebhühnern und Fasanen und kleinem Getier, das

Ganze in der Zeit der Sommerblüte [...] ein entzückendes Bild fröhlichen Naturlebens.«[1]

Das norddeutsche Wort Knick entstammt dem Verb »knicken«. Die jungen Schösslinge der Bäume und Sträucher wurden seitlich eingeritzt, umgeknickt, miteinander verflochten und wieder im Boden verankert, damit die Tiere nicht durch die Lücken zwischen den Schösslingen schlüpfen konnten. Aus den seitlich geknickten Trieben entstanden neue halbrunde oder zur Seite gebogene harfenförmige Strukturen, aus denen neue Triebe wuchsen. Zuvor wurde ein Knickwall aus Steinen angelegt. Dazu nutzte man die Lesesteine von Feldern, die bei der Bearbeitung des Bodens störten. Obenauf platzierte man eine Schicht Humus als Pflanzgrundlage, die man dem Boden links und rechts des Knicks entnahm, so dass entlang des Knicks Gräben entstanden. Zum Schluss befestigte man die äußeren Kanten des Knickwalls mit Grassoden. Sobald die Schösslinge heranwuchsen, bildeten sie ein undurchdringliches Geflecht.

Feldhecken und Knicks bestehen, anders als meine Weißdornhecke, aus einem bunten Mix einheimischer Bäume und Sträucher. Man pflanzte, was man gerade so hatte, im nahen Wäldchen fand und von dem man wusste, dass es schnell wächst oder wehrhaft ist. Hasel, Hainbuche und Esche schlagen nach dem Rückschnitt schnell wieder aus, Weißdorn und Schlehdorn bilden ein undurchdringliches Gestrüpp, zumal wenn sich Brombeersträucher und Wildrosen dazwischen ansiedeln. Damit sie ihren dichten Wuchs behalten, müssen Knicks alle zehn bis 15 Jahre auf den Stock gesetzt, also heruntergeschnitten werden. Deshalb sind die ursprünglich gebogenen oder harfenförmigen Strukturen heute kaum noch zu erkennen.

Der beste Windschutz aller Zeiten

Eigentlich sollte jeder Landwirt seine Hecken und Knicks hüten wie seinen Augapfel. Knicks bilden einen Sperrriegel für Unkrautsamen und Schädlinge. Sie wirken zudem ausgleichend auf das Mikroklima. Was jedoch noch wichtiger ist: Knicks und Hecken schützen vor dem Verlust eines Rohstoffs, den der Landwirt nicht vermehren kann: Boden, die Grundlage der Wertschöpfung. Eine quer zur Windrichtung stehende Hecke kann die Windgeschwindigkeit um bis zu 60 Prozent mindern, und ihre Wirkung geht weit über das Zehnfache ihrer Höhe hinaus.[2] Knicks und Hecken sind die beste Wind- und Erosionsbremse, die es gibt. Jedes Jahr geht Boden durch Winderosion verloren. Allein in Mecklenburg-Vorpommern sind es bis zu 170 Tonnen pro Hektar und Jahr.[3] 170 Tonnen, die auf Häusern, Straßen, Plätzen, Autos und in Abwasserkanälen landen und mit Bächen und Flüssen ins Meer gespült werden.

Der Bodenverlust ist nicht auf Mecklenburg-Vorpommern begrenzt. Gefährdet durch Winderosion sind etwa 25 Prozent der Ackerfläche in Deutschland, vor allem im Hinterland der Ostseeküste Mecklenburg-Vorpommerns, auf der schleswig-holsteinischen Geest und in der Region zwischen Oldenburg und Münster.[4] Zur Schlagzeile wird das erst, wenn die Bodenerosion Menschenleben kostet, wie Anfang April 2011. In der Mittagszeit legte sich urplötzlich eine gewaltige Wolke aus Staub und Sand über die Autobahn südlich von Rostock. Schlagartig nahm sie den Autofahrern die Sicht, es kam zu einer Massenkarambolage, Dutzende Fahrzeuge rasten ineinander und verkeilten sich, acht Menschen starben. Lange Trockenheit, Wind und ein Landwirt, der seinen Acker pflügte, hatten die Sandwolke ausgelöst. Eine Autofahrerin, die zu schnell in diese Wolke aus Sand und Staub gefahren war, musste sich später vor Gericht verantworten. Die Landwirtschaft hingegen kam ungeschoren davon. Einen Anfangsverdacht gegen irgendeinen Landwirt habe es nicht gegeben, so der Sprecher der Staatsanwaltschaft Rostock Holger Schütt. Es habe sich um ein »Naturunglück« gehandelt.[5]

Aber ist das wirklich so einfach? Ursache für die steigende Winderosion sei die Art, wie Landwirte ihre Böden bewirtschaften, warnte das Landesamt für Umwelt, Naturschutz und Geologie von Mecklenburg-Vorpommern schon 2002 und zählt gleich ein ganzes Sündenregister auf: Es würden zunehmend erosionsanfällige Reihenkulturen wie Mais angebaut, einheitlich bewirtschaftete Flächen ohne wasser- und windbremsende Saumstrukturen und Hindernisse geschaffen und große Ackerflächen für eine einheitliche Bearbeitbarkeit tiefgreifend entwässert, was für eine überschnelle Austrocknung der Bodenoberfläche sorge.[6] Anders formuliert: Winderosion tritt auf großen Ackerflächen mit offener Bodendecke auf, wo es wenig Hecken, Knicks und Bäume gibt, die den Wind abbremsen und die aufgewehten Bodenpartikel wieder herausfiltern können.

Es geht auch anders. Nicht weit von der A 20, im Hinterland der Ostseeküste Mecklenburg-Vorpommerns in den Brohmer Bergen, befindet sich das Gut Klepelshagen. Mit einer Höhe von maximal 153 Metern ist die Bezeichnung »Berge« allerdings ziemlich übertrieben. Es sind sanfte Hügel aus eiszeitlichen Endmoränen, unterbrochen von Brüchen, Mooren und Söllen. Die Landschaft entstand vor etwa 14 000 Jahren, als die letzte Eiszeit langsam zu Ende ging. In dieser Gegend sind die Schläge, also die einzelnen bewirtschafteten Flächen, so groß wie im Westen manch landwirtschaftlicher Betrieb.

Das Dorf Klepelshagen liegt idyllisch verborgen hinter einer Kuppe und hufeisenförmig von Wald umgeben: eine Handvoll Häuser, eine Straße, Scheunen und ein Wildtierhotel für Eulen, Falken, Fledermäuse und Insekten. Drum herum: Wiesen, Weiden, Äcker, Rinder. Bis zur nächsten Stadt, Strasburg, sind es acht Kilometer, auch dort eher tote Hose als wildes Leben: 6000 Einwohner, kein Kino, kein Theater, keine belebte Innenstadt. Wer in Klepelshagen lebt, verdient sein Geld auf dem Gut. Eine andere Möglichkeit gibt es nicht. »Man muss mit der Natur und in der Natur arbeiten. Sonst scheitert man hier ganz schnell«, sagt einer, der es wissen muss.

Positiv formuliert: Die Klepelshagener arbeiten in einer Landschaft, die der Dichter Detlev von Liliencron 1903 so beschrieb: »Dreihundert Schritt vor mir liegt eine Wiese/im grellsten Sommersonnenmittagsschein wie tiefste Einsamkeit im Paradiese,/von Knicks gefasst, ein grüner Edelstein./Ein einziger Baum steht mittendrin, ein Riese,/und bohrt ein Schattenloch ins Feld hinein.« Klepelshagen, das sind Äcker und Weiden, die von Hecken und Gebüsch unterbrochen sind, kopfsteingepflasterte Straßen, über eine Wiese schnürt ein Fuchs, in der Ferne bellt ein Reh und abends kann man mehr als 80 Hirsche beim Grasen beobachten. Das war nicht immer so. Zu DDR-Zeiten war Klepelshagen ein Volkseigenes Gut. Nach der Wende wurde es von der Bodenverwertungs- und -verwaltungs GmbH, einer Nachfolgeorganisation der Treuhand, übernommen und verpachtet. Geackert wurde konventionell, intensiv und in klassischer Fruchtfolge: Gerste, Raps, Weizen, bis Mitte der 1990er Jahre der Hamburger Unternehmer Haymo G. Rethwisch das Gut kaufte und in einen land- und forstwirtschaftlichen Modellbetrieb der boco-Stiftung, seit 1999 Deutsche Wildtier Stiftung, umwandelte.

»Anfangs gab es zwei Schläge, Klepelshagen links und Klepelshagen rechts«, erinnert sich der Geschäftsführer Christian Vorreyer. Das ist Vergangenheit. Heute grasen auf den Weiden braune Angus-Rinder, die auch im Winter draußen bleiben können. Die Schläge wurden verkleinert, Baumreihen und Hecken neu angelegt und ehemals trockengelegte Flächen wieder vernässt, so dass Orchideenwiesen und Teiche entstanden, auf denen Trauerseeschwalben und ihre Verwandten, die Flussseeschwalben, brüten. Inzwischen gehört die Brutkolonie der Trauerseeschwalben zu den größten in Mecklenburg-Vorpommern.

All das will Michael Tetzlaff mir zeigen. Er ist als Biologe bei der Deutschen Wildtier Stiftung angestellt, der das Gut nach dem Tod des Stifters übertragen wurde. Tetzlaff zeigt auf die Obstbäume links und rechts der kopfsteingepflasterten Straße. Das Gut habe sie pflanzen lassen. Etwa 300 müssen es mittlerweile sein, vor allem Äpfel, Birnen, Kirschen, Pflaumen, alte regionale Sorten, die mit dem lokalen Klima zurechtkommen und deren Blüten im Frühjahr Nahrung für viele Wildbienen liefern. Im Vordergrund stehen nicht die Ernte und die Verarbeitung. »Das schaffen wir gar nicht«, sagt Tetzlaff. Um Ressourcenverschwendung handelt es sich trotzdem nicht. Im Gegenteil, die heruntergefallenen Früchte bieten Nahrung für die vielen Wildtiere in Klepelshagen, vor allem für die Vögel, aber auch Füchse, Dachse und Marderhunde. »Unglaublich, was die im Herbst wegfressen«, sagt Tetzlaff.

Die Bäume stehen links und rechts auf breiten Grünstreifen entlang der Straße, auf denen jetzt im späten Frühjahr immer noch die abgestorbenen Stängel von Wildblumen in den Himmel ragen. In der »Agrarwüste«, wie Tetzlaff die Wirtschaftsweise in der Nachbarschaft nennt, gibt es solche Streifen kaum noch. Dabei könnten sie in der intensiv genutzten Landwirtschaft wichtige Rückzugsgebiete für Pflanzen und Tiere bilden, in denen sie sich ungestört vermehren und ihr Genpotenzial austauschen können, schaffen sie doch ein Wegenetz, das unterschiedliche Biotope – vom Gewässer über Hecken und Knicks bis zum Wald – auch überregional miteinander verknüpfen kann. »Würde jeder Landwirt solche Streifen stehen lassen und sie zwei bis drei Jahre nicht bearbeiten, brächte das viel für die Artenvielfalt. Aber die ackern ja bis zur Straße und zur Feldhecke«, sagt der Biologe bedauernd. In Klepelshagen bleiben die grünen Raine im Winter stehen, ohne gemäht zu werden. Tetzlaff zeigt auf die braunen Stängel. »Im Winter kann man beobachten, wie die Vögel sie nach Sämereien und Kleininsekten absuchen.«

Tetzlaff biegt ab und fährt an einem Acker entlang. »Ich will Ihnen etwas zeigen.« Wir halten an einem Gebüsch. »Das haben wir auch angelegt«, sagt Tetzlaff. Er nennt die Pflanzen: Schwarzdorn, Sanddorn, Hundsrose. »So gestalten wir nach und nach die ehemals intensiv genutzte Landwirtschaft um.« Wir steigen aus und gehen ein Stück bis zu einem kleinen sonnenbeschienenen Hang. Wo ehemals Gras und Kräuter einen dichten Bewuchs bildeten, ist der Boden mindestens 15 Zentimeter tief durchgewühlt. »Wildschweine«, sagt Tetzlaff. Sie haben den Hang nach Futter durchsucht. Die Fläche wieder einzuebnen sei kein Problem, sagt Tetzlaff, aber das werde nicht geschehen. »Diese offenen Bodenstellen sind ein wichtiger Lebensraum für eine Vielzahl von Insekten, vor allem für Wildbienen, die an solchen Stellen ihre Röhren in den Boden bauen.« Wildbienen, das muss man wissen, gehören zu den wichtigsten Bestäubern in der Natur.

Am Ende unserer Rundtour fahren wir nach Neuensund. In unmittelbarer Nähe des Dorfes, das an Klepelshagen grenzt, hat das Gut gerade einen bis dahin konventionell bewirtschafteten 150-Hektar-Schlag erworben. Der Unterschied könnte größer nicht sein. Ein Acker, so weit wie das Auge blicken kann. Ein sandiges Stück Land, das bis unmittelbar an die Straße reicht. Mit allen negativen Folgen für den Boden und die Umgebung. Einige Tage zuvor hatte eine Wolke feinsten Staubs das Dorf Neuensund eingehüllt. »Wie damals auf der Autobahn«, sagt Tetzlaff. »Wenn wir so etwas sehen, gehen bei uns die Alarmglocken an. Das müssen wir vermeiden.« Nun wird der eine große Schlag in mehrere kleinere aufgeteilt, mit Hecken, Feldrainen und einem Teil Dauerbegrünung. Eine Staubwolke wird von ihm dann nicht mehr ausgehen.

Das Gut Klepelshagen muss, auch wenn der Betrieb einer Stiftung gehört, Gewinn erwirtschaften. So hat es die Stiftung festgelegt. Hindert die Rücksicht auf die Natur, die der Naturschützer und Biologe einfordert, bei der Bewirtschaftung der Äcker? Das will ich von Betriebsleiter Peter Stuckert wissen. Schließlich ist Klepelshagen ein Biobetrieb, Glyphosat und andere Herbizide dürfen nicht eingesetzt werden, um unliebsame »Unkräuter« auf den Äckern zu beseitigen. »Ich habe in meiner Ausbildung noch gelernt, dass man die Ränder um den Acker immer schön schwarz hält, damit nichts ins Feld reinwandert«, sagt der Landwirt. Das war in einem konventionellen Betrieb in Vechta, der Hochburg der intensiven Landwirtschaft. Schnell stellte Stuckert fest: »Spritzen und Düngen ist nicht meine Welt.« Inzwischen ist der studierte Landwirt ein erfahrener Biobauer, der viele Jahre am Institut für Ökologischen Landbau in Trenthorst in Schleswig-Holstein gearbeitet hat. Es gehört zum Johann Heinrich von Thünen-Institut, einer Bundesforschungsanstalt.

Für Stuckert sind die Raine, Knicks und Hecken vor allem Rückzugsgebiete für Nützlinge. Zu einem ähnlichen Ergebnis kam 1985 schon der Sachverständigenrat für Umweltfragen der Bundesregierung. Die sehr großen Schläge hätten eine »Verdünnung« der natürlichen Blattlausfeinde zur Folge, die in den naturnahen Biotopen der Raine und Hecken ansässig sind.[7] Und hat er wegen der Raine und Randstreifen »Unkräuter« ohne Ende auf seinen Äckern? »Hab ich nicht«, sagt Peter Stuckert. »Wir sehen die Randstreifen anders. Da sind Insekten drin, die Läuse bekämpfen oder als Nahrung nehmen.« In Klepelshagen wird Landwirtschaft Teil eines ökologischen Ganzen, das nur im Zusammenspiel funktioniert.

Natürlich hat auch er mit Unkräutern zu kämpfen. Die meisten bekommt er mit einer vielfältigen Fruchtfolge in den Griff und mit einem Striegel, der die unerwünschten Pflanzen mechanisch herausreißt. Seine »schlimmsten Unkräuter« kommen ohnehin nicht von den Randstreifen, und er kannte sie als westdeutscher Landwirt nur aus Büchern. Sie heißen

Kornblume und Mohn. In seinem ersten Jahr habe er 40 Hektar Weizen umbrechen müssen, weil die Kornblume so stark war, dass sie den Weizen unterdrückt habe. Nun überlegt er, ob er sie auf einer kleinen Fläche einfach mal wachsen lässt. In Klepelshagen gedeihen sie optimal, die Nachfrage nach Kornblumensaat steigt, und die Preise sind gut.

Hecken und Knicks gibt es erst seit einigen Jahrhunderten, und doch lässt sich ihre Wirkung für die biologische Vielfalt schwerlich überschätzen. Kaum ein anderes Ökosystem bietet so viele unterschiedliche Lebensmöglichkeiten auf einem eng begrenzten Raum von etwa fünf Metern Breite bis zu einigen Metern Höhe: helle und dunkle, nasse, feuchte und trockene, sonnige und schattige, bodennahe und luftige, windstille und windige. Knicks bilden ein Netz von Wanderwegen für Tiere und ein Refugium für eine Vielzahl von Kräutern, Gräsern, Büschen, Bäumen. »In etwa 800 untersuchten nordbayerischen Hecken konnten insgesamt 94 Holzgewächse nachgewiesen werden, darunter 32 verschiedene Brombeerarten, 10 Rosen und 6 Weißdorne«, so eine Untersuchung des Bayerischen Staatsministeriums für Ernährung, Landwirtschaft und Forsten aus dem Jahr 1995.[8] In Schleswig-Holstein gibt es etwa 100 verschiedene Brombeerarten, von denen vier weltweit ausschließlich in den Knicks dieses Bundeslandes vorkommen. Hinzu kommen knapp 30 Rosenarten, von denen die meisten ebenfalls nur noch in Knicks wachsen.[9] In Bayern lassen sich mindestens elf verschiedene Heckengesellschaften unterscheiden, je nachdem auf welchen Böden und in welchen Höhenlagen die Hecken wachsen. Es gibt Berg-Ahorn-Vogelbeer-Gebüsche, Kreuzdorn-Hartriegel-Hecken oder Weidenröschen-Salweiden-Gebüsche, mit denen eine noch höhere Zahl von Saumgesellschaften korrespondiert.[10]

Entsprechend hoch ist die Zahl der Tierarten, die Knicks besiedeln. Bis zu 7000 Tierarten, von Insekten über Frösche, Kröten, Schlangen bis zu Vögeln und Säugetieren leben in Hecken. In alten Hecken im Niederrheingebiet wurden Anfang der 1980er Jahre noch 66 bis 86 Vogelpaare pro Kilometer gezählt, in Pappelreihen dagegen vier Paare pro Kilometer. In schleswig-holsteinischen Knicks konnte noch in den 1980er Jahren alle 30 Meter ein brütendes Vogelpaar angetroffen werden, so der Sachverständigenrat für Umweltfragen 1985. Die Wissenschaftler nannten auch die Gründe dafür: »In Hecken kommen mehr Gehölzarten vor als in Wäldern, so dass sich eine kaum zu übertreffende Nahrungsvielfalt für Pflanzenfresser auf kleinem Raum ergibt, zu der auch die reiche Fruchtbildung der Heckensträucher beiträgt.«[11] Ökologisch besonders wertvoll sind Doppelknicks oder Redder, wenn sie entlang eines unbefestigten Weges verlaufen und die höheren Bäume eine Art Tunnel bilden. Dann findet sich »zum Teil auch heute noch eine intakte Pflanzen- und Tierwelt, die die ehemalige Vielfalt der Knicks der 50er und 60er Jahre widerspiegelt«, so das Landesamt für Natur und Umwelt in Schleswig-Holstein 2008.[12]

Von dieser Vielfalt profitiert auch die Landwirtschaft. Die Erträge hinter einem Knick steigen bis zu einem Abstand von 400 Metern hinter der vorherrschenden Windrichtung, weil er den Boden erhält, die Windgeschwindigkeit senkt, für Taubildung sorgt und seine Bewohner die Zahl der Schadinsekten verringern. Die räuberischen Laufkäfer etwa machen Jagd auf Schadinsekten und wagen sich dabei bis zu 50 Meter in den Acker hinein, um Blattläuse, Schnecken, Käferlarven und anderes Getier zu erbeuten. Der Aktionsradius der Erdkröte, ebenfalls eine Knickbewohnerin, reicht bis zu 150 Meter weit. Auch sie frisst Schadinsekten. Hinzu kommen die schon genannten Vögel sowie Wiesel, Igel, Marder und Fuchs, die im Knick ihre Basis haben und sich auf ihren Jagdzügen noch weiter entfernen. Das alles geschieht eher im Verborgenen. Wer nur den Aufwand sieht und den Platz, den ein Knick einnimmt, rechnet falsch.[13]

Umgehauen, abgeholzt, vernichtet

Ich bin Mitglied im Umweltausschuss meiner Stadt. Fast jedes Jahr im Frühjahr kommt das Thema Knickfrevel auf den Tisch. Da hat ein Landbesitzer in seinem Knick große Eichen abgeholzt, die als Überhälter stehen bleiben sollen. Mit Feuerholz dieser Qualität lässt sich gut Geld verdienen. Ein anderer räumt das Schnittgut, mit dem er nichts anfangen kann, monatelang nicht weg. Ein Dritter beseitigt Teile seines Knicks, weil der ihn bei der Nutzung seines Grundstücks stört. Ein weiterer setzt seinen Knick alle drei Jahre auf den Stock, schneidet ihn also radikal zurück, weil er ihm zu viel Schatten wirft.

Die Bestrebungen, Knicks und Feldhecken zu schützen, reichen weit zurück. Das Reichsnaturschutzgesetz aus dem Jahr 1935 schuf die Möglichkeit, Wallhecken und sonstige Hecken als Landschaftsteile unter Schutz zu stellen. Die im November 1935 erlassene »Verordnung zur Erhaltung der Wallhecken« präzisierte den Schutz. Danach war es verboten, »Wallhecken (Knicks) zu beseitigen, insbesondere sie zu roden und abzutragen oder zu beschädigen«. Als Beschädigungen galten beispielsweise das Ausbrechen von Zweigen oder das Verletzen des Wurzelwerks. Niemand sollte das Wachstum der Hecken nachteilig beeinflussen. Allerdings galt die Verordnung nur für die preußischen Regierungsbezirke Schleswig-Holstein und Niedersachsen, nicht jedoch für das Land Mecklenburg.[14]

»Ehrwürdige alte Eichen, die jahrhundertelang das Wahrzeichen einer ganzen Gegend gebildet haben, sind in Gefahr, eines schnöden Geldgeschäftes wegen umgehauen und zu Brennholz zerkleinert zu werden. Die in Schleswig-Holstein einzigartigen Knicks verschwinden mehr und mehr und mit ihnen die reiche Tier- und Pflanzenwelt, die sie beherbergen.« Die Klage könnte von heute stammen. Geschrieben hat sie Regierungsbaumeister Jean Robert Charton in einem Beitrag für den Schleswig-Holsteinischen Kunstkalender im Jahre 1911.

Genaue Zahlen, die das belegen, gibt es für die Zeit nur wenige: So gingen im besonders heckenreichen Westmecklenburg zwischen 1900 und 1991 etwa 66 Prozent der Hecken verloren. Besonders stark war der Rückgang zwischen 1965 und 1991. Allein in diesen 26 Jahren wurden Westmecklenburg von 6168 Kilometer Hecken 3626 Kilometer beseitigt. In der Gegend um Ludwigslust betrug der Rückgang fast 48 Prozent.[15] In Oberfranken stellte der Sachverständigenrat der Bundesregierung für die Jahre von 1959 bis 1975 eine Verringerung zwischen 41 und 64 Prozent fest, was eine »schwerwiegende ökologische und auch optisch-ästhetische Verarmung« zur Folge hatte.[16] In Franken wurden in den 1960er und 1970er Jahren zum Teil mehr als die Hälfte der Knicks beseitigt.[17] Für Niedersachsen konstatiert der Landesbetrieb für Wasserwirtschaft 2011 einen »anhaltend negativen Bestandstrend« für Hecken und Baumreihen – mit den entsprechenden Auswirkungen zum Beispiel auf heckenbrütende Vögel.[18]

Auch um die verbleibenden Hecken ist es oft nicht gut bestellt. Manche haben sich aufgrund mangelnder Pflege zu Baumreihen entwickelt. Manche wurden so oft gekürzt, dass aus einem sich regelmäßig erneuernden Knick eine niedrige Hecke wurde, und mancher pflanzte als Knickersatz auf ebener Erde einfach eine neue Hecke mit Pflanzen, die es gerade preiswert im Gartenmarkt gab und die noch nicht einmal heimisch sind. Ersatz für einen ehemals »bunten Knick« ist nichts davon. Eine Untersuchung des Vereins Jordsand, der sich für den See- und Küstenvogelschutz engagiert, von 2001 zur Bestandssituation der Hecken in Niedersachsen ergab, dass sich in Ostfriesland von 950 Wallhecken mit einer Gesamtlänge von 115 Kilometern nur 0,8 Prozent in einem guten Pflegezustand befanden. Niedersachsenweit waren die Ergebnisse ähnlich. Weniger als ein Prozent der Wallhecken befänden sich in einem »Zustand der vollständigen ökologischen Funktionsfähigkeit«. Der überwiegende Teil der niedersächsischen

Hecken sei zudem, bedingt durch die hemmungslose Ausdehnung der landwirtschaftlichen Produktionsflächen, »saumfrei«.[19] Das bedeutet: Geackert wird heute bis an den Rand.

In Westdeutschland war es vor allem die sogenannte Flurbereinigung, die den Hecken den Garaus machte. Sie begann mit dem Flurbereinigungsgesetz von 1953, das in §37 forderte: »Die Feldmark ist neu einzuteilen und zersplitterter Grundbesitz nach neuzeitlichen betriebswirtschaftlichen Gesichtspunkten zusammenzulegen.«[20] Knicks standen diesem Ziel buchstäblich im Weg, wie in der Broschüre »25 Jahre Flurbereinigung« aus Schleswig-Holstein nachzulesen ist. Vor allem die »sehr dichten und üppigen Knicks« im östlichen Hügelland brächten bei der »Durchführung der Flurbereinigung vermehrt Probleme«. »Dort behindert mancher Knick die Bewirtschaftung der Grundstücke in unzumutbarer Weise, mancher steht einer wünschenswerten Entwicklung im Wege.«[21] In der DDR wurde im Rahmen der Kollektivierung der Landwirtschaft ebenfalls eine deutliche Reduzierung der Hecken angestrebt. Das Ziel dort waren große Schläge, die man mit modernen Großmaschinen, Beregnungsanlagen und Flugzeugdüngung optimal bewirtschaften konnte.

Hecken sind ein eigener Habitattyp. In ihnen haben viele in Mitteleuropa selten gewordene Vogelarten ihren Lebensraum gefunden. Dazu gehören auch Arten, die eigentlich in lichten, ehemals beweideten Wäldern oder an Waldrändern vorkamen. Die ökologische Bedeutung von Hecken für die Vogelwelt hat der Ornithologe Andreas Barkow in einer Promotion für die Universität Göttingen 2001 untersucht. Dazu wurden drei Jahre lang die Heckenvögel und ihre Nester von 33 Hecken von Sachsen bis Baden-Württemberg und Schleswig-Holstein bis Bayern und 30 Hecken im Raum Göttingen gezählt. Barkows Fazit: »Alte Hecken sind in ihrer Bedeutung für Vogelbestände nicht durch junge Hecken ersetzbar.« Es gebe einen engen Zusammenhang zwischen dem Alter einer Hecke und der Vielfalt von Baum- und Straucharten. Werde eine alte Hecke durch eine neue ersetzt, sei »unmittelbar mit einem Individuen- und Artenverlust von Vögeln zu rechnen«.

Anhand historischer Daten hat Andreas Barkow auch untersucht, wie sich die Brutvogelbestände über die Zeit verändert haben und welche Arten bereits aus den Hecken als Brutvogel verschwunden sind. So war die Dorngrasmücke um 1900 bis in die 1960er Jahre hinein mit bis zu 17,3 Prozent der häufigste Heckenvogel Norddeutschlands. Wenige Jahre später, 1974, sind es nur noch um die acht Prozent. Neun Arten, die 1903 noch aufgelistet waren, konnten 100 Jahre später gar nicht mehr als Heckenbrutvögel festgestellt werden. Als Ursachen nennt Barkow »großflächige Rodungen von Hecken zu Gunsten eines Strukturwandels in der Landwirtschaft«. Hinzu komme die intensivere Nutzung der landwirtschaftlichen Flächen in der Nähe der Hecken. Das heißt: Wenn die Vögel auf den angrenzenden, intensiv genutzten Äckern kein Futter finden, nützt auch die schönste alte Hecke nichts.[22]

Zu den Heckenbrütern gehören vor allem Rebhuhn, Steinkauz, Hänfling, Goldammer, Dorngrasmücke, Neuntöter und Gartenrotschwanz. Letztere nisten in Höhlen, zum Beispiel von alten Knickeichen. Mit dem Verschwinden solcher Bäume ist auch der Bestand dieses Vogels zurückgegangen. Der Gartenrotschwanz wird heute auf 110 000 bis 160 000 Brutpaare geschätzt. Noch vor 30 Jahren war der Bestand etwa drei- bis viermal so hoch, haben Untersuchungen des NABU ergeben.[23] Die Goldammer, einst ein häufiger Brutvogel, steht mittlerweile auf der Vorwarnliste der bedrohten Arten. Eine einfache Hochrechnung des Sachverständigenrats von 1985 zeigt, welche Folgen allein für die Vogelwelt der Verlust der 25 000 Kilometer Knicks in Schleswig-Holstein zwischen 1950 und 1985 zur Folge hatte. Wenn, wie damals in Schleswig-Holstein, alle 30 Meter ein Vogelpaar brütete, würde die Beseitigung von 25 000 Kilometer Knicks »einem jährlichen Verlust von etwa 800 000 Vogelbruten gleichkommen«, so der Sachverständigenrat.[24] Seit dem Gutachten sind allein in diesem Bundesland weitere 5000 Kilometer Knicks verloren gegangen, mit dem entsprechenden Verlust von Vogelbruten.

Wie schlecht es um Knicks und Feldhecken bis heute bestellt ist, beweist auch das sogenannte High-Nature-Value-Farmland-Monitoring des Bundesamtes für Naturschutz. Dazu werden regelmäßig die Flächen mit hohem Naturwert in der Agrarlandschaft ermittelt. Brachen, artenreiches Magergrünland, extensiv bewirtschaftete Äcker oder Weinberge gehören dazu sowie strukturreiche Landschaftselemente wie Hecken, Raine, Feldgehölze. Das Resultat ist wenig verwunderlich. Der Anteil von Flächen mit hohem Naturwert sank zwischen 2009 und 2013 von 13,1 auf 11,8 Prozent. Noch dramatischer wird es, wenn man sich die Zahlen genau anschaut. Das Monitoring-Programm unterscheidet zwischen mäßig hohem, sehr hohem und äußerst hohem Naturwert. Unter diese letzte Kategorie fielen 2013 gerade mal noch 2,2 Prozent der Agrarflächen.[25]

Das Bundesnaturschutzgesetz stellt Hecken und Knicks unter Schutz. Das regelt §21, Absatz 6 des Gesetzes: »Auf regionaler Ebene sind insbesondere in von der Landwirtschaft geprägten Landschaften zur Vernetzung von Biotopen erforderliche lineare und punktförmige Elemente, insbesondere Hecken und Feldraine sowie Trittsteinbiotope, zu erhalten und dort, wo sie nicht in ausreichendem Maße vorhanden sind, zu schaffen.«[26] Die meisten Bundesländer haben diesen Paragraphen weiter spezifiziert. In Baden-Württemberg zählen »Feldhecken, Feldgehölze, Hohlwege, Trockenmauern und Steinriegel, jeweils in der freien Landschaft«, zu den gesetzlich geschützten Biotopen. In Bayern ist es verboten, »Hecken, lebende Zäune, Feldgehölze oder -gebüsche einschließlich Ufergehölze oder -gebüsche zu roden, abzuschneiden, zu fällen oder auf sonstige Weise erheblich zu beeinträchtigen«. In Schleswig-Holstein muss mindestens ein alter Baum – ein sogenannter Überhälter – je 40 bis 60 Meter Knick erhalten bleiben. Haben die Überhälter einen Stammumfang von mehr als zwei Metern erreicht, dürfen sie nicht gefällt werden.

Es ist auch geregelt, wie oft sie auf den Stock gesetzt, also zurückgeschnitten, werden dürfen. Das muss alle zehn bis 15 Jahre geschehen, damit der dichte Wuchs des Knicks erhalten bleibt. Allerdings verschwindet dann das reiche Angebot an Futter, Brutplätzen, Aussichts- und Singwarten innerhalb von wenigen Stunden. Der Lebensraum ist plötzlich weg. Besonders für Tiere und Pflanzen, die an Schatten angepasst sind, ist diese Lichtphase unmittelbar nach dem Rückschnitt kritisch. Sie ziehen sich zurück oder sterben lokal sogar aus. Erst wenn der Knick wieder aufgewachsen ist, kehren sie zurück, jedoch nur, wenn es in der Nähe ein Rückzugsgebiet gab. Gerade in heckenarmen Gegenden sollten Hecken und Knicks nur abschnittsweise zurückgeschnitten werden. Auf keinen Fall sollte mehr als die Hälfte des Knicks beseitigt werden. Umso schneller erfolgt danach die Neubesiedlung mit Tieren und Pflanzen.

Offensichtlich reichen die Gesetze nicht, um Hecken und Knicks nachhaltig vor Eingriffen vor allem aus der Landwirtschaft zu schützen. Mal sind sie bei der Bearbeitung von Äckern und Wiesen im Weg, mal ist die Auffahrt zu einem Acker oder einem Stück Grünland zu schmal, nachdem ein neues, größeres Gerät angeschafft wurde. Das Holz, das bei der Knick- und Heckenpflege anfällt, wird, bis auf das der großen Überhälter, nicht mehr gebraucht. In einer Nacht-und-Nebel-Aktion beseitigte etwa in einer Gemeinde bei Flensburg ein Landwirt 420 Meter Knick, der ihn bei der Bewirtschaftung seiner Flächen störte. Der Frevel flog auf, der Kreis verklagte den Landwirt. Der Fall ging bis vor das Oberverwaltungsgericht in Kiel. 2002 entschied das Gericht, dass der Landwirt nicht nur die

420 Meter Knick wiederherstellen, sondern auch ebenso viele Meter neuen Knick anlegen muss, um das ökologische Minus im Laufe der Jahrzehnte wenigstens in gewissem Umfang wieder auszugleichen. Außerdem wurde ein Bußgeld fällig.[27]

Die Verbandsvertreter der Landwirte präsentieren sich immer wieder als oberste Naturschützer. So auch 2013 auf der Norla, der Norddeutschen Landwirtschaftlichen Fachausstellung. Sie ist mit 70 000 Besuchern im Norden Deutschlands die größte Landwirtschaftsschau. »Seit mehr als 200 Jahren gibt es den Knick. Aber erst seit dem vorigen Jahr muss er dringend vor denen geschützt werden, die ihn errichtet und über zwei Jahrhunderte gepflegt haben: den Bauern«, wütete Bauernpräsident Werner Schwarz, unterstützt von 2000 protestierenden Landwirten.[28] Dass das mit der 200-jährigen Pflege nicht den Tatsachen entsprach, dass es Landwirte waren, deren Profitstreben die Knicks mehrheitlich zum Opfer fielen und fallen, war dem Bauernlobbyisten egal. Ihm ging es darum, dem grünen Landwirtschaftsminister Robert Habeck an den Karren zu fahren. Denn der hatte es gewagt, den Knickschutz in seinem Bundesland zu verbessern, und damit die Landwirte gegen sich aufgebracht. Detailliert listet die Landesregierung auf, wie Landwirte mit ihren Knicks umzugehen haben. Es liest sich wie eine Auflistung aller nur denkbaren Schandtaten, die die vermeintlich so sorgliche Behandlung Lüge strafen. Verboten sind »Düngung, Pflanzenbehandlungsmitteleinsatz sowie Einsaat von Kulturpflanzen auf dem Knicksaum«, »Versiegelungen im Bereich des Knicksaumes«, die »Ablagerung von Schnittholz und Schreddermaterial auf dem Knickwall und dem Knicksaum«, die »Errichtung von Stückgutlagern«, »das Lagern von Silo- und Strohballen im Bereich in einem Abstand von unter einem Meter vor dem Knickwallfuß«, die »Durchweidung«, die »gärtnerische Nutzung« und die »ackerbauliche Nutzung des Knicksaumes« und die »Bepflanzung mit nicht heimischen Gehölzen«. Wer einen Knick beseitigt oder verlegt, muss einen Ausgleich von 1 : 2 durch Neuanlage eines Knicks schaffen.[29] Drei Landwirte reichten mit Unterstützung des Bauernverbands Klage beim Oberverwaltungsgericht gegen den ministeriellen Knickschutz ein. Sie verloren auf ganzer Linie.

Das Murren über die Entscheidung bleibt. Im Landtag spricht ein CDU-Abgeordneter, selbst Landwirt und in Personalunion agrar- und umweltpolitischer Sprecher der CDU-Landtagsfraktion 2016, von einer »Enteignung durch die Hintertür«.[30] Was er nicht sagt und was an diesem Tag im Landtag auch nicht zur Sprache kommt: Insgesamt macht die Agrarförderung in Deutschland im Durchschnitt rund 40 Prozent des Einkommens der landwirtschaftlichen Betriebe aus. Das hat das Bundesministerium für Ernährung und Landwirtschaft errechnet. Das sind Steuergelder, für die die Gesellschaft als Ganzes aufkommt. Die Gegenleistung für die Umwelt, obwohl immer wieder gefordert, bleibt aus. Der Anteil von Landwirtschaftsflächen mit hohem Naturwert, zu denen Brachen, Gräben, Feldgehölze, Trockenmauern sowie Knicks und Hecken gehören, geht zurück. Das Ziel der Nationalen Strategie zur biologischen Vielfalt, bis 2015 eine Steigerung auf 19 Prozent zu erreichen, rückt somit nicht näher, sondern in immer weitere Ferne.[31] Die Folgen betreffen die ganze Gesellschaft in Form von Artenrückgang, Nitrat oder Pflanzenschutzmittelrückständen im Grundwasser.

Die Weißdornhecke in meinem Garten ist der klägliche Rest eines Redders, den es bis in die 1960er Jahre noch gab. Er begrenzte einen Feldweg, der ursprünglich ins Moor führte. Es ist eines der vielen Moorgebiete, von denen meine Stadt bis in die 1920er Jahre umgeben war. Kaum ein Biotop wurde so großflächig vernichtet wie die Moore. Auch meine Vorfahren waren daran beteiligt, diesen Sargnagel für die biologische Vielfalt einzuschlagen.

APRIL
Das Unheil wächst zuerst

Die Natur macht, was sie will. Vor 14 Tagen haben wir gesät. Danach war es regnerisch. Auf meiner kleinen Wiese tut sich was, aber das Falsche. Giersch, der gefürchtete dreiblättrige Gartenfeind, ist aus dem Himbeerbeet eingewandert. Der lateinische Name Aegopodium podagraria leitet sich von griechisch aigeos für »von Ziegen« und pous-podos für »Fuß« ab. Seine unterirdischen Ausläufer können bis zu 20 Meter lang werden. Ich will keinen Ziegenfuß auf meiner kleinen Wiese, operiere also jedes Dreiblatt und die dazu gehörenden Wurzelausläufer heraus. Die Blätter mit den kleinen Härchen gehören dem Borretsch. Er wächst überall im Garten. Manche nennen ihn auch Gurkenkraut. Wie langweilig im Vergleich zu Blauhimmelstern, Liebäuglein oder »Guckunnerkraut« – wegen der leuchtend blauen Blüten, die nach unten zeigen. Der Borretsch darf stehen bleiben.

MOORE
Klimaschutz gratis mit Torfmoos, Sonnentau und Wollgras

Eines Tages bohrte mein Vater über dem Sofa im Wohnzimmer tiefe Löcher in die Wand, drehte Haken hinein und verschwand für einige Zeit im Keller. Als er wieder auftauchte, trug er einen alten Spaten in der Hand, sauber geputzt, das Holz gewachst, der Stahl geölt. Der extrem kurze Stil war schräg an der langen schmalen Schnittfläche befestigt. Damit hatte er als junger Mann Torf abgebaut. Der Spaten diente dazu, im Graben stehend, waagerecht in den schwarzbraunen Torf zu stechen und die Soden herauszuheben. Knochenarbeit. Nun sollte das Erinnerungsstück die Wand über dem Sofa zieren. Für uns Kinder war der Spaten ein Mahnmal, falls wir uns mal wieder um das Unkrautjäten drücken wollten: »Beklagt euch nicht, wir mussten in eurem Alter härter ran.« Meine Mutter hatte fortan Angst, der Spaten werde eines Tages auf einen Gast herabfallen und ihn erschlagen. Lange blieb das Gerät dort nicht hängen. Beim nächsten Tapezieren musste der Spaten weichen und befindet sich heute im Museum.

Der Torfspaten ist Relikt einer Zeit, als Tornesch noch von Mooren umgeben war: das Esinger Moor im Süden, das Heidgrabener Moor Richtung Westen und das Liether Moor im Norden. Heute erinnern nur noch Straßennamen wie »Am Moor«, »Tütjenmoor«, »Kanaldamm« oder »Prinzendamm« an die moorige Vergangenheit. Die ist noch gar nicht lange her. Als mein Haus um 1888 gebaut wurde, begannen auf der anderen Straßenseite die langen, schmalen, von Gräben begrenzten Moorparzellen, und meine Straße hieß »Weg am Moor«. Dass sich vom Moor ab und zu eine Kreuzotter in den Gemüsegarten verirrte, war normal. Wenn sie statt eines schwarzen Zickzackbandes auf der Oberseite ganz schwarz war, nannten die Großeltern sie Teufelsotter.

Bestimmt flatterte ab und zu ein leuchtend orangefarbener Hochmoor-Perlmutterfalter oder ein Hochmoor-Bläuling durch den Garten. Ihre Eier legen sie auf die Blätter von Moos- und Rauschbeere, die im Hochmoor wachsen, aber zur Nektarsuche sind sie auf Blütenpflanzen angewiesen. Die fanden sie unter unseren Apfelbäumen auf den Streuwiesen, die im Spätsommer als Einstreu für die Tiere gemäht wurden. Obwohl meine Vorfahren als Bahnwärter arbeiteten, hatten sie Nutztiere, und die wohnten damals mit im Haus. Geheizt wurde ausschließlich mit Torf. Der Heizstoff kostete nichts. Man baute ihn auf seiner Moorparzelle ab, von der unsere Familie bis in die 1960er Jahre einen Rest besaß. Torf hat noch einen weiteren Vorteil: Er isoliert. Deshalb lagert er in der Decke zwischen dem ersten und dem zweiten Stock meines Hauses. Meine Vorfahren haben ihn zum Schutz gegen die Winterkälte zwischen die Balken gelegt. Auch in den Abseiten entlang der Dachschrägen wurden die Torfvorräte aufbewahrt. Bis sie verheizt waren, isolierten sie das Dach gegen die Winterkälte.

Moore sind ganz besondere Biotope. Sie entstanden nach der letzten Eiszeit, sind sauer und nährstoffarm, die dort lebenden Pflanzen sind hochspezialisiert und können außerhalb dieses Ökosystems nicht überleben. Torfmoose decken ihren Nährstoffbedarf ausschließlich aus Regenwasser und senken den pH-Wert ihrer Umgebung, machen das Wasser also saurer. Auf diese Weise erschweren sie es ihrer pflanzlichen Konkurrenz, sich zu etablieren. Ein perfektes Hochmoor hat die Form eines Uhrglases: Schicht für Schicht wächst die Torfmoosdecke in die Höhe und wölbt sich schließlich zur Mitte hin. Zudem überwächst das Torfmoos die Wurzeln anderer Pflanzen und unterbricht so deren Sauerstoffversorgung.

Die Konkurrenz wird erstickt. Mit Ausnahme des Sonnentaus. Der wächst mit dem Moos mit, ebenso wie das zu den Sauergräsern gehörende Wollgras, das wegen seines weißen Wollschopfes schon von Weitem zu erkennen ist.

So entstand eine Landschaft, »in der Erhabenheit und Schönheit mit dem Grauen einer trostlosen Öde dicht nebeneinander wohnten«, wie der Göttinger Naturforscher August Heinrich Rudolf Grisebach 1846 über die Emsmoore schrieb. »Es war eine endlose Weite, in der kein Gegenstand sich über Kniehöhe erhob und die Horizontlinie weithin durch das Moor selbst gezirkelt wurde. Sammetgrüne, olivfarbene, rostbraune und blutrote Moospolster bildeten das farbenprächtige Muster des weichen, schwellenden Teppichs, über den der Fuß auf die Dauer nur mühsam zu schreiten vermochte und mit jedem Schritt Wasser aus dem saugenden Riesenschwamm herauspresste.« Grisebach entdeckte in den Emsmooren das Mooroder Heideknabenkraut. Die Orchideenart wuchs am Rand kleiner Tümpel, Teiche und alter Torfstiche zwischen Torfmoos und Wollgras. Sie gibt es dort schon lange nicht mehr.[1]

Moore sind vom Aussterben bedroht, und mit ihnen die hochspezialisierte Lebensgemeinschaft, die auf sie angewiesen ist. Schon im 18. Jahrhundert begann man, den Mooren mit Schaufel und Pumpwerken an den Kragen zu gehen. Die wachsende Bevölkerung musste ernährt, neues Land urbar gemacht werden. Voller Begeisterung jubelte der Botaniker Franz de Paula von Schrank 1795 über die Trockenlegung des größten bayerischen Niedermoores an der Donau, die 1790 begonnen hatte: »Das Donaumoor ist kein Moor mehr, sondern ein ganz artiges Ländchen von vier Quadratmeilen«, das nun mit einer »goldenen Aehrenkrone« gekrönt sei.[2] Bis sich Ende des 19. Jahrhunderts die Steinkohle als Heizmaterial durchsetzen konnte, war Torf zudem der wichtigste Brennstoff zum Heizen von Wohnungen. Selbst Eisenbahnen wurden mit Torf befeuert, weil er billiger als Steinkohle war, was die Trockenlegung der Moore, nun für den Abbau von Torf, beschleunigte. Das »schaurige« Moor, in dem sich »wie Phantome die Dünste drehn«, wurde gezähmt, das Kräfteverhältnis zwischen Mensch und Natur umgekehrt. Der Wiener Wissenschaftstheoretiker Otto Neurath formulierte 1931 treffend: »Der Mensch wird immer unabhängiger vom Boden, auf dem er lebt. [...] Wenn früher ein Mensch und ein Sumpf zusammenkamen, verschwand der Mensch, jetzt der Sumpf.«[3] Ein folgenschwerer Sieg, wie sich zeigen wird.

Heute werden mehr als 90 Prozent der Moorböden in Deutschland landwirtschaftlich genutzt, 50 Prozent davon als Grün-, 25 bis 30 Prozent als Ackerland und 13 Prozent für die Forstwirtschaft. Flächendeckender Nährstoffeintrag aus angrenzender landwirtschaftlicher Nutzung und aus der Luft schädigt die wenigen noch vorhandenen Moore. Die Nährstoffe begünstigen stickstoffliebende Gräser und Sträucher, was zu Lasten des Torfmooses geht.[4] Von den etwa 1,4 Millionen Hektar Moorflächen in Deutschland befinden sich noch etwa ein Prozent im natürlichen oder naturnahen Zustand.[5] Auch der Abbau von Torf schreitet, trotz aktueller Moorschutzprogramme, jedes Jahr um zehn Millionen Kubikmeter voran, zu 90 Prozent davon in Niedersachsen.[6]

Torf ist nach wie vor ein begehrter Rohstoff. Wenn wir einen Sack Pflanzerde kaufen oder eine Topfblume, erwerben wir fast immer zu mehr als 90 Prozent Torf. Torf wird im Gartenbau, im Gemüseanbau und Kräuteranbau verwendet. Er ist der Grundstoff für die modernen Designer-Erden, denn er verbindet eine Reihe nützlicher Eigenschaften. Er speichert Wasser und enthält kaum Nährstoffe. Im Gartenbau ist das ein Vorteil, weil er je nach Bedarf der Pflanze optimal mit Nährstoffen ausgestattet werden kann. Der Lavendel braucht zum optimalen Wachstum einen anderen Untergrund als der Rhododendron und die Tomate einen andern als die Tulpe. Torf hat im Gartenbau eine große wirtschaftliche Bedeutung.

Deshalb ist der Torfverbrauch in Deutschland unvermindert hoch. Dagegen gibt es zunehmend Proteste, wie in Ovelgönne, wo die Gemeinde sich dagegen ausgesprochen hat.

Ovelgönne liegt im grünen Herz der Wesermarsch in Niedersachsen. Das Land ist flach und dünn besiedelt. Ein dichtes Netz langer Entwässerungsgräben durchzieht die Landschaft. Hier führen alle Wege, die von der Straße abzweigen, ins Moor oder zu dem, was noch davon übrig ist. Denn als Moore sind die meisten dieser Flächen nicht mehr erkennbar. Auf ihnen grasen Kühe, wird Mais angebaut oder Gras für Tierfutter. Zahllose in den Boden verlegte Dränrohre auf den Flächen leiten das Wasser in die Gräben und sorgen dafür, dass der Boden und der darunterliegende Torf trocken genug bleiben, um eine Bewirtschaftung zu erlauben.

Das führt dazu, dass der Torf schrumpft, weil er nicht mit Wasser gesättigt ist. Der Boden sinkt weiter ab, es muss noch mehr entwässert werden – der Teufelskreis der Moornutzung. Weil sich der im Torf gespeicherte Kohlenstoff immer weiter zersetzt und an die Atmosphäre abgegeben wird, ist die Entwässerung der Moore ein Sargnagel nicht nur für die Artenvielfalt, sondern auch für das Klima. »Ein zehn Zentimeter tieferer Wasserstand bedeutet pro Hektar und Jahr fünf Tonnen CO_2-Äquivalente«, sagt Greta Gaudig. Zum Vergleich: Die Pro-Kopf-Emissionen von Treibhausgasen in Deutschland lagen 2013 bei etwa 9,3 Tonnen CO_2-Äquivalent.[7]

Ich treffe Greta Gaudig an einem heißen Julitag mitten im Moor bei Ovelgönne. Die Moorökologin vom Institut für Botanik der Universität Greifswald und eine der beiden Leiterinnen des Greifswald Moor Centrums will mir zeigen, wie sich Moore wieder vernässen lassen und sich damit in Zukunft vielleicht sogar Geld verdienen lässt. Paludikultur nennt sich diese Form der Moorkultivierung, bei der nur die obere Biomasse abgeschöpft wird, der Torf aber bestehen und das Torfmoos weiterwachsen kann.

Die Drohne im Moor

Zur Versuchsfläche führt ein breiter erhöhter Schotterweg durch saftige Wiesen, auf denen links und rechts schwarzbunte Rinder weiden. An den Grabenkanten sorgt der Blutweiderich für pinkfarbene Farbtupfer, Schmetterlinge gaukeln vorbei, auf Gräben schwimmen kleine grüne Wasserlinsen, auch Entenflott genannt, weil Enten und Gänse die Pflanzen gerne fressen. Nur das braune Grabenwasser verrät, dass es sich bei den Wiesen eigentlich um ein Moor handelt. Eine stille Idylle, wäre da nicht dieses Gebrumm, wie von einem aufgeregten Rasenmäher. Am Ende des Schotterweges stehen einige Container. Frauen und Männer in Gummistiefeln, mit großen Hüten und weißen Sonnencreme-Nasen laufen geschäftig herum. Vor den Containern stehen Schneeschuhe, und eben landet einige Meter weiter eine Drohne, die Urheberin des Gebrumms. Sie soll messen, wie schnell das Moor wächst, wie ich von Greta Gaudig erfahre.

Was der Natur andernorts verwehrt ist, ist hier gewünscht. Das Moor soll wieder wachsen und die Wissenschaftler schauen ihm dabei tief ins verzweigte Grün. 2011 wurden die ersten Flächen angelegt, inzwischen sind es 14 Hektar, unterbrochen von Dämmen, die die einzelnen Flächen voneinander trennen. Um das Torfmoos auszusäen, benutzen die Wissenschaftler eine auf den ersten Blick brachiale Methode. Weil die geschlechtliche Vermehrung über die Sporen bei Moosen schwierig ist, haben sie von einer naturnahen Hochmoorfläche und einer Torfmooskultur Moose gesammelt, gehäckselt und auf die vorbereiteten Moorflächen gestreut. Innerhalb von wenigen Wochen wuchs daraus ein lichtgrüner Moosrasen. »Torfmoose regenerieren sich aus kleinsten Bruchstücken«, sagt Greta Gaudig.

Sie reicht mir ein Paar Schneeschuhe. Die soll ich unter meine Gummistiefel schnallen, damit ich mit ihr die neuen

Moorflächen begehen kann, ohne die Pflanzen zu beschädigen oder zu tief einzusinken. Die von Dämmen unterbrochenen zehn mal 50 Meter großen »Torfmoosbeete« schimmern zwischen einem gelblichen Hellgrün und Dunkelrot. Am Rand des Beetes schnallen wir die Schneeschuhe an. »Vorsicht«, warnt Greta Gaudig, »damit können Sie nicht rückwärts gehen.« Ein großer Schritt und wir stehen im Moor. Sie zeigt auf weiße Puschel in der Ferne: Wollgras, eine der wenigen Pflanzen, die in diesem nährstoffarmen, sauren und nassen Biotop überleben kann. Ebenso wie die dunkelroten Kleckse, auf die Greta Gaudig zeigt: Sonnentau, und zwar in Massen. Vermutlich sei er bei der Aussaat mit dabei gewesen. Anders seien diese Mengen der ansonsten seltenen Pflanze nicht zu erklären. Gerade landet eine Fliege ahnungslos auf einem der Blättchen, deren Tautropfen so verlockend aussehen. Nun sitzt sie fest. Eine klebrige Masse hat sie im Griff. Wie die Tentakel einer Seeanemone legen sich die Fangarme des Sonnentaus um ihren Körper. Alles Zappeln und Sirren nützt nichts. Innerhalb von Minuten erstickt das Insekt in der durchscheinenden Flüssigkeit und wird nun von den Verdauungsdrüsen auf dem Blatt aufgelöst. Moore sind so nährstoffarm, dass der Sonnentau zum Überleben Insekten frisst. Aber er steckt in einem Dilemma, denn er braucht Insekten, um seine Blüten bestäuben zu lassen. Deshalb sitzen seine kleinen weißen Blüten am Ende sehr langer Stängel, so dass die Insekten dort vor den klebrigen Fangarmen sicher sind.

Greta Gaudig zupft ein Moospflänzchen aus dem grünen Schwamm. Es zeigt sich: Nur die oberen fünf Zentimeter sind grün, der Teil darunter ist abgestorben. »Torfmoose haben keine Wurzeln«, sagt sie. Das erleichtert die Kultivierung, denn dieses Moor soll kein Naturschutzgebiet werden. Es handelt sich um eine Versuchsfläche, um Torfmoos anzubauen und zu ernten und damit vielleicht auf lange Sicht den Abbau von Torf auf Moorstandorten zu verringern. Die Anfänge sind vielversprechend. Schon nach 18 Monaten hatte sich ein dichter Torfmoosrasen gebildet, nach drei Jahren war er hoch genug, um ihn zu ernten und damit neue Moorflächen zu besiedeln. Das langfristige Ziel der Forscher ist, den Torfmoosrasen für Substrate im Gartenbau zu verarbeiten. Das wäre gut für das Klima: Werden weniger Moore abgetorft, werden weniger CO_2 und andere klimawirksame Gase freigesetzt.

Auch die Artenvielfalt nimmt wieder zu. In einem Forschungsprojekt haben Gaudig und ihre Kollegen die Versuchsflächen untersucht und festgestellt, dass sich im Laufe der Jahre die hochmoortypischen Pflanzen immer weiter durchsetzen. Andere Arten, die über die Wasserzufuhr, mit der Saat oder Wurzelresten eingewandert waren, gingen nach und nach zurück. Frösche haben das Moor für sich erobert, verschiedene Entenarten, Kiebitz, Weißstorch, Waldwasserläufer und Bekassine. Auch Spinnen und Libellen haben die neu angelegten Moorflächen als Ersatzlebensraum angenommen. Auf einer Fläche konnte sogar eine seltene Spinnenart nachgewiesen werden. *Bathyphantes setiger* heißt sie, ist nur etwa zwei Millimeter groß, einen deutschen Namen hat sie nicht, dafür ist sie zu klein und vielleicht auch zu selten. Das letzte Mal wurde sie in den 1980er Jahren in Deutschland nachgewiesen.

Neue Moore braucht das Land

Moore wachsen im Schneckentempo, 0,5 bis 1 Millimeter pro Jahr. Eine Torfschicht von zehn Metern ist also vermutlich seit dem Ende der letzten Eiszeit entstanden. Das Teufelsmoor bei Worpswede beispielsweise hat für seine Entstehung 8000 Jahre gebraucht, das Deininger Moor im Landkreis München 10 000 Jahre. Die Zerstörung hingegen geht rasant. Wird ein Moor entwässert, sinkt der Schwamm aus Torfmoos pro Jahr um ein bis zwei Zentimeter, so dass eine tausendjährige

Torfschicht innerhalb weniger Jahre nahezu völlig zusammenschrumpft.[8] Die typischen Moorbewohner verschwinden auf Nimmerwiedersehen.

Aus historischen Überlieferungen wissen wir, dass die großen Sturmfluten an der nordfriesischen Küste – die erste und zweite Manndränke 1362 und 1634 – auch deshalb so verheerend ausfielen, weil man dort zum Heizen und Salzsieden Torf abbaute, der sich über Jahrtausende auf den Küstenüberflutungsmooren gebildet hatte und mit Meersalz angereichert war.[9] Dadurch sackte der Boden ab und das Land bot weniger Schutz gegen das anbrandende Meer. Die Niederlande haben in 1000 Jahren Moorentwässerung ihr moorreiches Land derartig heruntergewirtschaftet, dass jetzt fast die Hälfte der Fläche unter dem Meeresspiegel liegt. In den Niederlanden und in Nordostdeutschland hat die Moorsackung schon zur Aufgabe von Zehntausenden Hektar Moorpolder, also von eingedeichten Flächen niedrigen Geländes, geführt, weil der Erhalt der Infrastruktur für die Entwässerung ökonomisch unzumutbar wurde.[10]

Nicht immer brachte die Moorentwässerung den erhofften Wohlstand. »Dem ersten den Tod, dem zweiten die Not und dem dritten das Brot«, so hieß es früher über die Siedler im Moor. Aber auch das Brot blieb meist ärmlich, denn wenn der Torf abgetragen war, kamen darunter oft karge Sandböden zum Vorschein. Auf denen ließen sich allenfalls Buchweizen oder Roggen anbauen, das Korn der kleinen Leute. Das hat mit der Entstehung von Mooren zu tun. Sie wachsen dort, wo es einen Wasserüberschuss und keinen Abfluss gibt. Hoch- oder Regenmoore werden nur vom Regen gespeist, der nicht abfließen kann, weil der Boden wasserundurchlässig ist: sehr tonig oder sehr verdichtet.

Man kann sich ein wachsendes Moor wie einen mit Wasser gesättigten Schwamm vorstellen. Die grünen Spitzen an der Oberfläche betreiben fleißig Photosynthese, dabei nehmen sie

CO_2 auf, das sich in dem Pflanzenteil unter der Wasseroberfläche nicht vollständig zersetzt. Deshalb sind im Torf große Mengen des von den Pflanzen zuvor aufgenommenen Kohlendioxids enthalten. Das macht Moore zu den »raumeffektivsten Kohlenstoffspeichern aller terrestrischen Ökosysteme«, wie Wissenschaftler es nennen.[11] In den Moorflächen, die etwa vier Prozent der Fläche Deutschlands ausmachen, ist ebenso viel Kohlenstoff gespeichert wie in den Wäldern, die beinahe 30 Prozent der Fläche bedecken. Weltweit speichern Moore in ihrem Torf so viel Kohlenstoff wie alle Wälder der Welt, obwohl sie nur drei Prozent der Landfläche einnehmen. Umso dramatischer ist die Auswirkung auf das Klima, wenn Moore, wie es weiterhin geschieht, entwässert werden. Obgleich Moore nur sechs Prozent der Landwirtschaftsfläche ausmachen, sollen sie 57 Prozent der landwirtschaftlichen Gesamtemissionen verantworten, so die Wissenschaftlichen Dienste des Deutschen Bundestages 2013.[12] Weltweit ist Moorentwässerung einer der größten Klimakiller.

»Neue Moore braucht das Land!« Das sagt Michael Succow. Der Professor ist Deutschlands Moor-Mann Nr. 1.[13] Unermüdlich ist der Forscher und Naturschützer mit dem weißen Rauschebart im In- und Ausland unterwegs, um für diese Landschaft zu werben. Seine Michael-Succow-Stiftung zum Schutz der Natur, die er mit dem Preisgeld des Alternativen Nobelpreises gegründet hat, ist Partner des Greifswald Moor Centrums. Succows Engagement für die Moore hat seinen Ursprung in der Kindheit. »Ich gehöre zu einer Generation, in deren Kindheit noch extensiv genutzte Moorwiesen das Landschaftsbild prägten«, sagt er. »Es waren wunderschöne Blumenwiesen mit ein- oder zweischüriger Mahd [nur ein- oder zweimal jährlich gemäht, S.D.], nur mäßig entwässert, voller Orchideen, mit Trollblumen und Schlangenknöterich, mit Fieberklee und Sumpfdotterblume, mit Frosch und Kröte, mit Kiebitz und Bekassine, mit Wachtelkönig und Brachvogel.«

Der Einbruch kam in der DDR radikal und rasend schnell mit der Trockenlegung der großen Niedermoore in den 1960er Jahren. Succow erlebte das hautnah. Als wissenschaftlicher Assistent am Botanischen Institut der Universität Greifswald war er, wie er selbst sagt, »eingebunden in die sozialistische Großraumwirtschaft«. In Erkenntnis der gravierenden Folgen für die Natur sorgte er kurz vor dem Ende der DDR als stellvertretender Umweltminister der Modrow-Regierung in Windeseile für ein umfassendes Nationalpark-Programm, das in der letzten Sitzung des DDR-Ministerrats beschlossen wurde.

Vorzeigeprojekt von Michael Succows Stiftung sind die Karrendorfer Wiesen vor den Toren Greifswalds. Es handelt sich um ein Überflutungsmoor, wie es an Küsten und Flüssen entsteht. Diese Moore fallen periodisch trocken, bis die nächste Flut sie mit Wasser und Schwebstoffen bedeckt, die dafür sorgen, dass sie weiterwachsen können. Anfang 2016 hat der Bund die Karrendorfer Wiesen als Nationales Naturerbe an die Stiftung übertragen: 360 Hektar saftig grünes Deichvorland im Greifswalder Bodden. Auch die Karrendorfer Wiesen haben einen mehr als ein Jahrhundert dauernden Teufelskreis von Moorsackung und Entwässerung hinter sich. Als der Hunger nach landwirtschaftlich nutzbaren Flächen immer größer wurde, fing man im 19. Jahrhundert an, das Gebiet zu entwässern. Es begann ein ständiger Wettlauf mit dem Meer. Ein Sommerdeich musste her, um das Land gegen Sturmfluten zu sichern. Als die landwirtschaftliche Nutzung zu DDR-Zeiten mit Getreide- und Feldfutteranbau weiter intensiviert wurde und diese Entwicklung auch die Karrendorfer Wiesen erfasste, wurde der Wasserspiegel erneut abgesenkt. Der Boden schrumpfte weiter, die Deiche mussten erhöht werden.

Erst 1993/94 hatte der fatale Kreislauf ein Ende. Die Deiche wurden rückgebaut, 360 Hektar Grasland wieder ausgedeicht und den Fluten des Meeres ausgesetzt. Seitdem wird die Fläche ein- oder zweimal im Jahr überflutet. Weil das Wasser schneller kommt, als es zurückfließt, lagern sich Samenkörner und feine Sedimente, die die Flut mit sich trägt, auf der Wiese ab. So wachsen die Salzwiesen langsam in die Höhe, der ursprüngliche Bewuchs stellt sich wieder ein, und die Wiesen können mit einem moderaten Anstieg des Meeresspiegels mithalten. Aus intensiv genutztem Ackerland wird eine extensiv genutzte Sommerweide, die zudem der Anpassung an den Klimawandel dient. Bei der Ostseesturmflut Anfang 2017 hat sie diese Fähigkeit bewiesen. Während woanders Deiche überspült wurden, Steilufer abbrachen und Strände in der Ostsee versanken, überstanden die Karrendorfer Wiesen den Sturm unbeschadet.

Salzwiesen sind wie gemacht für pflanzliche Spezialisten. Salz ist hygroskopisch. Es bindet Wasser, hält es quasi fest. »Deshalb lagern die Salzwiesenpflanzen mit dem Wasser eine gewisse Salzmenge ein«, sagt Peter König, der Botaniker aus Greifswald. »Damit verringern sie das Gefälle zwischen Bodenwasser und Pflanzenwasser und können Wasser aufnehmen.« Anders erklärt: Salz im Boden bindet Wasser. Die Pflanze hält dagegen, indem sie ihrerseits Salz einlagert. Der Motor werde, so König, durch die Verdunstung in Gang gehalten. Das sei mühsam, weshalb Salzwiesenspezialisten eher langsam wachsen. »Schwachwüchsig« nennen Botaniker das. Viel Dünger und weniger Salz im Boden würde ihnen den Garaus machen, weil sie dann von schnell wachsenden Gräsern überwuchert würden. König bückt sich nach einer Pflanze – klein, grün und unscheinbar. »Das ist das Mäuseschwänzchen.« Die einjährige Pflanze besiedele gerne Löcher in der Vegetation, zum Beispiel Trittflächen von Rindern und Schafen oder Traktorspuren. Die Überlebensstrategie des Mäuseschwänzchens erklärt er so: »Es versteckt sich und überlebt.« Und fügt verschmitzt hinzu: »Das erfreut mein Herz.«

Ursprünglich gab es 21 000 Hektar Küstenüberflutungsmoore entlang der Boddenküste Mecklenburg-Vorpommerns.

Bis auf wenige Restflächen fielen sie der Nutzungsintensivierung durch die Landwirtschaft im 19. und 20. Jahrhundert zum Opfer. Wegen des damit verbundenen höheren Einsatzes von Nährstoffen – vor allem Stickstoff und Phosphat –, die mit dem Regen ausgespült werden, leidet auch die Wasserqualität der Ostsee. Das Ministerium für Landwirtschaft, Umwelt und Verbraucherschutz Mecklenburg-Vorpommern hat den Eintrag von Nährstoffen in die Ostsee aus einem Poldergebiet an der Darß-Zingster-Boddenkette untersuchen lassen. Für die Monate Mai 2007 bis April 2008 wurde eine Gesamtstickstofffracht von 3750 Kilogramm und eine Gesamtphosphorfracht von 52 Kilogramm gemessen, die über die zwei Schöpfwerke unmittelbar in die angrenzenden Boddengewässer eingetragen wurden. »Damit gelangt aus geschöpften Bereichen in einer Größe von 500 ha eine Stickstofflast, die vergleichbar ist mit der aus der Kläranlage Barth, bzw. eine Phosphorlast, die doppelt so hoch ist wie die aus der genannten Kläranlage, in die Boddengewässer«, kritisiert das Land Mecklenburg-Vorpommern 2009 in seinem Moorschutzkonzept.[14] Die Folge sind Algenblüte, Sauerstoffmangel im Meer, abnehmende Sichttiefe im Wasser und vergammelnde Algenteppiche an den Stränden, die den Urlaubern den Strandurlaub vermiesen. Doch die Ausdeichung und Wiederherstellung des alten Zustands scheitert noch viel zu oft am Widerstand von Flächennutzern und Eigentümern, kurz der Landwirtschaft.

Selbst vom Klimaschutz, der zu den zentralen Anliegen aller Bundesregierungen gehört, ist die Landwirtschaft weitgehend ausgenommen. Die CO_2-Emissionen aus landwirtschaftlichen Böden und der Moornutzung sind in die von der Bundesregierung aufgestellten Klimaschutzziele nicht mit einbezogen. Das solle allenfalls »mittelfristig [...] in den Blick genommen werden«, so die Bundesregierung 2016. Dieselbe Bundesregierung setzt die gesellschaftlichen Kosten für den Ausstoß von Treibhausgasen aus Mooren »konservativ gerechnet« für Deutschland mit 3,6 Milliarden Euro pro Jahr an.[15]

Michael Succow plädiert für ein Umdenken. Einerseits seien »alle noch nicht anthropogen stärker beeinträchtigten Moore unabdingbar in ihrem Naturzustand zu erhalten«. Andererseits müssten die bislang entwässerten Moore, wo es möglich ist, »revitalisiert« werden, also wieder vernässt. Eine Nutzung ist damit nicht vollständig ausgeschlossen, wie die Beispiele in Niedersachsen oder im Greifswalder Bodden zeigen. Der Klimaschutz wird dabei gratis mitgeliefert. Das ist allemal sinnvoller, als mit Milliarden Steuergeldern Biogaserzeugung und Maisanbau zu fördern, was die Artenvielfalt zerstört, dem Klima nichts nützt und die Landschaft optisch verarmen lässt.

Mittlerweile beträgt der Maisanteil an den Ackerflächen knapp ein Fünftel, in manchen Regionen noch viel mehr. Was die Maislobby freut, ist für die Vielfalt der Vogelwelt – und nicht nur für die – ein weiterer Sargnagel. Auf manchen Maisäckern verhungern selbst die Regenwürmer.

MAI
Gießen oder nicht?

Auflaufen. So nennen Landwirte es, wenn nach der Aussaat die Keimblätter auf der Erdoberfläche sichtbar werden. Meiner kleine Wiese läuft gut auf. Zu den Grashälmchen, die sich neuerdings zeigen, gesellen sich zunehmend Blättchen. Manche zart und verästelt wie Miniaturgeweihe, andere überragen fett und keck das Gras und erinnern vom Wuchs her an Kohl, wieder andere versuchen, sich mit einem Pelz aus kurzen Härchen gegen die unbarmherzige Maisonne zu schützen. Seit drei Tagen weht ein »soorer« Wind. So heißt der trockne Ostwind bei uns auf Plattdeutsch. Windstärke 8, Luftfeuchtigkeit 35 Prozent, 30 Grad im Schatten. Im Nu ist alles staubtrocken. Soll ich den Gartenschlauch holen und sprengen? Andererseits: In der Natur überleben die Pflanzen ja auch. Ich gieße trotzdem, abends, wenn die Sonne hinter der Weißdornhecke verschwunden ist.

MAIS
Ein Kraftprotz mit Nebenwirkungen

Als Schüler fanden wir Mais toll. Er wurde auf einem einzigen Feld am Rande der Marsch angebaut, eine Fahrt von 20 Minuten mit dem Rad. Wir schlichen uns auf den Acker, rissen die dicken, reifen Kolben ab und genossen den Nervenkitzel. Es war ein wenig wie Äpfelklauen. Heute nerven mich Maisfelder. Wo ehemals Kühe grasten, wo Getreidefelder im Wind wogten, steht heute Mais. Weil die Pflanze, die Christoph Kolumbus einst aus Mexiko mitbrachte, die Wärme liebt, sind die Äcker bis Mai kahl und leer. Dann wächst innerhalb weniger Wochen ein monokultureller Pflanzenwald heran und im Oktober ist der »Wald« – zack, zack! – wieder verschwunden. Mais braucht viel Dünger, um in kurzer Zeit sehr schnell zu wachsen. Deshalb sind mit ihm auch die nährstoffarmen, bunt blühenden Wiesen und Wegraine verschwunden. In manchen Landkreisen liegt der Maisanteil an der Ackerfläche bei mehr als 50 Prozent, meist in Regionen mit hoher Viehdichte wie in Teilen Niedersachsens, Baden-Württembergs oder Bayerns.[1] Die Pflanze hat unsere Kulturlandschaft umgekrempelt. Wo Monotonie gedeiht, bleiben viele, auch ehemals häufige Arten auf der Strecke.

Im Garten meines Nachbarn brüten jedes Jahr Stare. Spätestens im März sind die Vögel wieder da, gurgeln und kollern vor ihren Nistkästen. Ein Star baut das Quaken einer Ente in seinen Gesang ein, ein anderer den Schrei eines Bussards und zwischendurch klingen sie alle wie ein rostiges Scharnier. Seit einigen Jahren klagt mein Nachbar, dass weniger Stare kommen. Auf einem Treffen von »Vogelzählern« erfuhr ich, warum. »Bird Numbers« heißt die Konferenz, auf der alle paar Jahre Vogelkundler aus der ganzen Welt zusammenkommen, um ihre Erfahrungen auszutauschen. 2016 fand sie in Halle an der Saale statt. Zu Gast war auch ein Ornithologe aus Dänemark. Henning Hjeldberg heißt der Vogelforscher. Er berichtete vom klammheimlichen Verschwinden der Stare in Dänemark. Dänische Ornithologen beziffern den Rückgang auf 313 000 bis 470 000 Paare zwischen 1976 und 2015, ein Rückgang von 60 Prozent, in anderen Ländern sind die Verluste ähnlich. In Europa schätzen Ornithologen den Rückgang zwischen 1980 und 2012 auf 40 bis 50 Millionen Individuen.[2]

Jahrzehnte blieb das unbemerkt, auch in Dänemark. Ein Minus von zwei Prozent jährlich fällt bei einem Vogel wie dem Star, dessen Population in Europa auf bis zu 105 Millionen Individuen (2015) geschätzt wird, zunächst nicht weiter auf.[3] Zudem waren nicht alle Regionen des Landes gleichermaßen betroffen. In Halle erzählte Hjeldberg, wie er und seine Forscherkollegen mit einer Kombination von statistischer Analyse und kriminalistischem Gespür einer wesentlichen Ursache auf die Spur kamen: In Dänemark werden 60 Prozent des Landes landwirtschaftlich genutzt und Jahrzehnte spielte die Milchproduktion eine bedeutende Rolle. Die Höfe waren klein, die Kühe standen im Sommer auf der Weide, und wo es viele Kühe gab, brüteten viele Stare. Hjeldberg zeigte das Foto des Hofes eines Milchbauern in Dänemark, auf dem seit Jahren Stare beringt werden. Der Hof war Ausgangspunkt für die Recherche. Als Erstes versahen er und seine Kollegen die Vögel mit GPS-Trackern. Das sind winzige Sender, die 24 Stunden lang Daten darüber liefern können, wo ein Vogel sich gerade aufhält.

Das Ergebnis war überraschend. Um Futter für ihre Jungen zu suchen, flogen die Stare gerade mal 500 bis 1000 Meter weit und steuerten immer wieder die drei gleichen Wiesen an. Hjeldberg und sein Team schauten sich die Futterplätze genauer an und stellten fest: Sie hatten eines gemeinsam: Es waren Kuhweiden, auf denen das Gras niedrig stand und auf denen die Vögel im Gras gut nach Würmern stochern oder von den Halmen die Insekten absammeln konnten. Hohes Gras, Getreide, Maisfelder oder Raps mieden sie. Offensichtlich brauchen Stare niedrigen Bewuchs, wie er entsteht, wenn eine Wiese regelmäßig von Rindern abgefressen wird und Kuhfladen die Insekten anlocken.

Um zu prüfen, ob die These stimmt, verglich das Forscherteam die Zahlen von Milchkühen der vergangenen Jahrzehnte mit der von Starenpaaren aus Vogelzählungen. Ergebnis: Wo viele Kühe gehalten wurden, brüteten auch viele Stare. Als die Zahl der Kühe sank – zwischen 1982 und 2014 in Dänemark um fast die Hälfte –, ging die Zahl der Brutpaare entsprechend zurück. An der Entwicklung der Starenpopulation ließ sich sogar die Intensivierung der Milchwirtschaft ablesen. Moderne Hochleistungskühe fressen Mais- und Grassilage und stehen die meiste Zeit im Stall, vor allem in großen Milchviehbetrieben. Deshalb verringerte sich die Zahl der Brutpaare seit Anfang dieses Jahrtausends weiter, obwohl die Zahl der Milchkühe konstant blieb. Eine Ausnahme des Trends stellt die Region Kopenhagen dar. Dort gibt es kaum Kühe, aber dafür umso mehr Reitställe und somit viele Pferde, die auf den Weiden grasen.

Bei meinem Nachbarn haben im Frühjahr wieder Stare gebalzt. Seit einigen Jahren schon brüten nur noch zwei Paare statt früher drei oder vier. Als dieses Jahr im April die Kirschen blühten, pflückten sie die Blüten und trugen sie in die Kästen. Es heißt, dass Starenmännchen ihren Weibchen Hochzeitsgeschenke machen. Inzwischen ist es Mai und die Jungen sind geschlüpft. Alle zwei, drei Minuten landet ein Elternvogel mit Futter im Schnabel vor dem Loch. Zur Futtersuche fliegen sie nach Westen, wie in den Jahren zuvor. Das kann ich an den schwarz-weißen Kotspuren sehen, die sie auf meiner Terrasse und auf dem Wintergartendach hinterlassen. Seit Hjeldbergs Vortrag weiß ich, warum sie diese Strecke wählen. Es ist der kürzeste Weg zu den letzten beiden Weiden, auf denen, nur einen halben Kilometer entfernt, junge Kühe grasen.

Gefährlicher Siegeszug

Manchmal haben scheinbar winzige Veränderungen weitreichende Folgen. Bis Anfang der 1960er Jahre spielte der Maisanbau in Deutschland kaum eine Rolle. Für die Pflanze war es außer in einigen Regionen Süddeutschlands schlichtweg zu kalt. Das änderte sich mit der Züchtung weniger kälteempfindlicher Sorten. Nun wuchs die Futterpflanze auch in Nord- und Mitteldeutschland. Die Anbaufläche stieg kontinuierlich, und statt Körnermais, bei dem nur die Fruchtstände verwertet werden, wurde zunehmend Silomais angebaut, bei dem die ganze Pflanze verarbeitet wird.[4] Inzwischen ist Mais schon seit Jahren auch wegen des Erneuerbare-Energien-Gesetzes (EEG) nach Weizen die zweitwichtigste Ackerfrucht.[5] Das EEG fördert seit 2004 den Einsatz nachwachsender Rohstoffe in Biogasanlagen und seit 2009 mit einer Extra-Vergütung die Vergärung von Gülle in den Anlagen. Inzwischen gibt es gut 9000 Biogasanlagen (2017), die sich wegen des »Gülle-Bonus« zunehmend in Regionen mit Tierhaltung konzentrieren.[6]

Seinen Siegeszug hat der Mais einigen sehr nützlichen Eigenschaften zu verdanken: Er stellt wenig Ansprüche an den Boden, wächst schnell, vorausgesetzt er wird ausreichend gedüngt, und er lässt sich mit Maschinen ernten. Auf anhaltend trockenes Wetter, wie ehemals bei der Heumahd, müssen Landwirte nicht warten. Die abgeernteten Pflanzen werden noch auf dem Acker gehäckselt und dann unter Ausschluss von Sauerstoff eingelagert. Dabei entsteht Milchsäure, die den Mais haltbar und für die Rinder gut verdaulich macht, so dass er das ganze Jahr als Futter zur Verfügung steht. Je nach Bedarf und angebauter Sorte eignet sich die so konservierte Silage auch als ganzjähriger Nachschub für die Biogasanlage.[7]

Hinter dem Maisboom steht zudem eine perfekt organisierte Lobby. Wer mit seinen Kindern ein Maislabyrinth besucht, lernt sie kennen. Seit Anfang der 1990er Jahre fördert das Deutsche Maiskomitee die grünen Irrgärten. Der eingetragene Verein, den es schon seit 1956 gibt, verfolgt laut eigener Aussage »ausschließlich gemeinnützige Ziele«. Der Verein beschreibt sie so: »Züchtung und Sortenprüfungen sowie Fragen des sachgerechten Anbaus und die gezielte Verwertung des Maises«.[8] Eine Lobbygruppe mit mehr als 500 Mitgliedern – Landwirte, Vertreter von Pflanzenzuchtunternehmen und Saatguthersteller, Wissenschaftler und Mitglieder der Landwirtschaftskammern.[9]

Das Deutsche Maiskomitee gibt auch die *Maisfakten* heraus, einen Newsletter, dessen erklärtes Ziel es ist, Kritikpunkten am Anbau von Mais auf den Grund zu gehen und zur »Versachlichung der Debatten« beizutragen, kurz, gute Stimmung rund um den Mais zu machen. Aus der Agrarwüste Maisfeld wird darin eine »grüne Brücke« für »Blattläuse und deren unzählige Gegenspieler« und ein »natürlicher Lebensraum für zahlreiche Arten«. Nachzulesen unter der Überschrift »Verringert Mais die Biodiversität?«.[10] Es lohnt sich, diese sogenannten Fakten genauer zu beleuchten.

Die negativen Auswirkungen des boomenden Maisanbaus auf die biologische Vielfalt beginnen mit der Anlage der Maisäcker. Entweder wurden für sie Grünland umgewandelt, mit den entsprechenden Artenverlusten, oder sie entstanden auf ehemaligen Brachflächen. Die waren seit Ende der 1980er Jahre auf Druck der EU-Kommission wegen der Überproduktion auf dem Agrarsektor entstanden. Weit mehr als eine Million Hektar waren in Deutschland Mitte der 1990er Jahre stillgelegt. Als die Preise für Agrarrohstoffe, auch getrieben durch den

Maisboom für Biogasanlagen, wieder stiegen, war mit der obligatorischen Flächenstilllegung 2008 Schluss. Die Refugien für Feldvögel, Insekten und Wildpflanzen wurden bis auf etwa 200 000 Hektar wieder unter den Pflug genommen, oft für den Anbau von Mais.[11] Der kann in engen Fruchtfolgen, also auch Jahr für Jahr, angebaut werden, solange er genügend Dünger erhält. Das verringert die Artenvielfalt weiter, denn diese Monokultur zerstört das aufeinander abgestimmte Gefüge von Schädlingen und ihren Fressfeinden auf einem Acker.

Um den Schädlingsbefall von vornherein zu begrenzen, wird Saatgut gebeizt. Das ist nichts Neues. Schon die alten Griechen und die Römer behandelten ihre Saatkörner, um sie vor Fressfeinden zu schützen. Dazu nutzten sie die Asche von Zwiebeln, den Saft von Lauch oder den Trester von gepressten Oliven. Im Laufe der Zeit wurden die Mittel potenter und giftiger. Im 18. Jahrhundert setzten Bauern dafür das Kupfervitriol ein, eine toxische Verbindung von Kupfer und Schwefelsäure, ab Ende des 19. Jahrhunderts die Quecksilberbeize, die das Saatgut wirksam schützte, aber sich im Boden und in den Pflanzen anreicherte. 1982 wurde sie verboten. Die Beizen sollen die Keime auf den Saatkörnern töten und die Pflanzen beim Wachsen vor Schädlingen schützen. Heutige Beizen hüllen gelbe Maiskörner in eine in Neon-Rosa leuchtende Schicht und verwandeln Rapssamen in lila oder grün schillernde Kugeln.

Wer einen Maisacker genau betrachtet, stellt fest: Die Pflanzen wachsen alle im gleichen Abstand. Die Aussaat von Mais ist die Präzisionsarbeit von Maschinen, die die Körner, z.B. mit Druckluft, in den Boden bringen. 2008 kam es in Baden-Württemberg zu einem Massensterben von Honigbienen. Teile des Beizmittels, mit dem die Saatkörner gegen einen Schädling, den Maiswurzelbohrer, behandelt worden waren, entwichen bei der Aussaat in die Umgebungsluft, landeten auf Pflanzen und Blüten. Der Hersteller des Insektengifts,

Bayer Crop-Science, sprach von einem »technischen Fehler« beim Beizvorgang, der zur Folge hatte, dass das Mittel nicht ausreichend an den Saatkörnern haftete. Die Verantwortung dafür trügen die Anbieter des Saatguts, die Bayer mit dem Insektengift beliefert hatte.[12] Offiziellen Angaben zufolge gingen 11 500 Honigbienenvölker zugrunde. Das Julius Kühn-Institut (JKI), das Bundesforschungsinstitut für Kulturpflanzen, kam im Mai 2008 zu dem eindeutigen Schluss, »dass eine Vergiftung der Bienen durch Abrieb des Pflanzenschutzmittelwirkstoffs Clothianidin von Maissaatgut vorliegt«.[13] Clothianidin ist ein Neonicotinoid und wurde 2004 auch für die Behandlung von Maissaatgut zugelassen. Nach dem Bienensterben ließ das Bundesamt für Verbraucherschutz und Lebensmittelsicherheit (BVL) die Zulassung ruhen, erlaubte die Beize aber wenige Wochen später wieder, außer bei Mais, dessen Saatgut nun mit anderen Mitteln behandelt wird.[14] Der Wirkstoff sei »mit einem zusätzlichen Haftmittel« versehen, hieß es.[15]

Viele Experten bezweifeln, dass die Gefahr für die Umwelt damit beseitigt wurde. Die Pflanzenschutzmittel in der Beize werden mit den Wurzeln aufgenommen, in der Pflanze verteilt und reichern sich auch in Insekten an. Dazu müssen die Insekten noch nicht einmal an Blättern fressen. Es reicht, wenn sie das Wasser trinken, das die jungen Pflanzen an ihren Blattspitzen ausscheiden. Der Vorgang nennt sich Guttation und lässt sich vor allem in den Morgenstunden beobachten, unter anderem bei Mais und anderen Gräsern, bei Raps, Zuckerrübe und Ackerkräutern. Es handelt sich dabei nicht um Tautropfen, sondern um Wasser, das von der Wurzel in den oberirdischen Bereich der Pflanze strömt und sie mit Nährstoffen versorgt. In diese Tröpfchen gelangen auch Rückstände von Pflanzengiften, die mit der Beize aufgenommen werden, wie das BVL 2010 einräumte. Rückstandsanalysen in den Guttationstropfen hätten einen Gehalt von »teilweise mehr als 1000 µg [Mikrogramm oder Millionstel Gramm] Wirkstoff pro Liter«

ergeben und das Amt schloss daraus: »Es kann daher nicht ausgeschlossen werden, dass der austretende Pflanzensaft bei großflächigem Anbau von gebeizten Pflanzenbeständen schädigende Auswirkungen auf Bienen entfalten kann, wenn er als Wasserquelle von Bienenvölkern in der Umgebung genutzt wird.«[16]

Pflanzenschutzmittel sind potente Gifte, weshalb für die Rückstände von Pflanzenschutzmittelwirkstoffen und ihre relevanten Stoffwechselprodukte im Trinkwasser EU-weit ein Grenzwert von 0,1 Mikrogramm pro Liter gilt.[17] Dass Bienen, wenn sie Guttationstropfen trinken, einer vielfach höheren Dosis ausgesetzt sein können, wischte das BVL mit dem Hinweis vom Tisch, Honigbienen würden die »Guttationstropfen in der Regel in der unmittelbaren Nähe ihres Volkes suchen«. Der schwarze Peter lag damit bei den Imkern, die ihre Völker nicht in der Nähe solcher Äcker aufstellen sollten. Im Wortlaut des BVL: »Bei entsprechender Aufstellung sollten sie [gemeint sind die Bienen] also frisch auflaufende Kulturpflanzen nur vergleichsweise selten besuchen.«[18] Die übrige Insektenfauna, die ebenfalls von diesen tödlichen Tautropfen trinkt, wird gar nicht erst erwähnt. Sie hat keine Lobby. Anders als bei Mais, Raps, Zuckerrübe und Getreide, von denen ein ganzer Industriezweig vom Landwirt über Saatgutunternehmen bis zu Herstellern von Pflanzenschutzmitteln lebt. Künftig sollen drei der für Insekten schädlichsten Neonics nur noch Gewächshäusern ausgebracht werden dürfen, ein kleiner Erfolg für den Artenschutz.

Der verstummte Acker

Glaubt man den Informationen des Deutschen Maiskomitees, ist das Nahrungsangebot im Mais gar nicht so schlecht. »Mehr als 1000 Arthropoden-Arten konnten in Maisfeldern im Oderbruch in 10-jährigen Studien festgestellt werden«, so ist es unter der Überschrift »Nützlinge im Einsatz« in der Zeitschrift *Mais,* die von Deutschen Maiskomitee herausgegeben wird, nachzulesen.[19] Arthropoden sind Gliederfüßler, also Spinnen- und Krebstiere, Tausendfüßler und Insekten. Für Jungvögel sind sie die wichtigste Nahrungsquelle. Ob sie im Mais wirklich einen reich gedeckten Tisch finden, hat die Brandenburger Biologin Sarah Fuchs am Beispiel von Rebhühnern untersucht. Dazu verwandelte sie sich für einige Wochen in die Mutter von sechs Rebhuhnküken und ging mit ihnen auf Futtersuche. Rebhühner sind Steppenvögel. Auf den Wiesen und Feldern Europas fanden sie sich im Mittelalter ein, sind somit typische Kulturfolger. Bis in die 1960er Jahre hinein waren sie in Deutschland ein häufiger Brutvogel.

Der Rückgang begann weltweit Mitte des 20. Jahrhunderts. Für Europa wird er auf mindestens 85 Prozent geschätzt, in vielen Regionen Deutschlands sind die Vögel mittlerweile ausgestorben. Zum einen, weil es Landschaften, wie Rebhühner sie lieben, kaum noch gibt. Alfred Brehm, der große Vogelfreund, beschreibt sie als »wechselreiche Gegenden«. Das Rebhuhn »siedelt sich zwar im Felde an, bedarf aber Buschdickicht zu seinem Schutze und liebt deshalb Striche, in denen es hier und da Wäldchen, bebuschte Hügel, oder wenigstens dichte Hecken gibt«. Sterben die Rebhühner also aus, weil in unseren ausgeräumten Agrarlandschaften solche Strukturen kaum noch vorhanden sind? Oder ist der Zusammenhang komplizierter?

Seit dem »Gänsekind Martina« des Verhaltensforschers Konrad Lorenz wissen wir, dass es bei Vögeln etwas gibt, das sich Prägung nennt. Sie halten das erste Wesen, das sie nach dem Schlüpfen erblicken, für ihre Mutter. So wurde Sarah Fuchs zur Rebhuhnmutter. Um die sechs frisch geschlüpften Küken auf sich zu prägen, sprach sie mit ihnen, hielt sich immer in ihrer Nähe auf, wärmte sie in der Hand oder im Ärmel, wenn sie müde waren oder ihnen kalt war, ging mit ihnen im Garten auf Futtersuche, wenn sie hungrig waren, und ließ sie in ihrem Schlafzimmer schlafen. »Sobald die Küken sich verlassen fühlten, begannen sie zu rufen, bis ich wieder zu ihnen kam oder sie mich gefunden hatten.«

Als die Küken sieben Tage alt waren, begann Sarah Fuchs mit ihren Versuchen. Auf Händen und Füßen hinter den Küken herkriechend, das Diktiergerät in der Hand, beobachtete sie »aus Kükensicht«, was ihre Schützlinge pickten – Raupen, Laufkäfer, Zikaden, Wanzen, Spinnen, Blattläuse, Heuschrecken – und wie weit sie dafür laufen mussten. Nach jedem Nahrungsgang wog sie die Küken mit einer elektronischen Präzisionswaage, um festzustellen, ob und wie viel sie zugenommen hatten. So entstand die Möglichkeit, verschiedene Feldkulturen und ihre Bewirtschaftung zu bewerten und miteinander zu vergleichen. Ergebnis, so die Forscherin: »Nur in 6 von 24 Flächen wurden Gewichtszunahmen ermittelt, die den Tagesbedarf 8 Tage alter Küken decken könnten«. Dazu gehörten unter anderem Erbsenfelder, egal ob sie biologisch oder konventionell bewirtschaftet wurden, oder Bio-Sommerweizen. War sie hingegen mit ihren Küken in Maisfeldern unterwegs, nahmen die Tiere sogar ab, und auch im Winterweizen wären sie verhungert. Es gab zu wenig Insekten, die sie in der ihnen zur Futteraufnahme zur Verfügung stehenden Zeit finden und fressen konnten. Andere Untersuchungen kommen zu ähnlichen Ergebnissen.[20]

Die Feldlerche ist eine Ausdauerkünstlerin. Laut singend steigen die Männchen mit schnellen Flügelschlägen in den Himmel, und weil das in Etappen geschieht, sieht es aus, als würden sie eine unsichtbare Treppe erklimmen. Auf 50 bis 100 Meter Höhe, wenn sie nur noch als kleiner Punkt erkennbar sind, verharren sie, schmettern ihr Lied noch ein wenig weiter und gleiten wieder auf den Boden hinab, die letzten

Meter gekrönt von einem akrobatischen Sturzflug. Feldlerchen sind Zugvögel und Bodenbrüter. Ihr Gesang kündigt ab Februar den Frühling an und die länger werdenden Tage. Glaubt man den *Maisfakten* des Deutschen Maiskomitees, lieben Lerchen Maisfelder. »Brutvogelbeobachtungen in Brandenburg und Baden-Württemberg stellten aktuell fest, dass die Revierdichten der Feldlerche im Mais gegenüber Wintergetreide und Winterraps höher liegen.«[21] Eine gewagte Behauptung.

Die Feldlerche gehörte früher zu den häufigsten Acker- und Wiesenvögeln. Aber zwischen den 1970er und den 1990er Jahren sind ihre Bestände in Europa um die Hälfte und mehr zurückgegangen. In manchen Bundesländern wird sie in der Roten Liste als gefährdet aufgeführt. Wäre Mais ein geeignetes Habitat, müssten die Lerchen vom Maisboom eigentlich profitieren. Feldlerchen sind wie Rebhühner Steppenvögel. Sie lieben offene Flächen mit einem lichten Pflanzenbewuchs, der bis maximal einen halben Meter hoch sein kann. Maispflanzen jedoch werden bis zu 2,50 Meter hoch, können 15 Zentimeter pro Tag wachsen und bilden rasch ein waldähnliches Dickicht.

Um mehr über die Nistvorlieben von Lerchen herauszufinden, untersuchten Karel Weidinger und seine Forscherkollegen von der Palacký-Universität im tschechischen Olmütz in Deutschland, Polen und Tschechien Lerchen auf Nestsuche. Sie fanden heraus, dass die meisten Paare im Mai auf Flächen brüteten, die erst im Frühjahr eingesät worden waren. »Möglicherweise ähneln die dortigen Bedingungen am ehesten den Steppen, aus denen die Art ursprünglich stammt«, berichtete das Wissenschaftsmagazin *Spektrum* 2016.[22] Mit dem von den *Maisfakten* erwähnten Raps hingegen konnten die Vögel wenig anfangen. Der wird im Spätsommer ausgesät und bildet bereits im Frühjahr eine für Lerchen zu dichte Vegetationsdecke.

Maisäcker hingegen scheinen attraktive Reviere für Lerchen zu sein, weil die weit auseinanderstehenden Stängel einen lockeren Wuchs suggerieren und im Mai/Juni noch niedrig stehen. Haben die Vögel diese Kinderstube gewählt, halten sie treu an ihr fest, auch wenn sie sich innerhalb von Wochen in einen Maiswald verwandelt, wie die Forscher festgestellt haben. Es werden allerdings weniger Küken pro Nest flügge als auf Vergleichsflächen. Die Forscher vermuten, dass Feinde die Nester auf dem kahlen Boden unter den Maispflanzen leichter finden und ausräubern. »Möglicherweise locken Maisäcker Brutvögel an, führen aber nicht zum Bruterfolg«, so das Fazit von Hermann Hötker vom Michael-Otto-Institut im Naturschutzbund Deutschland. Das Institut forscht unter anderem für einen besseren Naturschutz in der Agrarlandschaft. Hermann Hötker nennt Maisäcker eine »ökologische Falle«. Die höchsten Revierdichten von Feldlerchen finden Forscher übrigens auf ökologisch bewirtschafteten Flächen.[23] Nachdem Hof Ritzerau in Schleswig-Holstein 2001 auf ökologischen Landbau umgestellt hatte, entwickelte er sich zu einem »regelrechten Lerchenparadies«, sagt Professor Hartmut Roweck vom Institut für Natur- und Ressourcenschutz der Christian-Albrechts-Universität Kiel, das die Umstellung begleitete. Die Lerchen profitieren von den lichteren Pflanzenbeständen und dem höheren Nahrungsangebot.[24]

Zählungen des Dachverbandes Deutscher Avifaunisten, in dem alle ornithologischen Verbände in Deutschland zusammengeschlossen sind, haben ergeben, dass die 30 typischen Vogelarten der Agrarlandschaft in Deutschland ganz überwiegend abnehmen. Ob Braunkehlchen, Bluthänfling, Goldammer, Kuckuck, Stieglitz, Grünfink, Feldsperling, Grauammer oder Neuntöter, ihnen allen ist eins gemeinsam: Nach einer kurzen Phase der Erholung in der ersten Hälfte der 1990er Jahre, vor allem in Ostdeutschland, sind die Bestände wieder rückläufig, seit 2007 sogar beschleunigt, und die Rückgänge sind im Westen Deutschlands deutlich stärker ausgeprägt als im Osten. Das alles wissen die Ornithologen, weil seit 1989 jedes Jahr mehr als 1000 Ehrenamtliche in ganz Deutschland fünfmal pro Jahr entlang von festgelegten Routen die Vögel zählen, die sie hören und sehen.

In einer Untersuchung der »Bestandsentwicklung von Vogelarten der Agrarlandschaft in Deutschland 1991–2010 und Schlüsselfaktoren« haben die beiden Ornithologen Martin Flade und Johannes Schwarz die Ergebnisse der Vogelzählungen mit der Nutzung landwirtschaftlicher Flächen verglichen und stellten spannende Parallelen zwischen dem Verhältnis von Ackerbrachen zu Maisanbauflächen und der Häufigkeit von Feldvögeln fest. Die von der EU Ende der 1980er Jahre angeordneten obligatorischen Flächenstilllegungen führten zu zehn Prozent Ackerbrachen, in den neuen Bundesländern sogar bis zu 18 Prozent. Der Anteil von Maisanbauflächen lag in dieser Zeit bei etwa zehn Prozent. Mitte der 1990er Jahre nahmen die Ackerbrachen in Ostdeutschland eineinhalb- bis zweimal so viel Fläche ein wie die Maisfelder. In dieser Zeit »konnten sich die Bestände gefährdeter Feldvögel« wie Feldlerche, Wachtel, Braunkehlchen, Gold- und Grauammer »vielfach erholen«, schreiben die Autoren.

Das änderte sich schlagartig mit der Reform des EEG 2004 und der Förderung nachwachsender Rohstoffe. Zudem wurden im Herbst 2007 die obligatorischen Flächenstilllegungen abgeschafft, weil die Preise für Agrarrohstoffe wieder stiegen. In der Folge fiel der Anteil der Ackerbrachen auf unter ein Prozent. Viel Mais und wenig Brache, den Feldvögeln bekam das nicht gut. »Von den 30 häufigsten Arten gibt es aktuell wohl nur noch vier, die ihre Bestände halten können.« Diese vier sind Jagdfasan, Wiesenschafstelze, Raben- und Nebelkrähe, »alle übrigen Arten nehmen spätestens seit 2007 ab«, so Flade und Schwarz. Es gab zwei Ausnahmen und beide haben mit Biolandbau zu tun. Im Biosphärenreservat Schorfheide-Chorin, mit einem Anteil von 33 Prozent Ökolandbau plus 15 Prozent extensive Grünlandnutzung, war der Trend weniger negativ. In einem zu 95 Prozent von Ökolandbau dominierten Teilgebiet im Biosphärenreservat rund um das Ökodorf Brodowin nahmen sogar deutlich mehr Arten zu als ab.[25]

Ganz genau unter die Lupe genommen haben Forscher die Reaktion von Grauammern auf Mais und Bracheflächen. Graubraun, etwas größer als ein Spatz, mit gedrungenem, kräftigem Leib und kegelförmigem gelben Schnabel, war die Grauammer ein ehemals häufiger Singvogel. Ihr etwas monotoner Gesang, ein »zikzikzik teriih«, gehörte ab dem Frühjahr zum festen Bestandteil der Gesangskulisse in der Feldflur. Für das Projekt »Biodiversität auf Ackerflächen« des Bundesministeriums für Ernährung, Landwirtschaft und Verbraucherschutz untersuchten Jörg Hoffmann und andere von 2009 bis 2011 die Siedlungsdichten insbesondere von Grauammern in Brandenburg. Um 1990 gab es dort 2500 bis 3000 Reviere. Bis 2007 – genau in der Zeit der Flächenstilllegungen – nahmen die Bestände stark zu von 2000 bis 3000 Revieren auf etwa 28 000 Reviere im Jahr 2006. Ab 2008 nahmen sie rasch wieder ab. Die meisten Grauammern siedelten sich auf Ackerbaulandschaften mit hohem Anteil selbst begrünter Ackerbrachen sowie naturnaher Biotope an, die niedrigste Revierdichte erzielten Flächen, auf denen Mais angebaut wurde. Als die Forscher die Reviere der Grauammern genauer untersuchten, stellten sie fest, warum die Stilllegungen so wichtig gewesen waren: Jedes Revier der Grauammern wies einen Flächenanteil von 30 Prozent Brache auf.[26] Die Verluste reihen sich ein in den generellen Rückgang fast aller Feldvogelarten. »Im Vergleich zu 1990 haben wir etwa jede dritte Feldlerche, 75 Prozent unserer Kiebitze und sogar 94 Prozent unserer Rebhühner verloren«, so NABU-Vogelschutzexperte Lars Lachmann.[27]

Wie sich der Maisanbau konkret auf die Vogelwelt auswirkt, beobachtete der Ornithologe Bernd Koop im Schmarloh, einem Höhenzug in der Südheide. Seine Meldung »Mais! Eine Landschaft funkt SOS« schickte er 2007 an den NABU-Kreisverband Fulda, der sie auf seiner Internetseite veröffentlichte. Den Schmarloh beschreibt Bernd Koop als eine Region mit sandigen »3-K-Böden«: »Kartoffeln, Kiefern und Karnickel«, kleinräumig strukturiert und sehr vielgestaltig. In den Jahren 2002 bis 2004 beobachtete er dort regelmäßig Vögel und zählte unter anderem ein Schwarzstorch-Brutpaar, drei Weißstorch-, drei oder vier Rotmilan-, ein Schwarzmilan-, mindestens drei Wespenbussard- und ein Baumfalken-Paar, dazu zahlreiche Rebhühner, mindestens 40 rufende Wachteln auf 1000 Hektar. Verbreitet waren Feldlerchen, Baumpieper, Neuntöter, und es gab auch noch »die letzten Ortolane der Gegend«.

2003 kamen die Biogasanlagen und mit ihnen der Mais. »2007 ist etwa knapp die Hälfte der landwirtschaftlichen Anbaufläche mit Mais bestellt«, so Koop. Die Auswirkungen beschreibt er so: zwei der drei Weißstorchpaare ohne Nachwuchs, Rotmilan: alle Paare ohne Nachwuchs, Schwarzmilan: ohne Nachwuchs, Wespenbussard: nicht beobachtet (obwohl Fütterungszeit), Mäusebussard: nur vereinzelte Familien, Turmfalke: nur ein Paar (ehemals vier oder fünf), Rebhuhn und Wachtel: nicht gefunden, Neuntöter: vereinzelte Paare an den verbliebenen Nicht-Maisflächen, Ortolan: verschwunden. Bislang habe er, schreibt Koop, trotz gezielter Beobachtung keine Brutvogelvorkommen in Mais finden können. Lediglich Fasane würden den Mais als Deckung nutzen. Sein Fazit: »Mais ist im Moment wohl die wertloseste Kulturpflanze für die Brutvogelwelt.«[28]

Nach all den Hiobsbotschaften dürfen zwei Informationen nicht verschwiegen werden. Positiv ist: Mais wird nur 1,4-mal gespritzt, der schon erwähnte Winterweizen hingegen 4,4-mal, Winterraps 5,3-mal, Kartoffeln 9,8-mal und Äpfel 22,8-mal (2016).[29] Insofern tragen diese Ackerflächen ebenfalls massiv zum Artenrückgang bei, wie im Kapitel über die Äcker beschrieben. Außerdem gibt es eine Tierart, die definitiv vom Maisanbau profitiert: Wildschweine. Ihre Zahl explodiert. In Deutschland hat sich der Bestand in den vergangenen 20 Jahren vervierfacht. Das liegt auch am Mais. »Vor allem in großflächigen Maisschlägen finden Wildschweine ideale Rückzugsbedingungen«, ist in den *Maisfakten* zu lesen.[30] In dem grünen Pflanzenwald fühlen die Tiere sich wohl, finden Futter und Deckung für sich und ihre Frischlinge. Weil Jagdpächter für Ernteausfälle aufgrund von Wildschäden aufkommen müssen, lassen sich manche Jagden wegen der vielen Wildschweine kaum noch verpachten. Sogar die Pille für Wildschweine ist im Gespräch, um die Vermehrung zu begrenzen.

Der Mais, das Klima und der Boden

Das Schild vor einem Acker bei Brodowin in Brandenburg ist nicht zu übersehen. »Mais – Energie und Vielfalt pur«, lautet die Überschrift, und es wirbt mit den schier unglaublichen Fähigkeiten der Maispflanze. Unter der Überschrift »Der Umwelt zuliebe« steht: »Mais kann als sogenannte C4-Pflanze das für den Treibhauseffekt verantwortliche CO_2 besonders effizient in pflanzliche Biomasse umwandeln.« Das stimmt. Die Evolution hat den Mais mit einem Wachstumsturbo ausgestattet. »Mais ist die effizienteste Pflanze, die bei uns wächst«, sagt Susanne Kraume vom Deutschen Maiskomitee. Das liegt daran, dass er aus wärmeren Regionen stammt. Von dort hat er eine spezielle Art der Photosynthese mitgebracht, die ihm auch in unseren kälteren Regionen nützt.

Pflanzen atmen wie Menschen mit Schnupfen: durch den Mund beziehungsweise durch viele kleine Münder. Die befinden sich auf oder unter den Blättern. Stomata heißen die Öffnungen, durch die sie Sauerstoff und Wasser verdunsten und CO_2 aufnehmen. Wird es zu heiß, schließen die Pflanzen ihre kleinen Münder nach und nach, um nicht zu vertrocknen.

Dann können sie aber auch kein CO_2 aufnehmen, das sie für die Photosynthese, also zum Wachsen, brauchen. Mit einem Trick umgeht der Mais das Problem. Er kann selbst geringe Mengen CO_2 für sein Wachstum nutzen, indem er bei seiner Photosynthese vier statt wie die meisten anderen Pflanzen drei Kohlenstoffatome bindet. Er wächst deshalb auch dann noch sehr schnell, wenn andere Pflanzen, um nicht zu vertrocknen, die Photosynthese verringern müssen. Daher der Name C4-Pflanze. Den Trick nutzen übrigens auch andere Gräser wie Hirse oder Zuckerrohr.

Weil Mais CO_2 effizient in pflanzliche Biomasse umwandeln kann, eignet er sich besonders gut als Substrat für Biogasanlagen. Ob das auch gut für das Klima ist, steht auf einem anderen Blatt. »Klimabilanz Maisanbau: bei richtigem Anbaumanagement sehr gut«, heißt es in den *Maisfakten*. Eine gewisse Vorsicht schwingt da schon mit. Friedhelm Taube, Agrarwissenschaftler an der Universität Kiel und Vorstandsvorsitzender des Deutschen Maiskomitees, warnt: »Biogas wird eigentlich für Klimaschutz erzeugt – gerade auch von Ackerkulturen, aber wenn dafür vorher Grünland umgebrochen worden ist, dann wird dabei so viel Kohlenstoff freigesetzt, dass den eine Biogasanlage über 20 Jahre kaum kompensieren kann.«[31] Hinzu kommt: Die Pflanze muss angebaut, gedüngt, geerntet und schließlich in die Biogasanlage transportiert werden. Sie kommt also mit einem ganzen Rucksack voller CO_2-Emissionen in der Biogasanlage an. Bei der Berechnung der Treibhausgas-Emissionen müssen diese Faktoren mit eingerechnet werden, ebenso wie die CO_2-Emissionen. Außerdem dient Biogas überwiegend der Stromerzeugung, weil der Strom direkt in das vorhandene Leitungsnetz eingespeist werden kann. Bei der Umwandlung von Biogas in Strom entsteht jedoch auch Wärmeenergie. Ein Teil davon heizt den Bioreaktor, Fermenter genannt. »Etwa ein Drittel davon bleibt ungenutzt und geht verloren«, kritisierte die Kommission Landwirtschaft am Umweltbundesamt 2013. Nach einer Berechnung des NABU bewegen sich die Treibhausgas-Emissionen einer Biogasanlage etwa im Bereich moderner Gaskraftwerke. Sie sind also keineswegs klimaneutral, schneiden bei der CO_2-Bilanz allerdings besser ab als Kohlekraftwerke.[32]

Die Maisbauern müssen sich zudem mit dem Vorwurf auseinandersetzen, Mais sei ein »Humuszehrer«. Das ist mehr als ein Randthema. Böden sind unsere Lebensgrundlage. Humus entsteht, wenn Kleinstlebewesen im Boden abgestorbenes Pflanzenmaterial wie Laub, Mulch, Wurzeln oder organischen Dünger, zuweilen auch tote Tiere, zersetzen und die darin enthaltenen Nährstoffe für die Pflanzen wieder verfügbar machen. Einer der Ersten, der die Bedeutung von Humus für die Pflanzenernährung erkannte, war Anfang des 19. Jahrhunderts Albrecht Thaer. Er gründete das erste Deutsche Landwirtschaftsinstitut und zeigte anhand von Versuchen, dass es Pflanzen gibt, die Humus zehren, und solche, die ihn mehren, und wie sich mit Letzteren Bodenfruchtbarkeit, Bodenstruktur und Wasserhaltefähigkeit verbessern lassen. Sein Grundsatz gilt bis heute: »Alle in Fäulnis oder Verwesung übergegangene organische Substanzen enthalten die Materie zur Hervorbringung […] jeder angebauter Vegetabilien.« Anders formuliert: Auch beim Boden gilt, Leistung gibt es nur für Gegenleistung. Zu Thaers Zeiten bestand die Gegenleistung vor allem aus Mist und Pflanzenresten.[33]

Weil Humus zu 60 Prozent aus Kohlenstoff besteht, ist er ein riesiger Kohlenstoffspeicher und spielt für das Erdklima eine nahezu ebenso bedeutende Rolle wie die Meere. Der Kohlenstoff gelangt unter anderem über die Pflanzenwurzeln sowie die Zersetzung von kohlenstoffhaltigen Pflanzenresten und abgestorbenen Bodenorganismen in den Boden. Dort wird er zum Teil bei der Bodenatmung wieder freigesetzt und zum Teil in stabile organische Bestandteile umgewandelt, die im Boden gebunden werden. Der Humusgehalt im Boden lässt sich mehren, beispielsweise indem Pflanzenrückstände wieder eingearbeitet werden, die dann von den Bodenorganismen verdaut werden. Bleiben, wie bei der Ernte von Silomais, kaum oder keine Pflanzenreste auf dem Boden zurück, senkt das den Humusgehalt im Boden. Es gebe eine enge Beziehung zwischen dem Maisanteil in der Fruchtfolge und der Abnahme der organischen Bodensubstanz, räumt auch der Vorsitzende des Maiskomitees ein.[34] Deshalb gilt Mais als Humuszehrer.

Das ist nicht gut für den Boden, denn Humus speichert außer CO_2 auch Nährstoffe und Wasser, er filtert Schadstoffe und baut sie ab. Die Lebewesen, die im und vom Humus leben, sorgen für eine lockere, krümelige Bodenstruktur, die Wasser besser aufnehmen kann. Für die Bodenfruchtbarkeit ist ein hoher Humusgehalt von Vorteil. Generell gilt: Böden in kühlen Klimazonen enthalten mehr Humus als Böden in warmen, Grünland mehr als Äcker und biologisch bewirtschaftete Böden mehr als konventionell bewirtschaftete. Auch intensive Bodenbearbeitung, zum Beispiel Pflügen, fördert den Humusverlust. Das ist vergleichbar mit einem Ofen, in dem das Holz sehr viel schneller verbrennt, wenn man die Luftzufuhr vergrößert. Was also ist davon zu halten, wenn die *Maisfakten* von einem Humusmonitoring in Nordrhein-Westfalen berichten, das »eine sehr gute Humusversorgung unter Mais im Vergleich zu Kartoffeln oder Rüben« gezeigt habe.[35] Dazu muss man wissen: Rüben und Kartoffeln sind, wie der Mais, Humuszehrer. Bei Kartoffeln ist die Humusbilanz sogar noch schlechter als beim Mais.[36] Da kann man nur noch mit Karl Kraus kommentieren: »Wenn die Sonne der Kultur niedrig steht, werfen selbst Zwerge einen langen Schatten.«

Es war einmal eine Bundesregierung. Sie verabschiedete 2002 ein ehrenwertes Ziel. Es lautete, bis 2010 den Ökolandbau auf 20 Prozent der landwirtschaftlich genutzten Flächen in Deutschland auszudehnen. Nachzulesen ist es in der nationalen Nachhaltigkeitsstrategie mit dem Titel »Perspektiven für Deutschland – Unsere Strategie für eine nachhaltige Entwicklung«. Die Strategie sollte Grundlage für politische Reformen, ein verändertes Verhalten von Unternehmen und Verbrauchern sein und eine »Handlungsanleitung für eine umfassende zukunftsfähige Politik« werden.[37] Glaubt man den öffentlichen Bekundungen aus der Politik, rücken wir diesem Ziel unaufhaltsam näher. Für die Biodiversität wäre das eine gute Nachricht. Star, Feldlerche, Rebhuhn, Acker-Löwenmaul und Kleiner Mäuseschwanz würden sich über mehr Biolandbau freuen. Doch der lässt auf sich warten. Das Bundeslandwirtschaftsministerium spricht von einem »stabilen Wachstum« des Ökolandbaus. Stabil auf niedrigstem Niveau, muss man hinzufügen. Seit 1996 wuchs der Anteil der Ökoflächen um durchschnittlich 0,2 bis 0,5 Prozent, von 2,1 auf 7,5 Prozent (2017). Wüchse der Ökolandbau in diesem Tempo weiter, würde es noch Jahrzehnte dauern, bis die 20 Prozent der nationalen Nachhaltigkeitsstrategie erreicht werden, die ursprünglich für das Jahr 2010 geplant waren. An mangelnder Nachfrage kann es nicht liegen. Der Umsatz mit Ökoprodukten legt Jahr für Jahr um mehrere Prozent zu. Nur kann er mit Produkten aus Deutschland nicht annähernd gedeckt werden.[38] Das liegt auch daran, dass Biobetriebe meist die wegen des EEG-Booms zum Teil rasant steigenden Pachtsummen nicht erwirtschaften können.

Mit der Strategie »Wochenmarkt und Weltmarkt« von Christian Schmidt, Bundeslandwirtschaftsminister 2014–2018, mit Biogas und der Ausweitung des Maisanbaus, mit »Gülle-Bonus« und Massentierhaltung gingen die Rückzugsräume für heimische Pflanzen-, Insekten- und Vogelarten verloren. An ihre Stelle trat eine Monokultur, deren Erträge dazu dienen, noch mehr Fleisch zu produzieren. Um das dafür notwendige Futter herzustellen, werden Millionen Hektar Land im In- und Ausland benötigt.[39] Der Fleischkonsum in Deutschland geht seit einigen Jahren kontinuierlich zurück. Doch seit 2005 hat sich die Fleischerzeugung hierzulande von 2,3 Millionen auf vier Millionen Tonnen fast verdoppelt. Deutschland ist weltweit der drittgrößte Fleischexporteur, nach den USA und Brasilien, beides Länder, die etwa 25-mal so groß sind wie Deutschland.

Eigentlich wollte die EU gegensteuern, wollte sie die Landwirtschaft in Europa grüner und naturverträglicher machen. Eine gute Sache, könnte man meinen. Die Zwischenfrüchte sollen die Bodenerosion mindern, den Feldvögeln Nahrung bieten und die Böden verbessern. Die Kehrseite der Medaille ist: Unkrautvernichter wie Glyphosat erhalten durch dieses »Greening« eine noch größere Bedeutung. Schließlich muss die Greening-Zwischenfrucht vor der Einsaat von Mais und anderen Sommergetreiden abgetötet werden. Das geht am einfachsten mit Glyphosat. Das Mittel wird auf 40 Prozent der Ackerflächen angewendet und tötet alle Pflanzen, die dort wachsen. Und nicht nur das. Das Mittel schadet auch Wirbeltieren. Es könnte ein Grund dafür sein, dass es immer weniger Amphibien gibt.

JUNI
Gruß aus der Samenbank

Meine kleine Wiese beginnt zu blühen. Beim Vergleich mit den Namen der Pflanzen in meinem Saatgut stellt sich heraus: Kaum etwas ist, wie es sein soll. Die gelben Kreuzblütler, die alles um 30 Zentimeter überragen, waren nicht in der Mischung. Der Senf war vor zehn Jahren einmal als Bienenweide ausgesät worden, seine Saat schlummerte im Boden, nun zeigt er sich wieder. Der mickerige orangefarbene Mohn entzieht sich der Bestimmung. Eine Wicke finde ich in der Saatgutmischung, aber nicht diese. Ob das so bleibt? War die Mühe umsonst? Jetzt bedarf es der wichtigsten Tugend eines Natur- und Gartenfreunds: Geduld.

AMPHIBIEN
Kleiner König ohne Heim

Was für ein Lärm. In einer lauen Frühlingsnacht in einem kleinen Dorf in Mecklenburg höre ich zum ersten Mal Laubfrösche. Hunderte müssen es sein, die in den Gewässern rund um die wenigen Häuser ihre Balzrufe in die Dunkelheit feuern. Eine Nacht später ist es kühl. Die Frösche schweigen. Für ihr Liebeswerben brauchen die Männchen zweistellige Temperaturen.

Laubfrösche haben mich schon als Kind fasziniert. Das hat mit meinem Großvater zu tun. Der wäre gern Biologielehrer geworden und musste stattdessen als Klempnermeister den Betrieb des Vaters übernehmen. Seine Passion für die Natur lebte er beim Geschichtenerzählen aus. Zum Beispiel über seinen Laubfrosch, den er als Kind besessen hatte. Der Frosch war handzahm und hieß Friedolin. Mein Opa fütterte ihn mit Mehlwürmern, die Friedolin sehr manierlich verzehrte, indem er sie sich mit einem Vorderfuß ins Mäulchen stopfte. Stundenlang habe der Frosch am Rand seines Glases gesessen und die Umgebung beobachtet. Einmal war er tagelang verschwunden, bis mein Großvater dachte, er sei in den Garten entkommen oder tot. Eines Tages saß er wieder in seinem Glas, rußgeschwärzt, aber wohlauf. Er hatte offensichtlich ein Ofenrohr erkundet. Erst viel später, als ich nach seinem Tod seine Bücher erbte, habe ich exakt die gleiche Geschichte in »Brehms Tierleben« gelesen.

Zertifizierter Eiersucher

Der Laubfrosch ist der Sympathieträger unter den Fröschen. Kein anderer sieht so niedlich aus, ist so leuchtend grün, kann so laut rufen und so behände klettern. Wie mehr als die Hälfte der Frösche, Kröten und Molche in Deutschland steht er auf der Roten Liste der gefährdeten oder vom Aussterben bedrohten Tierarten. Biologen nennen den Laubfrosch eine »Ziel- oder Schirmart« für den Artenschutz. Habitate, in denen er erfolgreich wieder angesiedelt werden kann, helfen auch anderen gefährdeten Tier- und Pflanzenarten zu überleben. Dass für seine Wiederansiedlung Geld ausgegeben wird, ist einfacher zu vermitteln als für weniger hübsche Arten, egal wie selten sie sein mögen. Heiko Grell will mir zeigen, wie so ein laubfroschgerechter Lebensraum aussieht. Grell hat es mit seinem Wissen bis in die Schlagzeilen unserer Landeszeitung gebracht. »Kieler Biologe hat 500 handaufgezogene Laubfrösche auf den Flächen der Stiftung Naturschutz am Bistensee und Wittensee ausgesetzt«, las ich dort.

Ich treffe ihn auf dem Parkplatz eines großen Naturschutzgebietes in der Nähe der Ostsee. Die Landschaft ist hügelig und von Knicks durchzogen. Im Tal blinkt die Oberfläche eines langgezogenen Sees. Er ist nach der letzten Eiszeit entstanden, als die Gletscher tauten und das Schmelzwasser in Richtung Ostsee abfloss. Seit 1989 hat die Stiftung Naturschutz des Landes Schleswig-Holstein den größten Teil des Sees und umliegende Flächen erworben und das Gebiet für den Naturschutz entwickelt. Aus den Senken hat sie die Entwässerungsrohre entfernt, mehr als 60 Kleingewässer saniert oder neu angelegt. Sie sind ein bis zwei Meter tief, mit flachen Uferzonen, in denen Wasserhahnenfuß und Schwimmendes Laichkraut wachsen. Aus den ehemals nitrat- und pestizidbelasteten Äckern wurden nach und nach »Wilde Weiden«, auf denen sommers wie winters die Robustrinder von Biobauern grasen: zottelige, rotbraune Highlands aus Westschottland und schwarze Dexterrinder aus Irland.

Die Rinder sind die Landschaftspfleger dieses Naturschutzgebietes. Sie halten das Gras kurz und gestalten die Weißdornbüsche, die nach dem Ende des Ackerbaus an einigen Stellen zu wachsen begannen. Manche haben die Form von Pilzen, weil sie von den Rindern regelmäßig bis zur Kopfhöhe verbissen werden. In diesen wehrhaften Büschen finden seltene Vögel wie Neuntöter, Dorngrasmücke und Bluthänfling gut geschützte Nistplätze. Die Rinder halten auch die Ufersäume der Kleingewässer offen, weil sie das Schilf abfressen.

1998 wurden in dem Naturschutzgebiet die ersten Laubfrösche ausgesetzt. Sie haben sich vermehrt, so dass es dort seit einigen Jahren wieder eine gute »Rufgemeinschaft« gibt. Hier will Heiko Grell heute auf Laichsuche gehen, um die Eier in seiner Aufzuchtstation von der Sonne ausbrüten zu lassen und die Kaulquappen großzuziehen. Finanziert wird das Projekt von der Stiftung Naturschutz des Landes Schleswig-Holstein. Für die Laichentnahme hat Heiko Grell eine Genehmigung der oberen Naturschutzbehörde. Ähnliche Projekte zur Wiedereinbürgerung des Laubfrosches gibt es mittlerweile in den meisten Bundesländern.

Heiko Grell hat Ende der 1970er und Anfang der 1980er Jahre in Kiel Zoologie, Botanik und Biologie studiert. »Rein aus Interesse«, wie er erzählt. Damals war Biologie eine brotlose Kunst. Bezahlte Berufe für Naturschützer gab es nicht. Es ist die Zeit von Anti-AKW- und Umweltbewegung, aus der 1980 die Grünen entstanden. Seinen Zivildienst leistete Grell als Vogelwart beim Deutschen Bund für Vogelschutz auf Fehmarn und Sylt. Seit 1992 arbeitet er als freiberuflicher Gutachter, erarbeitet Konzepte und Managementpläne für den Naturschutz und sorgt zusammen mit anderen in Schleswig-Holstein dafür, dass Amphibien wie der Laubfrosch sich wieder ausbreiten können.

Grell ist sozusagen zertifizierter Eiersucher. Seine Ausrüstung besteht aus Wathose, breitkrempigem Hut, Kescher und einer Plastikschale, groß genug, um Gartenkratzer, Küchenschere, Tupperdose und einige Gefrierbeutel mit Zippverschluss aufzunehmen. So ausgestattet, begeben wir uns auf die Weide. Unser Ziel ist ein sonnenbeschienener Weiher nicht weit vom Parkplatz. Das Wasser ist glasklar, einige zarte Wasserpflanzen schweben darin. Dass die Rinder sich auch an diesem Gewässer häufig aufhalten, zeigen ihre Trittspuren rund um das Ufer. Es ist fast windstill. Vom anderen Ufer des Teichs klingt ein helles »Uuh, Uuh, Uuh« herüber. Ein Vogel? »Nein. Rotbauchunken«, erklärt Grell. Sie bevorzugen wie der Laubfrosch sonnige fischfreie Laichgewässer und sind ebenfalls eine streng zu schützende Art, für die nach der FFH-Richtlinie eigens Schutzgebiete ausgewiesen werden müssen.

Grell setzt seinen breitkrempigen Hut auf, aus dessen Schatten heraus er besser die Wasseroberfläche scannen kann. Laubfrösche laichen in tieferem Wasser, zehn bis 20 Zentimeter unter der Oberfläche. Sie kleben ihre walnussgroßen durchscheinenden Laichballen an Wasserpflanzen, die dort nur schwer zu erkennen sind. Bei Wind oder Regen, wenn sich die Wasseroberfläche bewegt, sind sie fast unmöglich zu entdecken. Grell steigt ins Wasser und bewegt sich in Zeitlupe vorwärts. Zum einen, um nicht auszurutschen, vor allem aber um möglichst wenig Schwebstoffe aufzuwirbeln, die seine Sicht behindern würden. Die Plastikschale mit seinem »Werkzeug« schwimmt ruhig neben ihm her. Als ihm das Wasser bis zur Hüfte gestiegen ist, findet er einen Laichballen. Mit ruhiger Hand zieht er die Pflanze, an der das Weibchen ihn in der Nacht zuvor befestigt hat, zur Wasseroberfläche, platziert einen Gefrierbeutel darunter, lässt Wasser hineinlaufen, schiebt den Laichballen hinein, schneidet die Wasserpflanze ab, schließt den Beutel und legt ihn auf seine Schwimmschale. Die ersten 50 bis 60 Eier hat er in der Tüte, aber das war es hier dann auch. Deswegen machen wir uns auf zum zweiten Gewässer. Es liegt etwa 50 Meter von einem Waldsaum entfernt. Das sei ideal für Laubfrösche, erklärt Grell. Denn außerhalb der Laichzeit leben die Frösche im Gebüsch und auf Bäumen. Sie sind perfekte Kletterer. Mit ihren Haftlamellen an den Finger- und Zehenspitzen, die vom Prinzip her wie Saugnäpfe funktionieren, können sie sich selbst an spiegelglatten Oberflächen festhalten. Ihrer Nahrung lauern sie gut getarnt auf einem Blatt sitzend auf, um sie dann im letzten Moment anzuspringen und mit ihrer klebrigen Zunge zu erbeuten. Auch den Winter verbringen sie gern am Waldrand. Im Herbst verkriechen sie sich im Wurzelwerk von umgestürzten Bäumen, in Laubhaufen, kleinen Erdhöhlen und Bodenspalten, wo sie vor Frost geschützt sind.

Wieder steigt Grell ins Wasser und durchschreitet es konzentriert. Diesmal findet er gleich mehrere Laichballen. Dann kommt er an Land, nimmt den Kescher, zieht noch einmal los und bringt eine besondere »Beute« ans Ufer. Einen Laubfrosch, smaragdgrün mit goldenen Augen und einem dunkelbraunen Streifen, der sich von den Nasenlöchern bis zu den Hinterbeinen zieht und halb so groß ist wie mein kleiner Finger. »Ein ausgewachsenes Männchen.« Nur die Männchen säßen tagsüber im Wasser, die Weibchen kämen nachts, angelockt von den Rufchören. Auch sei der ausgeleierte Kehlsack unter der spitzen Schnauze gut zu erkennen. Diesen Schallverstärker haben nur die Männchen. Sie besitzen zudem einen in Relation zur Körpergröße riesigen Kehlkopf: knapp ein Zentimeter bei einer Körpergröße von etwa fünf Zentimetern.[1] Hätte ein Menschenmann einen vergleichbaren Kehlkopf, wäre der etwa so lang wie Unterarm und Hand zusammen. Kein Wunder, dass der Laubfrosch, was die Lautstärke angeht, mit einem Lastwagen oder einer Motorsäge mithalten kann. 87 Dezibel wurden bei einem Exemplar im Abstand von einem halben Meter schon gemessen.

In der Natur fallen 95 Prozent der Kaulquappen und jungen Vierbeiner Vögeln, Fischen, räuberischen Gelbrandkäfern und Rückenschwimmern zum Opfer, bevor sie geschlechtsreif sind. Die Handaufzucht umgeht diese erste natürliche Auslese. »Wir machen das pro Region nur maximal vier Jahre«, sagt Grell. »Spätestens dann sollte dort eine eigenständige Reproduktion eingesetzt haben.« Grell erzählt auch, wie die Stiftung Naturschutz bei der Aufzucht die »Gendrift« vermeidet. Darunter versteht man eine Veränderung der Häufigkeit alternativer Formen eines Gens. Das kann segensreich sein, zum Beispiel nach einer Naturkatastrophe, wenn nur wenige Individuen überlebt haben und viele von ihnen eine zuvor seltene Genvariante tragen, die es ihnen ermöglicht, sich an die neuen Bedingungen anpassen. Sehr viel häufiger hat sie negative Folgen, bis zum Aussterben einer Art.

Gerade bei kleinen, isolierten Populationen können durch Inzucht spezifische und sinnvolle Genvarianten aus dem Genpool verschwinden, so dass sich die Anpassungsfähigkeit an veränderte Umweltbedingungen verringert. Deshalb werden die Laubfroschpopulationen aus der Handaufzucht für die spätere Aussetzung genetisch gemischt. »Wir wollen möglichst viele Elterntiere an der Neubesiedlung beteiligen«, sagt Grell. Sie sollten jedoch ausschließlich aus dem näheren Umkreis kommen. So wollen die Biologen verhindern, dass Genvarianten eingeschleust werden, die für andere Regionen mit anderen klimatischen und geologischen Bedingungen spezifisch sind. Zudem werden Laubfrösche nur dort ausgesetzt, wo sie während der letzten 30 bis 50 Jahre ausgestorben sind und wo die Stiftung Naturschutz große Wiesen- und Weideflächen ohne Düngung extensiv beweiden kann, wo sie Gewässer wiederhergerichtet hat, die Natur also für viele selten gewordene Tier- und Pflanzenarten wieder besiedelbar ist. Der Aufwand, eine gefährdete Art wieder zu stabilisieren, ist enorm. Besser wäre es, es gar nicht erst so weit kommen zu lassen.

Theoretisch könnte der Laubfrosch in geeignete Gebiete auch von allein wieder einwandern, schließlich legt er auf seinen Wanderungen bis zu zehn Kilometer zurück. Aber noch liegen die besiedelten Gebiete zu weit auseinander. Hinzu kommen schier unüberwindbare Hindernisse wie Siedlungen, Straßen und intensiv genutzte Agrarflächen. Selbst wenn es einem Männchen gelänge, von sich aus ein geeignetes Gewässer zu entdecken, müsste es ein Weibchen anlocken, um sich zu vermehren. Die jedoch bevorzugen Gewässer, in denen möglichst viele Männchen rufen. »Die Idee, man macht was in Ordnung und dann besiedelt es sich von allein, funktioniert nur bei fliegenden Lebewesen«, sagt Grell. Weshalb der Mensch manchmal nachhelfen muss, und das funktioniert nur mit fachgerechter Aufzucht. Wie das geschieht, erfahre ich auf der letzten Station meiner Reise.

Die Aufzuchtstation liegt versteckt hinter verschlossenen Türen, umgeben von hohen Hecken und Sichtbarrieren. Sie besteht aus einigen auf dem Rasen stehenden Wasserbecken von etwa einem Meter Durchmesser und einem etwa zwei Meter langen Gewächshaus. Der Frühling ist in diesem Jahr spät gekommen, doch im Gewächshaus ist es mollig warm und alles für die Ankunft der Gäste vorbereitet: Die Behälter sind mit kristallklarem Grundwasser gefüllt, das Grell einige Tage zuvor eingefüllt hat. Sauerstoff sprudelt hinein, in einigen Becken schwimmen Wasserhahnenfuß und Schwimmendes Laichkraut. Die Maisonne, die auf das Dach des Gewächshauses scheint, erwärmt auch das Wasser in den Bottichen. Ein Thermometer zeigt die Temperatur: 24 Grad. Die Kaulquappen mögen das, sie wachsen dann schneller. Vier Bottiche sind schon mit Laich besetzt, aber man muss genau hinschauen, um die zwischen den Wasserpflanzen durchscheinenden Eiballen zu erkennen. Nur in einem haben sich schon kommaförmige graue Larven gebildet. Die kleinen unscheinbaren Kaulquappen stehen kurz vor dem Schlüpfen. Einige Hundert

Eier habe er schon, sagt Grell. Einige Hundert sind heute hinzugekommen. 2000 sollen es insgesamt werden.

Kurz bevor sie als vierbeinige kleine Frösche aus dem Wasser steigen, würden die Kaulquappen sich optisch fast vollständig auflösen, sagt Grell. In den Bottichen sei der Untergrund im Laufe der Zeit schlammig geworden, und diese Farbe nähmen sie an. »Man denkt, das Becken ist wieder leer. Dabei sitzen 50 Frösche auf dem Boden.« Sie imitieren farblich den Grund ihres Gewässers, während sie auf ihre Entwicklung warten. Innerhalb von 24 Stunden brechen dann auch die Vorderbeine heraus, die die Quappen in den Kiementaschen gebildet haben. Die einen Zentimeter großen Frösche bringt Grell in Aussetzboxen zu ihrem neuen Zuhause. »Ich mache den Deckel auf und alle springen raus.« Von da an müssen sie selbst für ihr Überleben sorgen. Frühestens zwei Jahre später treffen sich die Männchen in den Gewässern zu »Rufgemeinschaften«, um nachts die Weibchen anzulocken. Sobald Heiko Grell dann Laichballen findet, weiß er: Die Ansiedlung war erfolgreich. Bislang sei noch jede Aussetzaktion seit Beginn des Projekts 2006 gelungen.

Und doch ist all die Mühe nur ein Tropfen auf den heißen Stein, denn in unserer Agrarlandschaft werden Jahr für Jahr Hunderttausende von Amphibien ganz nebenbei vernichtet. Mittlerweile wird mehr als die Hälfte der in Deutschland vorkommenden 21 Amphibienarten in der Roten Liste der vom Aussterben bedrohten Tierarten geführt.

Ohne Wasser kein Leben

Amphibien leben gefährlich. Raubfische stellen ihnen nach, Vögel, Wildschweine, Dachse, Rotfüchse, Marderhunde und Ringelnattern. Überleben können Amphibien nur, weil sie viele Nachkommen produzieren. Dabei verfolgen sie unterschiedliche Strategien. Braunfrösche, zu denen beispielsweise der häufig in Gärten anzutreffende Grasfrosch gehört, laichen früh im Jahr und nutzen dazu flache Uferbereiche, in denen die Temperaturen schnell steigen, die aber auch abtrocknen können, wenn es im Frühjahr zu wenig regnet. Andere, wie der Laubfrosch, warten, bis sich das Wasser erwärmt hat, und können deshalb auch tiefere Gewässerbereiche besiedeln.

Erdkröten verfahren nach dem Prinzip »Die Masse macht's«. Das Weibchen legt 3000 bis 6000 Eier. Aus den Kaulquappen entwickeln sich innerhalb weniger Wochen dunkelbraune Minikröten, halb so groß wie eine 1-Cent-Münze. Beim Spaziergang in der Nähe von Gewässern kann man sie im späten Frühjahr oder Frühsommer beobachten, wenn sie in Scharen durchs Gras, über Wege, Wiesen und Straßen krabbeln, eine leichte Beute für Amseln, Dohlen, Krähen und Raben. Trotzdem ist die Strategie erfolgreich. Erdkröten gehören zu den häufigeren Arten. Man findet sie sogar in Gärten. Auch Grasfrösche legen oft mehrere Tausend Eier. Der Balzruf der Männchen ist ein leises Brummen oder Knurren, das man manchmal im Gartenteich hört.

Kreuzkröten setzen beim Nachwuchs auf Schnelligkeit. Wenn es warm genug ist, brauchen sie nur drei Wochen für ihre Entwicklung. Kreuzkrötenlarven können sich sogar in kleineren Pfützen und Wagenspuren entwickeln, wenn das Wasser darin lange genug steht. Der Nachwuchs ist winzig klein und hat bei Trockenheit oder Futtermangel nichts zuzusetzen. Deshalb ist die hohe Zahl von Nachkommen notwendig, damit die Art bestehen kann. Rotbauchunken verfolgen noch eine andere Strategie. Sie setzen auf Größe. Die Weibchen legen nur bis zu 300 Eier, aber ihre Kaulquappen werden bis zu 55 Millimeter lang. Die jungen Unken sind also gut für das Überleben gerüstet, wenn sie das Gewässer verlassen. Außerdem sondert ihre Haut ein giftiges Sekret ab. Es kann das ganze Tier wie ein weißer Schaum bedecken und wird Unkenspeichel genannt. Auch in der Art zu laichen unterscheiden sich Amphibien. Kröten legen ihren Laich in Schnüren ab, Unken in kleinen Klumpen an Wasserpflanzen oder am Gewässerboden. Molche heften die Eier einzeln an Wasserpflanzen. Grasfrösche hingegen produzieren große Gallertballen, die wie schimmernde Fladen an der Wasseroberfläche schwimmen. Dort werden sie von der Sonne erwärmt und ausgebrütet.

Eines haben alle Amphibien wie Unken, Kröten, Frösche und Molche gemeinsam: Sie verbringen einen großen Teil ihres Lebens an Land, sind jedoch zum Laichen auf saubere Kleingewässer angewiesen, Dorf- und Mühlteiche, Tümpel und Weiher, flache Senken auf Wiesen, Weiden und Äckern, Lösch- und Fischteiche und eiszeitliche Toteislöcher, Sölle genannt. Mit den sauberen Gewässern beginnt ihr erstes großes Problem in der Agrarlandschaft: Sie sind kaum noch vorhanden. Das Schicksal der Laubfrösche in der Steinhuder-Meer-Niederung in Niedersachsen ist dafür exemplarisch: Bis in die 1970er Jahre war der Laubfrosch im Landkreis Schaumburg-Lippe, zu dem der fast 30 Quadratkilometer große See gehört, weit verbreitet. Ende des Jahrzehnts wurde auch das letzte Laichgewässer verfüllt, und die Art verschwand.[2] Eine Geschichte, die typisch ist für ganz Deutschland.

Heute können wir uns kaum vorstellen, mit welcher Hingabe in den vergangenen Jahrzehnten Kleingewässer in der Landschaft großflächig vernichtet wurden, für den Wohnungs- und Straßenbau, vor allem aber in der Landwirtschaft. Zu viel Wasser macht Böden weniger tragfähig und erschwert den Einsatz von Maschinen. Die wurden im Laufe der Jahrzehnte immer größer und schwerer. Deshalb haben Landwirte den Grundwasserspiegel konsequent abgesenkt, haben Mulden, Senken, Gräben und Bäche, Moore und Flussauen beseitigt, bis kaum noch Feuchtbiotope übrig blieben. Schon 1985 prangerte der Sachverständigenrat für Umweltfragen die Folgen dieser weiträumigen Trockenlegung an. Seine Zahlen geben einen Hinweis auf das Ausmaß der Biotopvernichtung. Die Amphibien-Laichplätze in den Landkreisen Augsburg, Pfaffenhofen, Neuburg/Donau und Ebersberg hätten seit 1950 um circa die Hälfte abgenommen. 90 Prozent der Quellen und Quellmoore in Bayern seien verschwunden. Innerhalb von nur zehn Jahren seien in verschiedenen Gebieten Westfalens 50 Prozent der Kleingewässer verschwunden. Den Rückgang feuchter Wiesen und Weiden in Niedersachsen und Schleswig-Holstein für den Zeitraum von 1959 bis 1978 schätzte der Sachverständigenrat auf 70 bis 90 Prozent. Wohlgemerkt: Der Bericht stammt aus dem Jahr 1985.[3] Heute gehört Feuchtgrünland erst recht zu den seltenen und bedrohten Lebensräumen in Deutschland.

Der schönfärbende Fachbegriff für die Absenkung des Grundwasserspiegels lautet Hydromelioration. Von griechisch *hýdor* für »Wasser« und lateinisch *melior* für »besser«. Das Ergebnis waren eine »Standard-Landschaft« und das Verschwinden »zahlreicher Sonderstandorte mit ihrer typischen Pflanzen- und Tierwelt«, wie der Sachverständigenrat kritisch vermerkte. Eine vergleichbare Entwicklung fand in der DDR statt. Hier sorgten vom Staat zentral gesteuerte Meliorationskombinate mit ihren großen Maschinenparks für die radikale Umgestaltung der Landschaft zugunsten industrieller Produktionsmethoden. Doch während im Westen die Privateigentümer das Ziel hatten, auch den letzten Hektar ihres Landes nutzbar zu machen, ließen die großen LPGs Flächen unberührt, auf denen sich die Melioration nicht lohnte. Aus diesem Grund finden sich bis heute in Ostdeutschland größere Laubfrosch-Populationen – in Mecklenburg-Vorpommern, Sachsen und Sachsen-Anhalt.

Auch DDR-Naturschützer und Wissenschaftler beobachteten die Folgen der Entwässerung für die Vielfalt der Natur mit Sorge. 1992 berichteten Forscher aus Westsachsen, der Ökogarten sei eine »Nutzungsform, die einer Laubfroschkolonie über einen längeren Zeitraum die Erhaltung sichert. Oftmals liegen derartige Gartenanlagen im natürlichen Einzugsbereich des Laubfrosches.«[4] Es ist kein Zufall, dass Laubfrösche rund um das Ökodorf Brodowin und im Wildtierland Gut Klepelshagen, beides Biobetriebe und beide in Ostdeutschland, sehr zahlreich sind. Denn zwischen »Öko« und Amphibien besteht ein enger Zusammenhang: Ökobauern verzichten, im Gegensatz zur konventionellen Landwirtschaft, weitgehend auf die Amphibienkiller Kunstdünger und chemischer Pflanzenschutz.

Killer auf dem Trecker

Auf die Folgen großflächig eingesetzter Düngemittel für Amphibien wurden Forscher in den 1990er Jahren aufmerksam. Sie berichteten, dass sich Kaulquappen in Gewässern mit hohem Stickstoffeintrag schlechter entwickeln. Zum einen schlüpfen in überdüngten Gewässern weniger Kaulquappen. Diejenigen, die schlüpfen, fressen weniger und wachsen langsamer. Vor allem aber leiden sie häufiger unter Missbildungen der Beine. Die genauen Zusammenhänge hat man erst kürzlich herausgefunden. In überdüngten Gewässern leben viele Schnecken. Die wiederum sind Zwischenwirt für einen Saugwurm, der Kaulquappen befällt und vor allem die Entwicklung ihrer Beine stört. Sogenannte »Monsterquappen« entstehen, mit drei oder fünf Beinen, die kaum überlebensfähig sind. Zudem sorgt der Dünger für rasches Wachstum von Rohrkolben, Wasserlinsen und Grünalgen. Bei deren Zersetzung entstehen Sauerstoffmangel und Bodenschlamm. Die Gewässer werden als Überwinterungs- und Laichgewässer ungeeignet und verlanden zunehmend.[5]

Außerhalb der Gewässer drohen noch größere Gefahren. Amphibien überwintern in Gehölzrändern und Grassäumen. Auf ihrem Weg zu den Laichgewässern müssen sie manchmal mehrere Kilometer zurücklegen. Sie müssen Straßen überqueren, fallen in Gullys, aus denen sie nicht wieder entkommen können, scheitern an zu hohen Bordsteinen oder sterben unter Autoreifen. Weniger bekannt ist, dass schon der Luftdruck eines schnell vorbeifahrenden Autos sie töten kann, denn er lässt ihre inneren Organe platzen.[6] Auch deshalb gilt in Zeiten von Amphibienwanderungen: langsam fahren. Und dort, wo viele Amphibien wandern: Krötenzäune und Tunnel bauen.

Aber wer glaubt, damit seien die Tiere gerettet, ist naiv. Denn auf Wiesen, Weiden und Äckern dräut neue Gefahr. Die Tiere wandern vor allem im Frühjahr. Dann ist auch die landwirtschaftliche Aktivität hoch. Jahr für Jahr werden unzählige Frösche, Kröten, Unken und Molche von Traktorenreifen getötet, vom Pflug begraben oder zerfetzt. Die Todesrate beim Pflügen liegt bei bis zu 100 Prozent.[7] Die Gefahr endet nicht, wenn die Menschen mit ihren Maschinen das Land wieder verlassen haben. Im Frühjahr wird der sogenannte »Volldünger« ausgebracht, eine Mischung aus Stickstoff, Phosphor und Kalium in Form von kleinen Körnchen. Gartenbesitzer kennen den NPK-Dünger als »Blaukorn« und düngen damit im Frühjahr ihre Rasenflächen und Blumenbeete. Sie sollten es lieber lassen.

Zwar lösen sich die Körnchen bei Regen auf und die Wirkstoffe sickern in den Boden. Bis es so weit ist, kann es aber, je nach Wetterlage, Tage dauern. Solange sich die Körnchen auf den Flächen befinden, bilden sie für Amphibien eine mörderische Barriere. Die Biologin Urte Lenuweit hat die Forschungsergebnisse dazu 2009 in einem Beitrag für *Rana,* eine Zeitschrift für Amphibien und Reptilienschutz, zusammengefasst. Ihr zufolge berichtete der Däne Jens Amtkjaer 1980 als einer der Ersten, dass Kammmolche plötzlich starben, wenn sie über eine mit NPK-Dünger behandelte Grünfläche liefen. In einem Versuch mit Erdkröten, Grasfröschen, Kamm- und Teichmolchen mussten die Tiere über einen Boden wandern, auf dem

NPK-Körner ausgestreut waren. Die Körner blieben an den Tieren haften, verätzten die Haut und die Gliedmaßen. Nach 20 Minuten wurden die Versuche abgebrochen, weil die Lähmungen zu stark wurden. Die Tiere überlebten jedoch, weil man sie rechtzeitig in Eimer mit sauberem Wasser umsetzte.

Rana berichtete auch, wie Stickstoffdünger zur Todesfalle an einem Krötenzaun wurde. »Alle Erdkröten und 80 Prozent der Teichmolche wurden tot in Fangeimern entlang eines Fangzaunes gefunden, nachdem in der Woche zuvor auf dem angrenzenden Feld Stickstoffdünger ausgebracht worden war. Die Tiere machten optisch einen mumifizierten, ausgetrockneten Eindruck«, heißt es in dem Beitrag.[8] Im Fachinformationssystem des Bundesamtes für Naturschutz zur Beurteilung von Beeinträchtigungen der Gebiete des europäischen ökologischen Netzes NATURA 2000 sind weitere solcher Berichte nachzulesen. So habe eine Zählung toter Amphibien nach einem Düngemitteleinsatz von Stickstoffgranulat auf einem Winterweizenschlag bei Voigtsdorf im Kreis Mecklenburg-Strelitz auf einer Länge von circa 270 Metern bei einer Einsicht von 1,5 Metern beidseitig der Zählstrecke (circa 810 Quadratmeter) 91 tote Tiere ergeben. Düngemittel gelten in Fachkreisen mittlerweile als eine wichtige Ursache für das Aussterben lokaler Populationen und für den weltweiten Rückgang von Amphibien.[9]

Es gibt noch einen weiteren Grund, warum Amphibien zu den weltweit am stärksten gefährdeten Wirbeltieren gehören: Pflanzenschutzmittel. Erste Berichte über die Auswirkungen gab es schon in den 1970er Jahren. Richtig ins Visier der Forscher gerieten die Mittel aber erst, als das Amphibiensterben unübersehbar wurde. Anfang des neuen Jahrtausends untersuchte Rick A. Relyea von der Universität Pittsburgh die Wirkung des Totalherbizids Glyphosat auf Kaulquappen. Das Unkrautvernichtungsmittel kam 1974 auf den Markt. Inzwischen wird kein Wirkstoff häufiger eingesetzt. Relyea besprühte die

Kaulquappen von Fröschen und Kröten in einem Teich mit der in der Landwirtschaft üblichen Menge von Glyphosat und verglich die Überlebensraten der Tiere mit denen in einem ungespritzten Teich. Von den mit Glyphosat besprühten Kaulquappen des Leopardenfroschs hatten nach drei Wochen statt 98 Prozent noch vier Prozent überlebt, von den Kaulquappen des Grauen Laubfroschs statt 75 Prozent nur zwei Prozent und von den Kaulquappen der Amerikanischen Kröte statt 97 Prozent keine einzige.

Die Auswirkungen auf Jungfrösche waren ähnlich. 24 Stunden nach einer in der Landwirtschaft üblichen »Dusche« des Unkrautvernichtungsmittels lebten von den jungen Leopardenfröschen noch 32 Prozent, von den jungen Laubfröschen noch 18 und von den Kröten noch 14 Prozent. Im Schnitt hätten nur 21 Prozent aller jungen Frösche eine der üblicherweise in der Landwirtschaft angewendete Dosis überlebt, so Rick A. Relyea. »Das auffallendste Ergebnis der Experimente war, dass ein Mittel, dessen Aufgabe es ist, Pflanzen zu töten, 98 Prozent aller Kaulquappen innerhalb von drei Wochen umbrachte und 79 Prozent aller jungen Frösche innerhalb von einem Tag«, schreibt er im Fazit seiner Untersuchung, die 2005 veröffentlicht wurde.[10]

Die Untersuchung alarmierte Carsten Brühl vom Institut für Umweltwissenschaften an der Universität Koblenz-Landau. Er stellte daraufhin eigene Forschungen an. Das ist in Deutschland nicht so einfach, denn erstens sind die finanziellen Mittel für solche angewandten Studien gering. Zweitens dürfen Tierversuche in Europa nur stattfinden, wenn sie unvermeidbar sind, zum Beispiel zur Erkennung von Umweltgefährdungen. Und drittens dürfen sie nur an häufig vorkommenden Arten vorgenommen werden. Deshalb diente ihm der Grasfrosch als Versuchstier. Für die Untersuchungen wählte Brühl ein Labor in der Schweiz, in dem auch die Industrie ihre Tierversuche ausführen lässt, damit niemand später die Qualität der Studie anzweifeln konnte. Ausgewählt für den Versuch wurden sieben häufige Pflanzenschutzmittel, die im Obstanbau und Ackerbau verwendet werden. Das Ergebnis wurde 2013 veröffentlicht und machte Schlagzeilen: Der Einsatz der empfohlenen Produktmengen führte bei den Grasfröschen zu Sterblichkeitsraten von 20 bis 100 Prozent.[11]

Die Gefahr bestand für alle sieben getesteten Mittel – ob Fungizid, Herbizid oder Insektizid. Getestet wurde nicht der Wirkstoff, sondern die Formulierung, also das verkaufsfertig gemischte Produkt. Dem werden zahlreiche Beistoffe zugesetzt, damit das Gift sich auf den Pflanzen verteilt, auf ihnen haften bleibt oder in die Pflanze eindringen kann, kurz, besser wirkt. Man könnte es auch so formulieren: Die Beistoffe verstärken die Giftigkeit eines Wirkstoffes. Sie sind sogar häufig selbst giftig. »Es ist kaum fassbar, dass es bei Pestiziden, die das aktuell praktizierte Zulassungsverfahren für Pestizide durchlaufen haben, zu direkter Mortalität bei Amphibien kommt«, sagt Carsten Brühl, Leiter der Studie. Der Grund ist einfach: Wie die Mittel sich auf diese Tiere auswirken, wird bei der Zulassung nicht geprüft, obwohl die Durchlässigkeit ihrer Haut sie extrem empfindlich für Giftstoffe macht.

Aber befinden sich die Amphibien überhaupt auf den Äckern, wenn gespritzt wird? Schließlich müssen dazu Pestizidanwendungen auf landwirtschaftlichen Nutzflächen und Laichwanderungen zeitlich zusammentreffen. Das untersuchte ein Forscherteam der Universität Landau zusammen mit dem Leibniz-Zentrum für Agrarlandforschung in Müncheberg. Das Projekt lief über zwei Jahre, betraf 100 Anbauflächen und dokumentierte 330 Pestizidanwendungen. Beobachtet wurden dabei vier Arten: Moorfrosch, Knoblauchkröte, Gelbbauchunke und Kammmolch. Ergebnis: Natürlich wandern die Amphibien auch zu Zeiten, in denen gespritzt wird, allerdings sind früh wandernde Arten wie der Moorfrosch weniger betroffen als spät wandernde wie Rotbauchunke und Knoblauchkröte.

Alle drei sind streng geschützte Arten. Manchmal, aber längst nicht immer, schirmt bei der Wanderung ein Pflanzendach die Tiere wenigstens zum Teil von den Giftstoffen ab. Der Knoblauchkröte hingegen wird ihre Vorliebe für lockere sandige oder sandig-lehmige Böden zum Verhängnis. Die findet sie auf Mais- oder Spargelfeldern, wo sie sich mit ihren Schaufelfüßchen eingräbt. Dort ist sie dann Herbizid- und Pestizidanwendungen ausgesetzt, die die Flächen unkrautfrei und frei von Schädlingen halten sollen.

Eine weitere Gefahr droht Amphibien auf Äckern mit Wassersenken oder tiefen Reifenspuren. Hier finden sie ein geeignetes Mikroklima, Futter und Schutz. In einer 1000 Quadratmeter großen Senke wurden von Ende April bis zum Ende der Vegetationsperiode 1300 Amphibien gezählt. Doch Pestizide werden auch mit dem Wind eingetragen, und sobald der Wasserstand niedrig genug ist, werden auch diese Rückzugsgebiete der Amphibien beackert und gespritzt.

Wie giftig Pflanzenschutzmittel sind, kann man den entsprechenden Ratgebern entnehmen. Empfohlen werden lange Arbeitskleidung, Schutzbrille, Schutzhandschuhe, in einem Ratgeber der Landwirtschaftskammer Schleswig-Holstein zum Thema »Pflanzenschutz im Spargelanbau« vom 25. August 2016 nachzulesen. Die Rubrik »Allgemeine Vorsichtsmaßnahmen beim Umgang mit Pflanzenschutzmitteln« empfiehlt zudem: nicht essen, trinken, rauchen; vor, während oder nach der Arbeit keinen Alkohol trinken; nach der Arbeit ungeschützte Hautpartien mit Wasser und Seife reinigen; durchnässte Kleidung sofort wechseln.[12]

Amphibien tragen weder Schutzanzüge noch können sie ihre Kleidung wechseln, sie haben keine Wahl, was und wann sie fressen und trinken. Ob und welche Giftduschen sie ertragen müssen, entscheidet sich in Brüssel, denn die EU genehmigt die Wirkstoffe, die dann national zugelassen werden. Die EU schreibt auch vor, welche Versuche vor der Zulassung durchzuführen sind. Das gilt nicht nur für die Wirkstoffe, sondern auch für die Formulierungen, also die fertigen Gemische, die nicht nur Wirksubstanz enthalten, sondern auch Hilfsstoffe, um die Wirkung zu verbessern. Dass dabei auch Nützlinge zu Schaden kommen, wird hingenommen, wenn die Anwendung der Mittel sie nicht langfristig gefährde.[13] Die Antragsteller dürfen eigene Unterlagen einreichen. Das spart Steuergelder, allerdings sind diese Studien meist nicht öffentlich zugänglich. Es sei nicht verwunderlich, »wenn Glyphosat produzierende Unternehmen versuchen, für sie ungünstige Studienergebnisse zu verschleiern«, kritisieren deshalb Umweltverbände und das Pestizid-Aktions-Netzwerk PAN.[14]

Bislang werden die Auswirkungen auf Amphibien im europäischen Zulassungsprozess für Pestizide nicht berücksichtigt, obwohl das Umweltbundesamt (UBA) eine Überarbeitung der EU-Leitfäden zur Risikobewertung von Pestiziden seit Jahren fordert.[15] Eines immerhin haben die Forschungsergebnisse von Carsten Brühl und seinen Kollegen bewirkt: Die Europäische Behörde für Lebensmittelsicherheit (EFSA, European Food Safety Authority) hat eine Expertengruppe eingesetzt. Doch die Mühlen der Bürokratie mahlen langsam. Carsten Brühl erklärt den Ablauf: Erst erarbeitet die Expertengruppe zu dem Thema eine sogenannte »wissenschaftliche Meinung«: Sind mehr solche Studien nötig? Zu welchen Mitteln, zu welchen Inhaltsstoffen? Dann muss sich die Industrie äußern, es müssen Richtlinien für die Testverfahren entwickelt werden, die Richtlinien wiederum geprüft werden und so weiter, und so weiter. »Ich bin gespannt, ob es sie geben wird, bis ich in Rente gehe«, sagt Brühl. Das wären noch 20 Jahre.

Brühls Empfehlung ist klar: Um die potenzielle Gefahr von Pflanzenschutzmitteln auf Amphibien zu reduzieren, sollten Pflanzenschutzmittel nur in Verbindung mit einem lokalen Monitoring von Amphibienwanderungen ausgebracht werden. »Außerdem müsste die Risikoabschätzung für Amphibien

Eingang ins Zulassungsverfahren von Pflanzenschutzmitteln finden.« Und das nicht erst in 20 Jahren. »Wenn wir so lange warten, brauchen wir nicht mehr viel zu machen. Dann ist alles weg.« Zu dieser pessimistischen Einschätzung tragen Untersuchungen bei, die gerade bei Erdkröten im Weinbau stattfinden. »Wir schauen uns die Populationsgenetik an«, sagt Brühl. Während im Wald auch 30 Kilometer voneinander entfernt lebende Populationen genetisch nahezu identisch seien, sei das in den Weinbergen nicht der Fall. Dort sind die Erdkröten genetisch isoliert. Sie können sich nicht austauschen, wer abwandert, überlebt es nicht.

Die Zukunft sieht düster aus. Der Absatz von Pflanzenschatzmitteln in Deutschland befindet sich seit 2006 auf einem unverändert hohem Niveau von 30 000 bis 35 000 Tonnen. Dabei handelt es sich nur um die Wirkstoffe, nicht um die fertigen Mischungen (Formulierungen), die ein Vielfaches dieser Menge ausmachen. »Die Gruppe der Herbizide macht mit 46,6 % den größten Anteil an den abgegebenen Spritzmitteln aus«, so das Umweltbundesamt.[16] Der Verdacht liegt nahe, dass es dabei auch immer wieder zu Überdosierungen kommt. Das Umweltbundesamt untersuchte das 2006 in einem Forschungsvorhaben. Es beobachtete Landwirte beim Ausbringen von Pflanzenschutzmitteln, entnahm Bodenproben und stellte 50 Prozent Falsch- und Fehlanwendungen fest. Die Reaktion des Bauernverbands kam postwendend. Die Untersuchung sei wissenschaftlich fragwürdig, Landwirte würden bespitzelt und kriminalisiert. Auch die Bundesländer führen regelmäßige Kontrollen durch. Da liegt die Beanstandungsquote mit insgesamt knapp 14 Prozent erheblich niedriger. Allerdings wurden auf 61 von 416 kontrollierten Schlägen keine ausreichenden Abstände zu Gewässern eingehalten. Um den Einsatz von Pestiziden zu verringern, fordert der Sachverständigenrat für Umweltfragen seit Jahren eine Abgabe nach dem Motto: Je schädlicher für die Umwelt, umso höher.[17] Bislang ohne Erfolg. Kein Wunder, denn allein in Deutschland geht es, trotz rückläufiger Umsätze, immer noch um einen Markt mit 1,4 Milliarden Euro.[18]

Von einer Pestizidabgabe würden nicht nur Ackerwildkräuter und Amphibien profitieren, sondern auch Vögel. Sie haben es zwar einfacher als Amphibien, sich neue, geeignetere Lebensräume zu suchen. Doch wie wenig ihnen das in unserer intensiv bewirtschafteten Kulturlandschaft nutzt, zeigt das nächste Kapitel.

JULI
Manche mögen's heiß

Meine kleine Wiese schimmert rosa. Der Rotklee blüht, er ist eine begehrte Hummel-Tankstelle. Es müssen solche mit langen Rüsseln sein, denn der Rotklee hat so tiefe Blütenkelche, dass nur sie den zuckerhaltigen Treibstoff erreichen können. Sie können sogar riechen, ob eine Blüte gerade von einer anderen Hummel aus dem eigenen oder einem fremden Nest besucht wurde. Unsere Bienen bevorzugen den Weißklee auf dem Rasen, aber nicht an jedem Tag. Mal fliegen sie geschäftig von Blüte zu Blüte, dann wieder meiden sie ihn tagelang. Der Grund: Klee liefert erst ab 21 oder 22 Grad Nektar. Die Bienen wissen das und besuchen an kälteren Tagen andere Pflanzen. Schwebfliegen hingegen bevorzugen die Wilde Möhre, an deren dünnen Stielen sich leuchtend blau blühende Vogel-Wicken emporhangeln. Die Wiesensaat zeigt, was sie kann.

WIESENVÖGEL
Allerweltsarten in Not

Vor einiger Zeit schenkte mir der Leiter des Umweltamtes meiner Stadt ein unscheinbares weißes Heft mit dem Titel »Vögel in und um Tornesch«. Beim Blättern stellte sich heraus: Es ist ein Fenster in die Vergangenheit, das bis in die 1930er Jahre reicht. Damals balzten hier noch Birkhähne, bauten Bekassinen und Kiebitze ihre Nester. Als Kinder hätten sie Kiebitzeier gesammelt, erzählt mein Vater, der 1928 geboren ist. Eine Zahl aus dem Heft ist besonders eindrucksvoll. Am 30. September 1965 beobachtete Wolfgang Haack, der Autor des Heftchens, im nahe gelegenen Esinger Moor 296 Kiebitze auf dem Vogelzug nach Süden. Die Birkhühner sind aus unserer Landschaft verschwunden, ebenso Bekassine und Kiebitz.

Dass man sich um den Kiebitz einmal Sorgen machen müsste, hätten sich die Generationen vor uns nicht vorstellen können. Viele Jahrhunderte zählte er zu den häufigsten Wiesenvögeln überhaupt und brütete in Scharen auf Wiesen und Weiden. Der Kiebitz profitierte lange Zeit sogar von der Landwirtschaft. Wiesenbrüter wie er brauchen feuchte, offene Landschaften. Als der Mensch den Wald zurückdrängte, Auen eindeichte und Moore entwässerte, schuf er extensive Feucht-Grünlandflächen, und damit Lebensräume für Wiesenvögel.

Im Gegenzug verzehrte der Mensch deren Eier. Besonders Kiebitzeier galten viele Jahrhunderte lang als Delikatesse. Wenn die Vögel Anfang März aus dem Winterquartier zurückkehrten und mit ihrem typischen »Kiwitt« den Frühling ankündigten, begann die Saison der Eiersammler. Die Vögel kannten die Gefahr. Zur Brutzeit werde »jeder Mensch, welcher in die Nähe ihres Brutortes kommt, unter lautem ›Kiwitt‹ umschwärmt, und zwar mit einer Kühnheit, welche wahrhaft in Erstaunen setzt; denn der um seine Brut besorgte Vogel stößt oft so dicht an dem Kopfe des Menschen vorbei, dass dieser den durch schnelle Bewegung erzeugten Luftzug deutlich verspüren kann«, schrieb Alfred Brehm.[1] Otto von Bismarck erhielt zu seinem Geburtstag am 1. April regelmäßig eine Sendung von 101 Kiebitzeiern aus dem niedersächsischen Jever.[2] Der Brauch, Kiebitzeier zu essen, hat sich bis heute gehalten. Immer wenn Ostern naht, werden sie angeboten, gefüllt mit Marzipan oder Schokolade, und erkennbar an ihrer typischen Form: birnenförmig, an einer Seite spitz, am anderen Ende stumpf abgerundet, mit dunklen Punkten und Klecksen auf hell olivgrünem Untergrund.

In der niederländischen Provinz Friesland war es bis Anfang des 21. Jahrhunderts üblich, im März die Weideflächen nach Kiebitzeiern abzusuchen und das erste Ei dem Kommissar der Königin, dem Provinzgouverneur, zu überreichen. Zwar markierten viele Sammler beim Suchen auch die Nester, damit die Landwirte ihnen bei der Bearbeitung ihrer Flächen ausweichen konnten. Der Brauch verstieß jedoch gegen europäisches Recht, so dass er 2003 sogar die Europäische Kommission beschäftigte. Die verwies auf eine Richtlinie vom 2. April 1979 über die »Erhaltung der wildlebenden Vogelarten«. Artikel 5 verbietet ausdrücklich das Sammeln und den Besitz der Eier von Wiesenbrütern wie dem Kiebitz. Doch erst als das Gericht in Leeuwarden in der niederländischen Provinz Friesland das Sammeln von Kiebitzeiern ab Freitag, den 18. März 2005, untersagte, hatte die illegale Sammeltätigkeit ein Ende. Da hatte das Totenglöckchen für den Kiebitz aber vielerorts in Europa schon geschlagen.[3]

Kiebitze gelten als »tolerant«. Werden die Flächen nicht zu intensiv bewirtschaftet, kommen sie damit klar. Geht ein Gelege verloren, können sie mehrmals »nachlegen« und den

Verlust wieder ausgleichen, worauf auch die niederländischen Eiersammler wiederholt hingewiesen hatten. Deshalb galten die Vögel lange Zeit als nicht gefährdet. Erst in den 1990er Jahren machten Vogelschützer auf bedrohliche Bestandsrückgänge aufmerksam. Inzwischen gelten weite Bereiche des Binnenlandes in Deutschland als kiebitzfrei.

Kiebitze sind Teil einer Vogelgilde, die bedroht ist wie kaum eine andere in Mitteleuropa. Als Gilde bezeichnen Ornithologen Arten, die eine vergleichbare Ressource – in diesem Falle die Wiese – nutzen, ohne miteinander verwandt zu sein. Rotschenkel gehören zu dieser Vogelgilde, Uferschnepfen, Bekassinen, Wiesenpieper oder Haubenlerchen. Gemeinsam ist ihnen, dass sie im Grünland brüten und ihre Nester am Boden bauen. Daher sind ihre Eier und ihre Jungen leichte Beute. Selbst Igel wurden schon dabei beobachtet, wie sie versuchten, Kiebitzeier zu stehlen. Füchse erbeuten nicht nur Gelege, sondern können auch die Elternvögel töten. Seit es die Tollwutimpfung gibt, nimmt die Zahl der Füchse zu und der »Prädationsdruck« steigt, wie Biologen das Ausrauben der Nester nennen. Rabenvögel übrigens, die lange ebenfalls zu den »Verdächtigen« zählten, sind mittlerweile weitgehend als Täter freigesprochen.[4] Deshalb müssen aus der Sicht von Vogelschützern Füchse bejagt werden, wenn sie sich zu stark vermehren, denn diese Raubtiere – übrigens auch Waschbären oder Amerikanischer Nerz – können die Population von gefährdeten Arten in Teilregionen zugrunde richten. Noch wichtiger jedoch sind ausreichend Flächen, auf denen die Vögel ungestört brüten und ihre Jungen aufziehen können. Flächen, auf denen der Bewuchs niedrig bleibt, die feucht genug sind für die Suche nach Regenwürmern und anderen Bodenlebewesen, Flächen, auf denen sie ausreichend Insekten für sich und ihre Jungen finden. Dann können sie auch Reviere verlassen, auf die sich die vierbeinigen Eierdiebe kapriziert haben. Doch diese Lebensräume sind knapp geworden, so knapp, dass für den Kiebitz und andere Wiesenvögel Alarmstufe Rot herrscht. Sie sind wie Bekassine und Großer Brachvogel vom Aussterben bedroht oder wie Kiebitz, Wachtelkönig, Wiesenpieper und Rotschenkel stark gefährdet.[5]

Güllen, schleppen, mähen, ernten

Hier kommen Politik und Landwirtschaft ins Spiel. Zunächst unmerklich, inzwischen aber unübersehbar, hat die Landwirtschaft den Lebensräumen von Wiesenbrütern weiträumig den Garaus gemacht. Unterstützt wurde sie dabei von einer EU-Agrarpolitik, die die Steigerung der landwirtschaftlichen Produktion zum Ziel hatte. Als die Überschüsse immer höher wurden, entkoppelte die EU 2003 die Direktzahlungen von der Produktion, zahlte aber für die Bewirtschaftung von Ackerland bis 2013 mehr Geld als für die Bewirtschaftung von Grünland. Kein Wunder also, wenn Wiesen den Äckern weichen mussten. Im größten deutschen Bundesland Bayern hat der Grünlandanteil in den vergangenen 45 Jahren um ein Drittel abgenommen.[6] In Niedersachsen, dem zweitgrößten Bundesland, ging der Anteil an Dauergrünland seit 1950 um 48 Prozent zurück und in Schleswig-Holstein, traditionell wegen der Nähe zur Küste ein bevorzugtes Nistgebiet für Wiesenvögel, um 34 Prozent.[7] Derzeit beträgt der Anteil von Dauergrünland an der landwirtschaftlich genutzten Fläche 28,2 Prozent (2016), 1991 waren es noch 31,3 Prozent, was einem Verlust von etwa 600 000 Hektar gleichkommt. Am niedrigsten ist der Anteil in Sachsen-Anhalt mit 15 und Mecklenburg-Vorpommern mit 20 Prozent, am höchsten im Saarland mit 52,5 Prozent.[8]

Und das verbleibende Grünland? Immerhin sind das noch knapp 28 Prozent der landwirtschaftlich genutzten Flächen.[9] Auch die wurden und werden zunehmend ungeeigneter für die Jungvogelaufzucht. Das hat mit der Intensivierung zu tun. Jahrtausendelang war Landwirtschaft harte Handarbeit. Die ersten Maschinen waren eher klein und arbeiteten langsam, so dass Tiere fliehen konnten oder auf sie Rücksicht genommen werden konnte. Auch die zeitlichen Abläufe unterschieden sich dramatisch von den heutigen. Heu wurde Ende Juni oder Anfang Juli geerntet. Dazu mähte man das Gras mit Sensen oder einfachen Maschinen. Dann trocknete es einige Tage, wurde mehrfach von Hand oder mit von Pferden gezogenen Heuwendern gewendet und geschwadet, also in Reihen zusammengerecht. War es trocken, wurde es auf dem Heuboden gelagert, als Winterfutter für Rinder, Pferde, Schafe oder Ziegen.

Diese Art der Landwirtschaft harmonierte mit dem Familienleben fast aller Wiesenvögel. Bis zur Heuernte hatten sie die Flächen für sich und konnten in Ruhe ihre Jungen großziehen. Die vielen Paare auf den Wiesen konnten gemeinsam gegen Nesträuber vorgehen. Fiel doch mal ein Nest dem Fuchs oder einem Eiersammler zum Opfer, hatte das keine Auswirkungen auf den Bestand der Art, zumal etwa Kiebitze, um die Art zu erhalten, im Schnitt vermutlich nur ein bis zwei Junge pro Saison großziehen müssen, wie Ornithologen errechnet haben.[10] Begann im Sommer die Mahd, waren die Jungvögel entweder schon flügge oder sie konnten weglaufen, bevor der Mann mit der Sense oder dem Mähwagen sie erreichte.

Heute sind die artenreichen Heuwiesen zu hochproduktiven Erzeugerflächen für das Grünfutter in der Massentierhaltung geworden. Milchkühe geben dreimal so viel Milch wie 1950. Diese Tiere brauchen energiereicheres Futter. In der größten Rindermastanlage Europas, im Ferdinandshof in Mecklenburg-Vorpommern, stehen knapp 20 000 Tiere.[11] Nun befahren ab Februar Güllewagen das Land, damit das Gras dank des Düngers schneller wächst und drei-, vier- oder fünfmal im Jahr geerntet werden kann. Es wird gewalzt und geschleppt, um den Boden zu festigen und Unebenheiten wie Maulwurfshügel zu beseitigen, die später das Mähwerk beschädigen könnten. Oft wird schon im April – mitten im Brutgeschäft der Kiebitze und anderer Wiesenbrüter – das erste Mal das Gras geschnitten, mit Maschinen, die riesige Flächen in Windeseile »flachlegen«. Viele Landwirte lassen diese Arbeiten von Lohnunternehmern ausführen, weil sich die Anschaffung solch teurer Geräte für einen einzelnen Betrieb nicht lohnt. Früher habe er oft tagelang auf dem Traktor gesessen. Nun kommt einer und lege »alles in ein paar Stunden nieder«, schreibt ein Landwirt begeistert in einem Blog.

Ein Zeitfenster, in dem Wiesenvögel ihre Eier ausbrüten und die Jungen aufziehen können, existiert bei dieser Art von Bewirtschaftung nicht. Zwar sind Wiesenvögel Nestflüchter, das heißt, sie können nach dem Schlüpfen ihr Nest verlassen, aber die landwirtschaftlichen Maschinen heute sind so breit und fahren so schnell, dass die Elterntiere ihre Jungtiere beim Herannahen eines solchen Ungetüms nicht in Sicherheit bringen können. Also werden die Gelege entweder plattgewalzt oder die Jungvögel, wenn sie nach drei bis vier Wochen Brutzeit geschlüpft sind, im Mähwerk geschreddert. Selbst wenn Vögel mehrmals nachlegen, haben ihre Jungen auf solch intensiv bewirtschafteten Flächen keine Überlebenschance, denn nach der Mahd kommt der Güllewagen und wenige Wochen später erneut das Mähwerk.

Hinzu kommt: Wiesenvögel wie der Kiebitz brauchen feuchtes Grünland. Sie stochern mit ihren Schnäbeln im weichen Boden nach Regenwürmern und sammeln Insekten, die am Boden krabbeln oder Blüten besuchen. Im Interesse der Landwirte ist es aber, das Land möglichst trocken zu halten, damit sie es mit ihren immer größeren und schwereren Maschinen jederzeit gut befahren können. Deshalb bietet sich in den Habitaten der Wiesenvögel überall in Europa das gleiche Bild: intensive Bewirtschaftung und ständige Störung. So nimmt es nicht Wunder, dass der Rückgang der Wiesenvögel ganz Europa betrifft. »In der Agrarlandschaft der EU werden die Verluste auf 300 Millionen Brutpaare zwischen 1980 und 2010 geschätzt«, wie die Antwort der Bundesregierung auf eine Kleine Anfrage der Grünen im Deutschen Bundestag ergab. Die neuesten Zahlen stammen aus dem Jahr 2012. Zahlen, die Vogelschützer alarmieren und die dazu führen, dass verzweifelt nach Lösungen gesucht wird.[12] Das Michael-Otto-Institut arbeitet an solchen Lösungen. Die Stiftung ist eine Außenstelle des NABU-Bundesverbandes und betreibt an ihrem Sitz in Bergenhusen unter anderem Forschung für Naturschutz in der Agrarlandschaft.

Es gibt kaum einen Ort, der besser dafür geeignet wäre, als dieses von Wiesen und Weiden umgebene 700-Einwohner-Dorf im Norden Schleswig-Holsteins. Ursprünglich lautete der Name Beveringhusen, für Bewer, also Biber, ein Hinweis auf die von den Flüssen Eider, Treene und Sorge durchzogene Niederung, an die Bergenhusen grenzt. Der Ort selbst liegt auf einem eiszeitlichen Geesthügel und damit, anders als die Umgebung, einige Meter über dem Meeresspiegel. Der Naturfilmer Heinz Sielmann drehte hier 1959 seinen Film »Im Dorf der weißen Störche« und machte Bergenhusen zum Wallfahrtsort der Storchenfreunde. Ein Storchenpaar nistet auch auf dem 150 Jahre alten Reetdachhaus, in dem das Michael-Otto-Institut seine Büros hat. Hier befindet sich das Hauptquartier des Kiebitz-Projektes im »Bundesprogramm Biologische Vielfalt«. Mit dem Förderprogramm des Bundesumweltministeriums werden Einrichtungen wie das Michael-Otto-Institut finanziert. Seit 2007 entwickeln und erproben Wissenschaftler hier Schutzmaßnahmen für den Kiebitz und andere Wiesenvögel. Seit 2007 werden in der angrenzenden Eider-Treene-Sorge-Niederung Vögel beringt, ihre Gelege geschützt, Elternvögel und heranwachsende Jungvögel gezählt.

Ein mühsames Geschäft, zu dem mich Heike Jeromin, Wissenschaftlerin am Michael-Otto-Institut, an einem Apriltag mitnimmt. Unsere Ausrüstung: ein Auto, von dem aus wir die Vögel beobachten können, ohne sie zu stören, Gummistiefel und Regenjacke, Ferngläser, eine Liste mit allen Flächen im Koog, in der die Reviere der Wiesenbrüter dokumentiert werden, sowie lange Stecken mit roten Fähnchen, um die Nester für die Landwirte gut sichtbar zu markieren. Einen Vormittag werden wir unterwegs sein, von Fläche zu Fläche fahren, während die Biologin Einblicke in das Familienleben von Wiesenbrütern gewährt.

Am Dorfrand halten wir kurz und blicken hinab in eine Senke, die Meggerkoog heißt und sich wie eine grüne Schüssel bis zum Horizont erstreckt. Darüber treibt der Westwind tief hängende Nordseewolken. Der Koog war ursprünglich ein mooriger Flachsee und befindet sich etwa 3,5 Meter unter dem Meeresspiegel. Remonstranten, Religionsflüchtlinge aus den Niederlanden, legten den See im 17. Jahrhundert trocken, um darauf Landwirtschaft zu betreiben.

Bei 3,5 Metern unter dem Meeresspiegel gelingt es nur bedingt, das Land trocken zu halten. Wenn bei Weststurm und Hochwasser das Eidersperrwerk geschlossen wird, damit die Nordsee nicht ins Binnenland eindringt, kann das Regenwasser aus dem Koog nicht abfließen. Die Wiesen werden wieder »ganz schön nass«, wie die Biologin es nennt. Gut für Wiesenvögel. Zudem bestehe der ehemalige Seegrund aus Moorboden, also Torf, überlagert von »Seemudde«, man könnte auch sagen: von Schlamm. Diese Kombination sorgt für fruchtbare Böden, stellt die Landwirte aber vor ein Dilemma. Lassen sie den Boden zu sehr austrocknen, mineralisiert er, der Torf schrumpft, und die Flächen liegen noch tiefer unter dem Meeresspiegel. Außerdem verliert er seine Fruchtbarkeit. Jeromin: »Die Landwirte haben gelernt, dass der Wasserstand so hoch gehalten werden muss, wie es irgend geht, um der Moorsackung entgegenzuwirken.« So ist die Niederung heute trotz intensiver Nutzung ein Refugium für bedrohte Arten wie

Kiebitz, Großer Brachvogel, Uferschnepfe und Feldlerche geblieben, mit stabilen und zum Teil ansteigenden Beständen. Aber das war nicht immer so.

Liebestaumel und schneller Sex

Heike Jeromin kurbelt die Fensterscheibe ihres Autos herunter und schaut durch ihr Spektiv, ihr »einäugiges« Fernrohr. »Da läuft ein Kiebitz. Jetzt muldet er. Das heißt, er baut ein Nest.« Als ich auch durchschauen darf, sehe ich einen schwarz-weißen Vogel mit einem zweizipfligen Federbusch auf dem Kopf, der seine Brust immer wieder tief in den Boden drückt und mit den Beinen scharrt. »Mulden« ist bei Kiebitzen Männersache. Heike Jeromin: »Er zeigt dem Weibchen dann die Stelle. Das Weibchen sagt, okay, die können wir nehmen, schmeißt noch ein paar Ästchen in die Mulde, setzt sich drauf und legt die Eier. Das ist sehr spartanisch.« Der Federbusch, den Weibchen und Männchen auf dem Kopf tragen, nennt sich »Holle«, wie ich später lerne.

Auch aus dem Meggerkoog waren die Wiesenvögel Anfang der 1990er Jahre fast verschwunden. Die Initiative, sie wieder zurückzuholen, ging von einer Landwirtin aus, Dagmar Bennewitz, damals erste Vorsitzende des Naturschutzvereins Meggerdorf. Sie wusste, wie schwierig es für Landwirte ist, die Gelege und die Küken beim Bearbeiten der Flächen rechtzeitig zu erkennen und zu schonen. Aber sie war, wie viele ihrer Kollegen, der Überzeugung, dass die Kiebitze und andere Wiesenvögel zur Landschaft gehören und dass man auf sie achtgeben muss. 1997 gewann der Naturschutzverein Meggerdorf die ersten beiden Landwirte dafür, ihre Mäharbeiten zu verschieben, um brütende Vögel zu schützen. Als Gegenleistung sammelte der Verein Spenden, um eine kleine Entschädigung für den Verdienstausfall zahlen zu können. Davon wiederum erfuhr Heike Jeromin, als sie 1998 nach dem Biologiestudium ihre erste Stelle beim NABU in Bergenhusen antrat. »Ich habe das sofort mit Daten belegt«, erzählt sie. Für den Naturschutzverein war das ein glücklicher Zufall, denn mit ihr war der NABU mit im Boot, der wiederum den Kontakt zur Landesregierung vermittelte.

Seit 1999 übernimmt das Land Schleswig-Holstein die Ausgleichszahlungen für die Landwirte – 150 Euro pro Hektar, wenn es sich um eine Einzelbrut handelt, und 350 Euro, wenn es sich um eine Kolonie handelt. Der »Gemeinschaftliche Wiesenvogelschutz« war geboren, und für die Landwirte wurde es zum Prestigeobjekt, dass Kiebitze und andere Wiesenvögel auf ihren Flächen brüten. Wer keine hatte, fühlte sich ausgeschlossen. »Was muss ich machen, damit ich auch solche Vögel kriege?«, wurde die Biologin von einem Landwirt gefragt. Sie habe ihm geraten, auf einer Fläche die Drainage, also die unterirdische Entwässerung, in oberflächliche Gräben umzuwandeln, die hier Grüppen heißen, erzählt sie. »Dann kommen die Vögel von allein.« Inzwischen hat sich der »Gemeinschaftliche Wiesenvogelschutz« zum Meggerkoog-Exportschlager entwickelt. Er wird in der gesamten Eider-Treene-Sorge-Niederung angeboten, und mehr als 100 Landwirte machen mit. Auch in anderen Regionen, nicht nur in Schleswig-Holstein, wurde die Idee übernommen.

Wir fahren hinab in den Koog. Ein Kiebitz balzt und schreit sein »Kiwitt« in die Frühlingsluft. Eine Rabenkrähe nähert sich. Sie ist größer als der Kiebitz, er attackiert sie trotzdem. Für die Biologin ein Zeichen, dass das Weibchen schon brütet und er die Krähe vom Nest vertreiben will. Wird er es schaffen? »Sie ist größer, aber er ist aggressiver. Sein Interesse, die Eier zu verteidigen, ist größer als das Interesse der Krähe, sie zu fressen«, sagt sie und zeigt auf die Krähe, die wieder abzieht. Ihr Telefon klingelt. Ein Landwirt ruft an. Er hat auf einer seiner Flächen schon drei Kiebitznester und meldet nun, dass er noch ein viertes entdeckt hat. Außerdem macht er sich Sorgen wegen der Krähen. Heike Jeromin beruhigt ihn: »Ich bin sicher, dass die Kiebitze sie vertreiben. Wenn man eine kleine Kolonie hat, kommen sie damit zurecht. Der Fuchs ist schlimmer.«

Kiebitze sind Steppenvögel. Das bestimmt ihre Anforderungen an den Brutplatz. Sie mögen es gerne offen. Deshalb kann man sie im März/April, wenn das Gras niedrig steht, brüten sehen. Die Weibchen, erkennbar an ihrem gescheckten Latz, brüten eher tagsüber, die schwarz-weiß gezeichneten Männchen vermutlich eher nachts. Denn tagsüber sind die Männchen beschäftigt: »Wenn sie ein Gelege haben, wacht er auf einem Maulwurfshügel, damit er den Überblick hat.« Oder er balzt. Kiebitze sind Akrobaten der Lüfte, ihr Flug ist ein verschnörkeltes Liebeswerben.

Auch die Meggerkoog-Wiesen werden dreimal im Jahr gemäht. Die Landwirte, denen sie gehören, sind Milchbauern. Ihre Tiere brauchen energiereiches Futter. Mais können sie auf dem ehemaligen Seeboden nicht anbauen. Dafür ist er zu weich und zu nass. Die schweren Erntemaschinen würden sich festfahren. Der erste Grasschnitt findet Ende Mai/Anfang Juni statt, je nach Wetterlage. Davor werden die Flächen abgeschleppt, das heißt, es werden Unebenheiten beseitigt und Gülle als Dünger ausgebracht. Jede dieser Fahrten über die Fläche bedeutet Gefahr für Eier und Küken. Die Arbeit der Vogelbetreuer beginnt deshalb schon im März, wenn die ersten Wiesenvögel aus dem Winterquartier zurückkehren. Von da an sind Heike Jeromin und die ehrenamtlichen Gebietsbetreuer in ihren matschverschmierten Autos auf unwegsamen Feldwegen unterwegs, beobachten die Flächen, zählen die Vögel und versuchen herauszubekommen, wo sie brüten, damit sie die Nester mit Stecken und Fähnchen für die Landwirte markieren können.

Das erfordert viel Wissen, Geduld und eine gute Beobachtungsgabe. Auf einem Zaunpfahl sitzt eine Uferschnepfe, lange Beine, langer gerader Schnabel, roter Hals. Den Kopf verbirgt das Männchen im Gefieder. »Scheinschlafen« nennt Heike Jeromin das. »Aber in Wirklichkeit wacht er.« Im Gras dahinter wirft das Weibchen emsig kleine Steinchen hinter sich. »Die macht Scheinnestbau. Da sind die Hormone schon auf Brüten eingestellt.« Auf einem anderen Zaunpfahl sieht sie einen Wiesenpieper. »Der gehört auf die Fläche, aber sein Nest ist schwer zu finden. Wiesenpieper gehen gern an die Grabenkanten.« Sogar den höchst seltenen Wachtelkönig hat die Wissenschaftlerin hier schon gehört. »Er macht ein Geräusch wie beim Naseputzen und ruft zwischen 24 Uhr und vier Uhr. Alle paar Jahre haben wir ihn auf intensiven landwirtschaftlichen Flächen, die wir dann auch schützen. Er brütet ebenfalls auf dem Boden und ist sehr viel schwieriger zu lokalisieren, weil man ihn nie sieht.« Einmal musste ein Landwirt eine große Fläche, auf der der Wachtelkönig gehört wurde, sechs Wochen liegen lassen. »Wir wussten nicht, in welchem Teilbereich der Vogel nistet.«

Unser nächster Stopp ist eine Blänke, ein flaches Gewässer, das sich in natürlichen Geländemulden bilden kann. Normalerweise schätzen Landwirte solche nassen Stellen nicht. Das Wasser steht dort zu lange und behindert das Wachstum der Pflanzen. Diese Blänke hingegen habe der Landwirt auf einer tiefer gelegenen Stelle extra angelegt, mit einem doppelten Vorteil: Zum einen sammele sich hier das Wasser von seiner Fläche, die deshalb schneller abtrocknet, zum anderen bleibe es um die Blänke herum lange feucht, so dass die Vögel auch bei Trockenheit noch im Boden stochern und Futter finden können. Die Brutvögel scheinen diesen Service zu schätzen und kommen jedes Jahr wieder, um die Flächen um die Blänke herum zu besiedeln.

Ein paar Wiesen weiter fährt ein Güllewagen. Die Biologin kennt den Landwirt. Er habe am Wochenende Bescheid gesagt, dass er güllen wolle. Also sei sie am Sonntag zu der

Fläche gefahren, um eventuelle Nester zu markieren. Vogelschutz im Frühjahr ist ein Sieben-Tage-Job, der erst endet, wenn die Jungvögel flügge sind. Deshalb sitzen Heike Jeromin und die anderen Gebietsbetreuer auch mit auf dem Trecker, wenn das erste Mal gemäht wird. Sie halten nach Jungvögeln Ausschau. Die Gefahr für die Kiebitze wird danach geringer, denn die Jungen bevorzugen kurzes Gras und wandern auf Flächen ab, die schon gemäht sind oder auf denen Kühe weiden. Uferschnepfe und Großer Brachvogel hingegen bleiben in den Mähflächen und suchen in der halbhohen Vegetation nach Nahrung. »Sobald wir die sehen, halten wir an und gucken, wie wir das Stück am geschicktesten aussparen. Wir lassen dann einen halben bis einen Hektar stehen und mähen drum herum.« Oder der Landwirt nutzt die Fläche als Heufläche. Dann wird sie erst gemäht, wenn die Jungvögel flügge sind. Das Gras ist dann allerdings nur noch als Einstreu verwendbar oder als Futter für Färsen – also weibliche Rinder, die noch nicht gekalbt haben – und Pferde.

Später, beim Wenden des Mähgutes, muss der Landwirt wieder aufpassen, weil die Küken gern in den Schwad – so nennt man das zusammengerechte Gras – hineinlaufen. Das heißt noch einmal: langsam fahren, die Augen aufhalten. Für die Landwirte sei das selbstverständlich, so die Biologin: »Wenn die sich solche Mühe beim Mähen gegeben haben, dann wollen sie die Küken nicht mitschwaden. Mich rufen mittlerweile sogar Lohnunternehmer an und sagen: Du, bei den vier Brachvogelküken ist aber eins viel kleiner. Um das musst du dich gut kümmern.« Weil die Lohnunternehmer nach Zeit bezahlt werden, ist es ihnen egal, ob sie ein wenig langsamer fahren müssen. Der Landwirt hingegen muss alle Mehrkosten – Futterausfall, Mehraufwand und Mehrkosten für Lohnunternehmen – aus den 350 Euro bezahlen, die er pro Hektar erhält.

Heike Jeromin zeigt auf ein Kiebitzpaar. »Da ist das Männchen. Er geht jetzt kopulieren. Das machen sie die ganze Zeit, nicht nur während des Eierlegens.« Wie oft Kiebitze kopulieren, kann man im *Journal für Ornithologie* nachlesen. Ein Wissenschaftler – Thomas Zöllner – hat Kiebitze dabei beobachtet und mitgezählt. Ergebnis: »Bis zum vollständigen Gelege wurde jedes Weibchen 40- bis 70-mal begattet.« Allerdings dauert der Akt gerade mal 1,7 Sekunden.[13] Schneller Sex, das gilt auch für das Pärchen, das Heike Jeromin im Blick hat. Sie beobachte das Weibchen schon länger, sagt sie. »Frisst nicht groß, rennt weg, wenn ich komme. Das hat sie die letzten Tage auch schon gemacht. Kann sein, dass sie aufsteht, weil wir kommen.«

Unser letzter Stopp gilt dem komplexen Verhältnis von Naturschutz und Landschaftspflege. Wir halten an der Alten Sorgeschleife, einem vom Flusslauf der Sorge abgetrennten Altarm und seit 1991 Naturschutzgebiet. Das Gebiet ist ein bedeutender Rastplatz für Zwergschwäne und Lebensraum für Amphibien, auf die wiederum die Störche in Bergenhusen und Umgebung angewiesen sind. Wie viele Wiesenvögel hier brüten, hängt davon ab, ob das Wetter im Herbst zuvor trocken genug war, um die Flächen mit der Mähraupe zu befahren und die Binsen kurz zu halten. »Wenn das gelingt, haben wir im nächsten Jahr Super-Wiesenvogelbestände.« Deshalb brüten im Naturschutzgebiet manches Jahr 40 bis 50 Kiebitzpaare, in anderen – wenn die Binsen hoch stehen und nur in den Randbereichen niedriges Gras steht – die Hälfte. Im Meggerkoog hingegen liegt die Zahl der Brutpaare stabil bei 30 bis 40. Es ist dieses Zusammenspiel von Naturschutz und Vogelschutz, das die Region für die Wiesenvögel so attraktiv macht, auch später im Jahr, wenn die Elterntiere mit ihren Küken auf Futtersuche gehen. »Wenn wir im Meggerkoog ein sehr nasses Frühjahr haben, bleiben die Küken im Koog. Wir haben aber auch trockene Jahre, da wandern die Eltern mit ihren Küken über die Straße ins Naturschutzgebiet, weil es da feuchter ist.«

Aufhorchen bei der EU?

Der Erfolg des gemeinschaftlichen Wiesenvogelschutzes hat sogar die Europäische Kommission aufhorchen lassen. Zum einen, weil jedes Jahr mehr Landwirte bereit sind mitzumachen. Zum anderen, weil er ein Beispiel dafür ist, wie sich Landwirtschaft und Vogelschutz unbürokratisch und flexibel vereinbaren lassen. Einschränkungen der Bewirtschaftung gibt es nur für Flächen mit Wiesenvögeln und nur in der Brutzeit. Danach können die Landwirte ihre Flächen entsprechend ihren Bedürfnissen bewirtschaften. Lobend hebt die Kommission zudem hervor, wie eng Engagement und Ergebnis miteinander verknüpft seien, wie die stabilen und zum Teil steigenden Wiesenvogelzahlen in den betreuten Gebieten zeigen. Außerdem würden die Landwirte oft ihre Kinder mit auf den Trecker nehmen, um ihnen die Vögel zu zeigen, und so die Bedeutung des Vogelschutzes an die nachfolgende Generation weitergeben.[14] Klingt gut, aber Geld von der EU gibt es trotzdem nicht. Den EU-Behörden sei das Programm zu unbürokratisch, wie aus der schleswig-holsteinischen Landesregierung zu hören ist. Obwohl Kiebitze und andere Bodenbrüter eindeutig davon profitieren und es eine Möglichkeit wäre, den Wiesenvogelschutz auch in die Normal-Agrarlandschaft zu integrieren, eine »Normallandschaft«, in der die Mehrheit der Wiesenvögel mehr schlecht als recht versucht zu überleben. Wenn dort für ihren Schutz nichts getan wird, werden ihre Bestände weiter zurückgehen.

Und die Bundesregierung? Sie hat sich 2007 verpflichtet, den Rückgang der biologischen Vielfalt in Deutschland aufzuhalten und in einen positiven Trend umzukehren. Davon ist unser Land weiter entfernt denn je. Der Zehnjahrestrend entfernt sich sogar signifikant vom Zielwert, wie die Auswertungen des European Bird Census Council (EBCC) zeigen. Von 36 Vogelarten, bei denen eine Trendberechnung von 1980 bis

2012 möglich war, nehmen 23 im Bestand ab – ob Kiebitz oder Uferschnepfe, ob Lerche oder Grauammer. Auch die Ursache benennt der European Bird Census Council klar: die Landwirtschaftspolitik der Europäischen Union, die – auch auf Wunsch von Deutschland – mit insgesamt rund 60 Milliarden Euro jährlich einseitig die intensive landwirtschaftliche Produktion zu Lasten von Flora und Fauna unterstützt.

»Unsere Zivilisation droht zum Opfer ihrer eigenen Errungenschaften zu werden«, heißt es im Vorwort zu Rachel Carsons Buch »Der stumme Frühling«. Es erschien 1962 und hat den Insekten-Vernichtungsfeldzug mithilfe von Dichlordiphenyltrichlorethan, kurz DDT, zum Thema. Insekten sind extrem fruchtbar und anpassungsfähig. Sie haben jede Nische der Natur erobert, von den feuchten Ecken in Badezimmern bis zu den Kronen der Urwaldriesen. Seit 400 Millionen Jahren besiedeln sie die Erde und haben maßgeblich zur Evolution von Blütenpflanzen beigetragen. Knapp eine Million Arten sind bislang beschrieben worden, vermutlich gibt es Millionen weitere. DDT ist inzwischen verboten, aber der Vernichtungsfeldzug geht weiter. Eine neue Generation von Pflanzenschutzmitteln hat den Markt erobert, deren Giftigkeit die des DDT weit in den Schatten stellt. Experten befürchten, dass die meisten Insekten aussterben werden, bevor wir sie überhaupt kennengelernt haben, mit Folgen für das Gesamtgefüge des Naturhaushalts, die wir gar nicht ermessen können.

JULI
Sie sind wieder da

Englischer Rasen ist nichts für Schmetterlinge. Mit den meisten Gartenpflanzen können sie wenig anfangen. Sie stehen auf heimische Wildblumen. Seit meine kleine Wiese blüht, stellen sich neue Gäste ein: der Schornsteinfeger, der eigentlich Brauner Waldvogel heißt, der Grünader-Weißling mit grünlich beschuppten Adern auf den Unterseiten der Hinterflügel oder das scheue Landkärtchen. Seine Raupen fressen Brennnesseln, wie die von Admiral, Tagpfauenauge und Kleinem Fuchs. Die gibt es in meinem Garten mehr als genug. Das Landkärtchen ist trotzdem zum ersten Mal da. Es braucht nahe gelegene Nektarpflanzen, die es auf meiner kleinen Wiese neuerdings findet.

INSEKTEN
Bekämpfen bis zum letzten Flügelschlag

Diesen zartblauen Falter habe ich in meinem Garten noch nie gesehen. Mit dem Aufblühen meiner kleinen Wiese war er da. Einer blieb lange genug sitzen, um sich fotografieren und bestimmen zu lassen: Es war ein Faulbaum-Bläuling. Im Garten soll man den Falter heimisch machen können, indem man an einem sonnigen Platz Blutweiderich pflanzt, bei mir wächst er auf der kleinen Wiese. Die Räupchen des Bläulings, die mit Vorliebe seine pinkfarbenen Blüten fressen, werden oft von Ameisen belagert. Im Gegenzug für Zuckersaft schützen die Ameisen sie vor Fressfeinden. Wenn die Ameisen eine Lieferung wünschen, setzen sie sich auf den Rücken der Raupen und »betrommeln« deren Hinterteil so lange, bis sie den begehrten süßen Saft ausscheiden.

Die Große Schmuckschwebfliege bevorzugt für die Suche nach Pollen und Nektar die Blüten der Wilden Möhre. Die Insekten sind gelb-schwarz gezeichnet wie Wespen. Die perfekten Flieger können wie Kolibris in der Luft stehen und starten blitzartig, wenn Gefahr naht. Ihre weißlich-wabbeligen Larven gehören eher in die Igitt-Kategorie, sind aber wahre Überlebenskünstler. Sie wachsen in den trübsten Gewässern heran und ernähren sich von vergammelnder organischer Substanz. Weshalb das Insekt mit einem anderen Namen auch Sumpfschwebfliege heißt. Die Larven atmen durch ein langgezogenes weißes Atemröhrchen, mit dem sie, wie durch einen Schnorchel, an der Wasseroberfläche Sauerstoff tanken und dem sie den Namen Rattenschwanz-Larve verdanken. Die Große Schmuckschwebfliege gehört zu den wichtigsten Bestäubern von Wildblumen. Auf der Suche nach Nahrung legt sie weite Strecken zurück und überquert dabei sogar die Alpen. Für manche Wildpflanzen, wie den immer seltener werdenden Gewöhnlichen Teufelsabbiss, ist sie überlebenswichtig. Die Pflanze mit ihren hellblauen, violett- bis rosafarbenen Blütenknöpfen, die zuweilen auch in Moorgärten angepflanzt wird, gehört in Deutschland vielerorts zu den gefährdeten Pflanzenarten, denn sie wächst auf mageren feuchten Wiesen, die es kaum noch gibt. Die Große Schmuckschwebfliege sucht die Pflanze besonders gern auf und sorgt so dafür, dass sie bestäubt wird.[1]

Schlechte Zeiten für Spezialisten

Die Schmetterlinge und Schwebfliegen auf meiner kleinen Wiese sind Allerweltsarten. Ob Faulbaum-Bläuling, Grünader-Weißling oder Große Schmuckschwebfliege, ihnen gemeinsam ist: Sie sind Allrounder. Ihre Raupen fressen unterschiedliche Pflanzen, die Schmetterlinge suchen auf verschiedensten Blüten Nektar, und die Larven der Großen Sumpfschwebfliege können sogar in sauerstofflosen Jauchegruben überleben. Spezialisten hingegen haben es schwer. Sie führen die Roten Listen der bedrohten Insektenarten an. Darunter befinden sich viele Schmetterlingsarten. Wie ehemals die Kanarienvögel der Bergleute reagieren sie sehr sensibel auf Veränderungen. Josef Settele ist einer der kenntnisreichsten Schmetterlingsexperten in Deutschland. Der Agrarökologe, ein kräftiger Mann mit bayerischem Tonfall, forscht am Helmholtz-Zentrum für Umweltforschung (UFZ) in Leipzig. Es gehört zu den weltweit führenden Instituten dieser Art und hat eine Mission: Forschung für Mensch und Umwelt, für funktionierende Ökosysteme, für sauberes Wasser und intakte Böden. Settele hat sich dieser Mission verschrieben. Ich treffe ihn an einem frühlingshaften

Januartag. »Mögen Schmetterlinge warme Winter?«, will ich von ihm wissen, als wir mit dem Fahrstuhl zu seinem Büro fahren. »Kleiner Fuchs, Pfauenauge, Zitronenfalter haben ein Problem. Sie überwintern als erwachsene Tiere unter Giebeln oder auf Dachböden. Wenn sie im Winter zu oft aufwachen, überleben sie nicht, weil sie keine Energie, keinen Nektar ›tanken‹ können«, antwortet Settele und öffnet die Tür zu seinem Büro.

Die Bezeichnung Höhle würde besser passen: Bücher und Ordner an jeder Wand bis unmittelbar unter die Decke. Davor sind – zuweilen prekär auf Kante – Kästen mit präparierten Schmetterlingen platziert. So sieht es also aus im analogen Archiv eines Lepidopterologen, wie Schmetterlingsforscher fachlich korrekt heißen. Die Bezeichnung geht zurück auf das griechische Wort *lepís* für »Schuppe« und *pterón* für »Flügel«: Schuppenflügler-Forscher. Ein schmaler Pfad führt zwischen auf dem Boden gestapelten Papieren zu seinem Schreibtisch. Für das Gespräch zwängt er einen zweiten Stuhl in die Ecke, das Aufnahmegerät findet Platz auf mehreren übereinanderliegenden Manuskripten. Zum Mitschreiben wäre es hier zu eng.

Seine Liebe zu den »Viechern«, wie er Schmetterlinge achtungsvoll nennt, begann in der Kindheit. »Ich bin auf dem Land aufgewachsen, in einem kleinen Dorf im Allgäu mit 50 Einwohnern.« Vom Kinderzimmerfenster blickte er auf Neuschwanstein. Mit sechs Jahren habe er angefangen, Insekten zu sammeln. Einen Sommer später entdeckte er die Schmetterlinge. »Mit der Unterstützung meiner Mutter. Wenn ich aus der Schule kam, stand sie schon mit einem Schmetterlingsnetz im Garten: ›Ich habe noch etwas für dich gefangen!‹ Was damals nicht verboten war. Vermutlich dachte sie: ›So macht der Junge wenigstens etwas Vernünftiges und keinen Blödsinn.‹« Womit sie nicht ganz richtiglag. Zwar gab es damals für Schmetterlingssammler noch viel artenreiches Grünland und somit ausgezeichnete »Jagdgefilde«. Aber den angehenden Forscher zog es eher in Moorgebiete, in Verlandungszonen, dorthin, wo es sumpfig war und gefährlich. »Man konnte versinken. Das war klasse.«

Josef Settele ist Experte für Bläulinge. Ihre Lebensweise nennt er »eine völlig abgefahrene Geschichte«, denn sie gehören dank ihres bizarren Lebensstils zu unseren spannendsten Insekten. Viele von ihnen sind Spezialisten. Ihre Raupen fressen nur ganz bestimmte Pflanzen: Es gibt den Dunklen und den Hellen Wiesenknopf-Ameisenbläuling, den Lungenenzian-, den Kreuzenzian- und den Thymian-Ameisenbläuling, den Fetthennen-Bläuling und viele andere mehr. Hinzu kommt: Fast alle Bläulingsarten leben mit und manche sogar zeitweilig von Ameisen. Der Große Feuerfalter beschränkt sich darauf, seine Eier auf Wirtspflanzen zu legen, in deren Nähe sich Ameisen aufhalten. Den Deal beschreibt Settele so: »Sie werden von den Ameisen nicht gefressen, weil sie ihnen ein bisschen süßen Saft abgeben.« Andere Arten, wie die Raupen des Faulbaum-Bläulings, werden von Ameisen gemolken. Das bietet schon mehr Schutz. »Dann ist auch viel mehr Aktivität um die Raupe. Jeder andere, der kommt, hat erst mal schlechte Karten, weil eine wehrhafte Ameisenarmee da ist.« Es kommt noch besser. Manche zartblau schimmernde Schönheit hat sich im Laufe der Evolution zu trickreichen Parasiten entwickelt. Wenn die Raupen eine gewisse Größe erreicht haben, lassen sie sich auf den Boden fallen. Das Ziel ist, von Ameisen ins Nest getragen zu werden, und zwar nicht von irgendeiner Art, sondern von Knoten- oder Myrmica-Ameisen. »Um nicht gefressen zu werden, tragen die Raupen einen Chemiecocktail auf der Oberfläche, der dem der Myrmica-Ameisen ähnelt, so dass sie potenziell nicht als Futter angesehen werden, sondern als Artgenossen, die von den Ameisen ins Nest getragen werden.«

Im Nest angelangt, verfolgen die Bläulings-Raupen unterschiedliche Strategien. Einige Arten lassen sich von den Ameisen füttern. Die Raupen einer Art sind sogar imstande, die Geräusche von Myrmica-Ameisenköniginnen nachzuahmen, um bevorzugt gefüttert zu werden. Andere Bläulings-Raupen leben als Räuber. Sie ernähren sich von den Ameisenlarven im Nest. Das ist riskant. Tragen die Ameisen zu viele Raupen ins Nest, oder ist das Nest zu klein, können sie die ganze Ameisenbrut fressen und sich damit die Nahrungsgrundlage entziehen. Die Raupen würden nicht überleben. Doch die Natur hat vorgesorgt. Settele erklärt: »In der Evolution hat das zu unterschiedlichem Eiablageverhalten der Weibchen geführt. Die, die sich füttern lassen, können es sich leisten, dass ganz viele ins Nest kommen. Es gibt Anzeichen dafür, dass die Weibchen dieses Ameisenbläulings ungefähr feststellen können, wo die Ameisen sich befinden, um dort ihre Eier abzulegen.« Die anderen hingegen können das nicht. Das Risiko wäre viel zu hoch, dass sie das Nest völlig ausbeuten und zugrunde gehen.[2]

Anhand genetischer Analysen haben Forscher sogar herausgefunden, wie lange die evolutionäre Spezialisierung der Raupen »als Räuber der Ameisenbrut oder als Kuckuck im Nest« (Settele) gebraucht hat. Sie muss schon vor Millionen Jahren begonnen haben. »Die Vorfahren dieser parasitischen Schmetterlinge zeigten [...] auf Gegenseitigkeit beruhende Interaktionen mit Ameisen. Dabei wurde von den Raupen produzierte Nahrung eingetauscht gegen den Schutz vor Feinden, der durch die Präsenz von Ameisen gewährleistet wurde«, wie das Magazin *Nature* 2004 berichtete. Relativ früh haben sich dann die Evolutionspfade der beiden Arten getrennt, so Josef Settele und Jeremy A. Thomas. Die doppelte Abhängigkeit von der richtigen Pflanze und der richtigen Ameise führt dazu, dass nur noch an wenigen Stellen in der freien Natur die richtigen Bedingungen vorherrschen, weshalb viele Bläulingsarten vom Aussterben bedroht sind.[3]

Hat er ein »Lieblingsviech«? Settele zögert nicht. »Der Große Feuerfalter. Der war sogar auf meiner Hochzeitseinladung. Im Gelände ist er knallrot, ein Blinker in der Landschaft. Ich weiß noch genau, wie ich ihn zum ersten Mal sah. Ich hatte nicht damit gerechnet, habe alles weggeworfen, meine Kamera gepackt und bin den Viechern – es waren mehrere – zwei bis drei Stunden hinterher.« Die perlmuttfarben schimmernden Flügelunterseiten verraten, dass auch er zu den Bläulingen gehört. Die jungen Raupen des Großen Feuerfalters fressen Höhlungen in die Blätter von Teich-Ampfer oder Wasser-Ampfer. Die Pflanzen wachsen an Flussufern, auf Feuchtwiesen oder in Flutmulden. Die Raupen sind an den semiaquatischen Lebensraum perfekt angepasst. »Die halbwüchsigen Raupen fressen sich dabei einfach eine Höhlung in ein Blatt und verpuppen sich im nächsten Frühjahr meist am unteren Stängelabschnitt ihrer Futterpflanze. Wird ein Habitat während der Winterruhe überflutet, können die Raupen das bis zu mehreren Wochen überstehen.« Nachzulesen auf »Entopedia. Faszination Entomologie«, ein von Entomologen, also Insektenkundlern, betriebenes Internetportal.[4] Inzwischen sind die meisten Flüsse kanalisiert, Wiesen und Weiden entwässert. Dem Schmetterlingsnachwuchs fehlt die Nahrungsgrundlage, weshalb auch der Große Feuerfalter vor allem dort, wo er nur Teich- oder Wasser-Ampfer zur Eiablage nutzt, als stark gefährdet gilt. Aber es gibt auch eine gute Nachricht: In Deutschland nutzen die Falter auch Großblättrigen Ampfer und Krausen Ampfer, die weit verbreitet sind. Dort breitet sich die Art wieder aus. Zudem kommt dem Großen Feuerfalter die Klimaerwärmung entgegen. »Er ist ein Gewinner des Klimawandels«, so Settele.

Schmetterlinge zählen

Dass die Zahl der Insekten sinkt, stellt jeder fest, der mit dem Auto unterwegs ist. Früher war es bei jedem Tankstopp nötig, die verklebte Windschutzscheibe zu reinigen, heute fast gar nicht mehr – egal ob man einen windschnittigen Sportwagen oder einen großen SUV fährt. Um genau zu wissen, welche Insekten wie stark zurückgehen, müssen sie gezählt werden. Aber wie funktioniert das bei flüchtigen Wesen wie etwa Schmetterlingen? Dazu gehe ich an einem heißen Junitag mit Knud Schulz auf Zähltour. Der promovierte Biologe arbeitete bis zu seinem Ruhestand als Experte für Krebse aus der Tiefsee beim Senckenberg Forschungsinstitut, das die biologische Vielfalt weltweit erforscht.[5] Wer diese nur einige Millimeter großen Tierchen auseinanderhalten und neue Arten entdecken kann, lernt auch schnell unsere 150 Tagfalterarten in Deutschland zu bestimmen, selbst wenn manche – wie die verschiedenen Bläulinge – recht ähnlich aussehen.

Knud Schulz ist einer von gut 500 Freiwilligen, die Jahr für Jahr von Frühjahr bis Herbst in Deutschland Schmetterlinge zählen. Tagfaltermonitoring heißt die europaweit »Citizen Science« – also »Bürgerwissenschaft« – genannte Bewegung. Begonnen damit haben die Briten 1976, Falterfreunde in den Niederlanden zählen seit 1990, die in Deutschland seit 2005. Unterstützt werden sie dabei vom UFZ, das die Daten sammelt und auswertet. Schmetterlinge reagieren schnell auf Umweltveränderungen, weil sie viele Eier legen und oft als Raupe, Puppe oder Falter sehr spezifische Ansprüche an die Umwelt stellen. Sie sind deshalb einer der besten Indikatoren für den Zustand unserer Natur.

Beim Monitoring betreut jeder Freiwillige in einem selbst gewählten Gebiet eine genau festgelegte Zählstrecke, die einmal wöchentlich begangen wird. Bei Knud Schulz ist es das Landschaftsschutzgebiet Mellingburger Alsterschleife im Nordosten Hamburgs, ein sonniger, windgeschützter Halbtrockenrasen, der von Bäumen umstanden ist und von der Alster umflossen wird. Entstanden ist er in der vorletzten Eiszeit und wurde bis in die 1960er Jahre als Getreideacker genutzt. Als der NABU die Betreuung der Fläche übernahm, war sie völlig artenarm. Erst nachdem der Botanische Sondergarten in Hamburg-Wandsbek mit vielen standorttypischen Pflanzenarten die Initialzündung ausgelöst hatte, kehrte die Vielfalt nach und nach zurück. Dabei halfen die Betreuer der Alsterschleife, die Samen von den fruchtenden Pflanzen abnahmen und sie Jahr für Jahr wieder ausbrachten, besonders an offenen Stellen wie den Erdhügeln von Maulwürfen, weil sie dort am besten keimen. Ab und zu wird eine kleine Fläche von allem Bewuchs befreit, damit Pionierpflanzen wie Berg-Sandglöckchen und Hungerblümchen sich ansiedeln können, und die gesamte Fläche wird regelmäßig gemäht, um ihr die Nährstoffe zu entziehen, die in großen Mengen aus der Luft eingetragen werden und die Gräser wuchern lassen.

An diesem Sommertag leuchten zwischen spärlich sprießenden Gräsern die Blüten von gelben, blauen, violetten und rosa Wiesenblumen, die früher auf vielen Äckern, Wiesen, Weiden und an Wegrainen zu finden waren: Großer und Kleiner Klappertopf, Natternkopf, Ochsenzunge, Golddistel und Moschus-Malven. In den sandigen Boden der unbefestigten Wege haben Sandbienen ihre Nester gegraben, der Eichelhäher macht Jagd auf Weinbergschnecken, und am Wegrand liegen die Schalen von Flussmuscheln, die Bisams vom Fluss hochgetragen und verzehrt haben. Das Männchen einer Gebänderten Prachtlibelle gaukelt vorbei wie ein schillernder blauer Edelstein. Auf einer Skabiose, einem Korbblütler, lauert ein Gemeiner Bienenkäfer, schwarz mit signalroten Streifen, auf Insektenbeute. Er legt seine Eier in die Nester von Wild- und Honigbienen. Der Räuber kommt hier wegen der vielen Wildbienen relativ häufig vor, im übrigen Nord- und Ostdeutschland hingegen ist er äußerst selten geworden. Vermutlich, weil es immer weniger Wildbienen gibt. Von den 561 bei uns heimischen Arten sind knapp die Hälfte ausgestorben oder bestandsgefährdet.[6]

Der Weg schlängelt sich hinab, vorbei an einer Brombeerhecke. Die sei für Schmetterlinge günstig, weil verschiedene

Arten auf die Blüten gehen, erklärt Schulz. Er notiert Temperatur und Bewölkung. Schmetterlinge lieben es warm und sonnig. Ist es kalt und nass, zeigen sie sich nicht. Wie viele er sieht, hängt somit auch vom Wetter ab. Dann beginnt die erste der zehn 50 Meter langen Zählstrecken. Auf einem Zettel hat Knud Schulz Abkürzungen notiert, dahinter macht er Striche. GO steht für Großes Ochsenauge, KW für Kleines Wiesenvögelchen, GW für Grünader-Weißling, DK für Dickkopffalter, von denen es mehrere Arten gibt. Schulz zeigt auf ein Ochsenauge, macht aber keinen Strich. Es ist zu weit entfernt. »Wir registrieren nur, was wir auf einer Strecke von fünf Meter Breite und fünf Meter in der Höhe sehen.« Nur so sind die Zahlen von Jahr zu Jahr und von Zähler zu Zähler vergleichbar. Nach fünf Minuten ist Schluss mit der ersten Zählstrecke. Der Hauhechel-Bläuling, der sich jetzt zeigt, kommt nicht auf die Liste. Dafür hat Schulz Zeit, ihm genau nachzuschauen. »Das ist wohl das Weibchen. Es hat braune Flügeloberseiten«, erklärt er nach einem Blick durch sein Insektenfernglas. Etwas weiter entfernt flattern zwei Große Ochsenaugen umeinander herum. Was aussieht wie ein Hochzeitstanz, ist in Wirklichkeit ein Revierkampf zwischen zwei Männchen. »Auch Schmetterlinge sind territorial«, erklärt Schulz.

Bevor der nächste Abschnitt des Transekts beginnt, der seine volle Konzentration erfordert, zeigt er auf eine zartblau blühende Pfirsichblättrige Glockenblume. Er erzählt von einer Wildbienenart, der Glockenblumen-Scherenbiene, die auf den Pollen der Pflanze spezialisiert ist und in den Blüten übernachtet, sowie von der Mohn-Mauerbiene, die ihre Nester mit den Blättern von Mohnblüten auskleidet. Sie ist nahezu ausgestorben. Wir passieren eine Schlehdorn-Hecke, deren Wurzelausläufer bis zum Weg reichen. »Schlehen breiten sich unterirdisch aus und wandern weiter. Das wollen wir nicht, weil das hier dann eine Schlehdornwüste wird«, sagt Schulz. Die Blüten seien im Frühjahr allerdings wichtig für die Wildbienen, aber ebenso für die Überwinterer unter den Faltern wie Pfauenauge und Kleiner Fuchs. »Im August/September legt der Nierenfleck-Zipfelfalter seine kleinen weißen Eier in die Astgabeln der Schlehen. Der Name kommt von dem gelben oder orangefarbenen Fleck auf den Vorderflügeln, aber er macht fast nie seine Flügel auf, so dass man ihn sehen könnte«, sagt Schulz. Die Raupen ernähren sich von den Blättern der Schlehen, der Falter jedoch werde trotz Schlehenhecke zunehmend selten, möglicherweise weil woanders in Hamburg diese Hecken und damit die Nahrungspflanzen für die Raupen immer mehr verschwinden.

Die genaue Auswertung schickt Knud Schulz später per Mail. »Bei der Falterzählung habe ich für heute 102 Tiere für die 500 Meter Zählstrecke (10 mal 50 Meter) registriert, das ist für dieses Jahr ein schöner Rekord. Insgesamt waren es 62 Dickkopffalter, 32 Große Ochsenaugen, vier Kleine Wiesenvögelchen, zwei Schornsteinfeger (Brauner Waldvogel), ein Hauhechel-Bläuling sowie ein Weißling.« Was für mich ein tolles Erlebnis von Schmetterlingsvielfalt ist, treibt Knud Schulz aber Sorgenfalten auf Stirn. Er zählt auf, welche Falter er in diesem Jahr vermisst: »den Kleinen Perlmuttfalter. Vom Braunen Feuerfalter waren es auch weniger als normal, und die Flugzeit war deutlich kürzer. In anderen Jahren kamen sie bis Ende Mai vor, in diesem nur bis Anfang Mai.« Auch der Bestand des Mädesüß-Perlmuttfalters sei eingebrochen. »Da hat sich irgendwas zum Ungünstigen verändert.«

Diese Veränderung gilt europaweit. In einer europäischen Bestandsaufnahme, dem »European Butterfly Grassland Indicator«, in dem die Tagfalter der Wiesen und Weiden erfasst werden, haben Falterzähler Daten aus 19 europäischen Ländern zusammengetragen. Für die Jahre 1990 bis 2011 haben sie festgestellt, dass von 17 ausgewählten Grünlandarten acht zurückgegangen sind. Nur bei zwei Arten sind die Populationen stabil geblieben, und zwei haben geringfügig zugenommen. Bei den restlichen ist der Trend noch unklar. Die Gründe sind vielfältig: Die Wiesen werden gemäht, bevor die Raupen sich verpuppen. Die blütenreichen Wiesen verschwinden, weil sie zu stark gedüngt werden, so dass die Schmetterlinge keine Nahrung finden. Karge, trockene Südhänge werden nicht mehr bewirtschaftet und verbuschen, weil sich die Bewirtschaftung für die Landwirte nicht lohnt, und gehen als Habitat für Schmetterlinge verloren.[7]

Teuflische Wirkstoffe

Es gibt Anzeichen, dass das Insektensterben sich beschleunigt. Anfang 2016 schlugen Naturschützer in Nordrhein-Westfalen Alarm. Die Zahl der Fluginsekten sei dramatisch zurückgegangen, in Nordrhein-Westfalen an manchen Stellen um 80 Prozent. Das berichtete der NABU. Das Thema schaffte es bis in den Bundestag, wo sich der Umweltausschuss 2016 über »Ursachen und Auswirkungen des Biodiversitätsverlustes bei Insekten« unterrichten ließ. Ergebnis: Nicht nur sind viele Arten verschwunden, sondern »die Masse ist weg«, wie Josef Tumbrinck, Vorsitzender des NABU Nordrhein-Westfalen, den Abgeordneten berichtete.[8] Die Daten hat der Entomologische Verein in Krefeld gesammelt. Um mehr über dieses Massensterben zu erfahren, besuche ich die Krefelder Entomologen. Die Mitglieder des Vereins erheben seit 1905 Daten über die Vielfalt der Insekten in Krefeld und Umgebung. Die ältesten Sammlungen sind mehr als 100 Jahre alt, haben zwei Kriege überlebt und befinden sich in Schaukästen, sorgfältig präpariert, aufgespießt und mit Fundort und Namen versehen. Der Datenschatz lagert in einem unscheinbaren Stadthaus, das an der Wende vom 19. zum 20. Jahrhundert erbaut wurde.

In einem zum Schutz vor Sonnenlicht abgedunkelten Raum treffe ich zwei Entomologen des Vereins: Josef Tumbrinck, der NABU-Vorsitzende, ist Landschaftsökologe und arbeitet an einer Dissertation über Dornschrecken Neuguineas. Martin Sorg hat über Wespen promoviert, die es auf Käfer und Schmetterlingslarven abgesehen haben, die sie erst mit einem Stich lähmen und dann an ihnen ihre Eier ablegen. Die beiden stellen eine Polyethylenflasche auf den Tisch, gefüllt mit einer gelblichen Flüssigkeit, in der graue, von außen undefinierbare Teilchen schwimmen. Es folgen zwei weitere Gefäße, ebenso groß, aber die graue Masse nimmt mehr als die doppelte Menge ein. Es sind Insekten, die in Alkohol schwimmen. »Die Flaschen sind dicht, man kann sie Jahrzehnte lagern«, sagt Tumbrinck.

Ihr Inhalt ist der Beweis, dass in den vergangenen Jahren etwas extrem schiefgelaufen sein muss in der Welt der Insekten. Sie enthalten die Ausbeute von Malaise-Fallen, mit denen der Verein seit 1982 Insekten sammelt. »Wir haben seitdem sehr viele Untersuchungen mit solchen Fallen an weit über 100 Standorten gemacht. Dabei kamen in den letzten zehn Jahren völlig andere Mengen heraus als in den Jahrzehnten zuvor«, so Martin Sorg. Um mehr über die Ursachen zu erfahren, steigen wir in seinen staubigen Geländewagen. Unser Ziel ist das Naturschutzgebiet Hülser Berg in der Nähe von Krefeld. Die 63 Meter hohe Endmoräne aus Sand und Geröll entstand vor 150000 Jahren. Früher wurde hier Kies abgebaut und danach das Loch mit Bauschutt aufgefüllt. Dort oben sei die Welt der Insekten verglichen mit anderen Naturschutzgebieten um Krefeld herum noch einigermaßen in Ordnung, so der Biologe: »Was immer am Rückgang der Insekten schuld ist, es kommt anscheinend weder gern durch den Wald noch gern den Hügel hoch.«

Der Weg hinauf führt durch einen Wald. Oben angelangt, stellt Sorg das Auto ab. Wir betreten eine blühende und summende Lichtung, auf der, mit der Spitze nach Süden, eine Art Zelt mit weißem Dach steht: die Malaise-Falle, benannt nach dem schwedischen Entomologen René Malaise, der sie erfunden hat. Wenn die Insekten – ob Käfer, Mücke, Fliege, Wildbiene oder Schmetterling – in den unteren Teil der Falle geraten, fliegen sie nach oben, wo der weiße Stoff ihnen signalisiert, dass sie entkommen können. Damit geraten sie in eine Falle. An der hellsten Stelle befindet sich ein Fanggefäß und darunter eine Flasche mit Alkohol, in die sie, von Alkoholdämpfen benebelt, alsbald hineinfallen. Ein Tod für die Wissenschaft, denn gäbe es solche Fallen nicht, wären alle Aussagen über Insekten- und Artenrückgänge nur Vermutungen. Das Besondere der Krefelder Fallen ist, dass der Verein seit vielen Jahren mit ihnen arbeitet und sie immer exakt gleich sind. »Wir haben 1982 ein Schnittmuster aus Pappe gemacht, wie bei einem Maßanzug, und nach diesem Muster werden die Fallen bis heute immer gleich hergestellt«, sagt Martin Sorg. So entstanden über Jahrzehnte wissenschaftlich vergleichbare Daten, denn die Mitglieder des Vereins bestimmen nach einem genau definierten und immer gleichen Verfahren das Abtropfgewicht der in den Alkoholflaschen gefangenen Insekten.

Besonders intensiv haben die Krefelder seit 1989 ein Naturschutzgebiet untersucht, das Orbroicher Bruch bei Krefeld, eine Bachniederung. Der Rückgang ist dramatisch. Bei keinem der wöchentlichen Leerungsintervalle wurden in den Jahren 2013 und 2014 die Insektenmengen – oder Biomassen – von 1989 erreicht. Diese Messwerte bilden die Gesamtmenge der Insekten ab, die bei Malaise-Fallen aus vielen Hunderten Arten von Fliegen und Mücken, von Bienen und Schmetterlingen sowie anderen flugfähigen Insekten besteht. Im Vergleich zwischen 1989 und 2013 sank die Biomasse an einem Standort von 1117 Gramm auf 257 Gramm, am zweiten Standort von 1425 Gramm auf 294 Gramm. Das entspricht Verlusten von 77 beziehungsweise von 79 Prozent. In manchem der wöchentlichen Vergleiche steigt der Verlust sogar auf mehr als 80 Prozent gegenüber den Werten aus dem Jahr 1989.

Ähnliche Beobachtungen gibt es nicht nur in Deutschland. Entomologen in ganz Europa sind alarmiert, und viele vermuten, dass Insektizide, vor allem Neonicotinoide, als Verursacher eine zentrale Rolle spielen. Nikotin ist ein Alkaloid, das die Tabakpflanze, aber auch andere Nachtschattengewächse produzieren, um sich vor Fressfeinden zu schützen. Die Wirkung des Nikotins machten sich die Pflanzenschutzmittelhersteller zunutze und entwickelten industriell herstellbare hochwirksame Verbindungen, Neonicotinoide, auch kurz Neonics genannt. Die Nervengifte sind seit den 1990er Jahren im Einsatz. Hersteller sind vor allem Bayer Crop Science (Deutschland), Syngenta (Schweiz) sowie japanische Unternehmen. Inzwischen dominieren Neonics den Markt für Beizmittel und gehören zu den am meisten verkauften Insektiziden weltweit. Sie verteilen sich nicht nur auf den Blättern, sondern in der ganzen Pflanze – Wurzeln, Stamm, Blätter, Blüten, Pollen und Nektar. Tiere, die den Pollen, den Honig oder die Blätter fressen, nehmen die Neonicotinoide auf und sollen daran sterben.[9]

Hinzu kommen die subletalen, die nicht tödlichen, Auswirkungen: Hummelkolonien wachsen langsamer und produzieren weniger Königinnen, Honigbienen sammeln weniger Honig, sind anfälliger für Krankheiten und finden nicht wieder zu ihrem Bienenstock zurück, weil ihr Erinnerungsvermögen schwindet. In den Niederlanden haben Caspar Hallmann und seine Kollegen von der Radboud-Universität in Nimwegen die Auswirkungen des verbreiteten Neonicotinoids Imidacloprid auf 13 Vogelarten, darunter Stare und Schwalben, untersucht. Die Wissenschaftler stellten fest, dass bei mehr als 20 Milliardstel Gramm pro Liter Oberflächenwasser die Anzahl der Vögel um durchschnittlich 3,5 Prozent pro Jahr zurückging. Wie häufig das vorkommt, darauf lässt eine Untersuchung von Wissenschaftlern der Universität Utrecht Rückschlüsse zu. Dabei ging es um das maximal vertretbare Risiko (»Maximaal Toelaatbaar Risico«), bei dem basierend auf möglichst vielen Untersuchungen, keine Gefahr für die Umwelt besteht. Der Wert lag 2013 in den Niederlanden für das am häufigsten untersuchte Neonicotinoid Imidacloprid bei 13 Milliardstel Gramm pro Liter. Die Wissenschaftler stellten fest, dass der Wert in fast der Hälfte von 9037 Proben aus Oberflächengewässern überschritten wurde, einmal (2005) sogar um das 25 000-Fache.[10] Weitere Analysen ergaben, dass der Rückgang der Vogelpopulationen erst begann, als Mitte der 1990er Jahre das Mittel in den Niederlanden eingesetzt wurde. Ihre Ergebnisse deuten darauf hin, dass Imidacloprid zur Abnahme der lokalen Vogelpopulationen beigetragen habe, so Caspar Hallmann und seine Kollegen.[11]

Selbst wenn die Gifte, wie die Hersteller behaupten, auf Insekten stärker wirken als auf Wirbeltiere, vernichten sie die Nahrungsgrundlage von Vögeln und anderen Tieren, die von Insekten leben. Britische Studien haben zudem herausgefunden, dass vor allem Hummeln und Bienen auf Neonics geradezu fliegen. »Neonicotinoide wirken im Bienengehirn über denselben Mechanismus wie Nikotin im menschlichen Gehirn«, so die Leiterin der Studie Geraldine Wright von der Universität Newcastle. Wenn sie mit dem verseuchten Futter ihre Brut füttern, bedeute das ein hohes Risiko für das Überleben des ganzen Bienenvolkes.[12] Pflanzenschutzmittelhersteller leugnen bis heute diese Zusammenhänge. Auf die Kritik an den Neonics angesprochen, erwiderte beispielsweise der Sprecher für Bayer Bee Care, Julian Little, in Australien sei der Einsatz von Imidacloprid und anderen Neonikotinoiden als Saatbeize für Ölsaatraps und andere Sommerkulturen weit verbreitet. »Interessanterweise hat das Land aber die gesündesten Bienen auf dem gesamten Planeten.« Little weiter: »Was aber Australien nicht hat – zumindest noch nicht –, ist die Varroa-Milbe.«[13] Der Bienenparasit befällt Honigbienen. Er wurde allerdings schon Ende der 1970er Jahre nach Europa eingeschleppt, und die Imker können ihn meist unter Kontrolle halten. Hummelforscher Dave Goulson erinnert diese Argumentation an die Tabakindustrie. Die habe auch jahrzehntelang behauptet, dass Rauchen der Gesundheit nicht schade, selbst dann noch, als die Gegenbeweise erdrückend waren.[14]

Die Tankstellen-Offensive

Sie haben schwarze Gesichter, ihr Körper ist meist dicht behaart und sie sind ein wenig kleiner als Honigbienen. Schwarzköpfige Herbstsandbiene heißt der Sensationsfund im Sommer 2016 auf dem Hamburger Flughafen Fuhlsbüttel. 1938 war die extrem seltene Art in Hamburg das letzte Mal gesehen worden. Entdeckt hat sie der Biologe Christian Schmid-Egger. Zusammen mit anderen Wildbienen-Experten untersucht er in Hamburg, welche Wildbienen es in der Stadt noch gibt. »Die letzte Erhebung stammt aus den dreißiger Jahren«, sagt Manuel Pützstück von der Deutschen Wildtier Stiftung, die das dreijährige Projekt finanziert. »Wildbienen verschwinden von der Bildfläche, ohne dass wir Menschen es wahrnehmen. Wenn wir nicht aufpassen, sterben immer mehr Arten! Eine Rote Liste hilft, sich einen Bestandsüberblick zu verschaffen und bei naturschutzfachlichen Fragen die richtigen Entscheidungen zu treffen«, so der Umweltwissenschaftler.

Um dem Artenverlust entgegenzusteuern, begann die Stiftung 2015 in Hamburg, wo immer möglich, wildbienenfreundliche Blühflächen anzulegen. Wo ehemals eintöniger Rasen vorherrschte, zum Beispiel auf dem Ohlsdorfer Friedhof, blühen nun lila Malven, blau-lila Natternkopf, weiße Schafgarbe, weißer und roter Klee und hellblaue Glockenblumen. An sonnigen Stellen hat die Stiftung Nistmöglichkeiten für Wildbienen geschaffen: Haufen aus Lesesteinen und Sand, Stämme von abgestorbenen Buchen, Eschen und Obstbaumsorten mit vorgebohrten Löchern. »Wir wollen möglichst viele Arten fördern«, sagt Pützstück. Wenn sie eine Art entdecken, die besondere Anforderungen hat, werde man die Nahrungspflanzen oder die Niststrukturen anpassen. Auch die abgestorbenen Stängel von Pflanzen wie der Königskerze müssen wegen der Wildbienen nun mindestens drei Jahre stehen bleiben, selbst wenn mancher findet, das sehe unordentlich aus. Nach der Blüte im ersten Jahr stirbt die Pflanze ab. Im folgenden Jahr legen Wildbienen in den Stängeln ihre Nester an, deren Nachwuchs im Jahr darauf schlüpft.

Warum all dies Engagement für Wildbienen? »Wildbienen sind bessere Bestäuber als Honigbienen, weil sie den Pollen trocken sammeln, während Honigbienen ihn mit Nektar mischen, damit er besser an den Hinterbeinen festklebt«, so Pützstück. Außerdem sind Wildbienen weniger kälteempfindlich als Honigbienen, bestäuben also auch dann schon, wenn es den Honigbienen noch zu kalt ist. »Viele Mauerbienen und Hummeln fliegen schon bei niedrigen Temperaturen. Die Honigbiene ab 12 bis 14 Grad, Hummeln schon ab zwei Grad, Mauerbienen ab vier Grad, im frühen Frühjahr oder in schlechten Sommern fliegen die Wildbienen auch noch, wenn die Honigbienen nicht aus ihrem Stock herauskommen.« Die Obstbauern im Alten Land in Niedersachsen nutzen das schon jetzt. Sie importieren Hummeln, vor allem aus der Türkei, damit sie ihre Bäume befruchten. Pützstück hält davon wenig. »Die paaren sich mit unseren Hummeln und tragen zur Verfälschung unserer Fauna bei.« Hinzu kommt die Gefahr, dass neue Krankheitserreger auf diese Weise importiert werden.

Sind Wildbienen gefährlich?, will ich von dem Umweltwissenschaftler wissen. »Nein«, sagt er. »95 Prozent der Wildbienen leben solitär.« Zudem seien viele Arten nur wenige Millimeter groß, ihr Stachel könne gar nicht in unsere Haut eindringen. »Aus evolutionsgeschichtlicher Sicht sind sie auch gar nicht bestrebt, ihr Nest zu verteidigen. Honigbienen müssen die Königin und den Honigvorrat schützen, damit das Volk über den Winter kommt. Wildbienen hingegen leben solitär, also einzeln. Wenn sie Nesträuber angreifen würden, könnten sie ihr genetisches Potenzial nicht weitergeben.« Etwas anders ist es bei Hummeln. Sie zählen auch zu den Wildbienen und gehören zu den staatenbildenden Insekten. Sie verteidigen ihre Nester, aber vorher drohen sie. Pützstück: »Zuerst hebt sie das mittlere Bein hin zum Feind. Im zweiten Schritt legt sie sich auf den Rücken, brummt sehr laut und streckt den Stachel in Richtung Angreifer. Dann ist sie schon sehr gereizt. Drittens: Sie sticht.« Mit einer wütenden Hummel ist also nicht zu spaßen, und streicheln sollte man sie auch nicht, selbst wenn sie so schön pelzig aussehen.

Es wird höchste Zeit, dass auch die Landwirtschaft die Insekten als Freund und Helfer wiederentdeckt. Der britische Hummelforscher Dave Goulson verweist auf Studien, die zeigen, dass die Erträge beispielsweise von Raps sogar steigen, wenn keine Neonicotinoide eingesetzt werden.[15] Weil es dann nämlich mehr Bestäuber gibt. Der große amerikanische Insektenforscher Edward Wilson prophezeite schon vor 30 Jahren: »Wenn es keine Insekten mehr gibt, bezweifle ich, dass wir Menschen länger als ein paar Monate überleben würden.« Ohne Insekten gäbe es nicht nur keine Blumen mehr, sondern auch keine Früchte und Gemüse, kein Oliven- oder Rapsöl. Die wichtigsten Vitaminressourcen der Welt würden verschwinden. Josef Settele rät zu einem Gedankenexperiment. »Gehen Sie auf einen Markt und stellen Sie sich vor, alle Lebensmittel, die von Insekten bestäubt werden, gäbe es nicht mehr.« Für viele Vogelarten ist der Tisch schon jetzt leergeräumt. Wo die Insekten flächendeckend vergiftet werden, können sie ihre Jungen nicht großziehen. Schwalben beispielsweise verfüttern innerhalb von drei Wochen mehr als ein Kilo Insekten an eine Brut von vier bis sechs Jungen, Meisen verfüttern Tausende Raupen an ihre Jungen.[16]

Die Daten regelmäßiger Vogelzählungen in Deutschland

lassen Rückschlüsse zu auf die dramatischen Folgen des Insektenrückgangs für die Vogelwelt. Bei der großen Gruppe der Kleininsekten und Spinnen fressenden Vogelarten zeigt sich ein markanter Anstieg der Bestandsrückgänge zwischen 1985 und 2009, der sich im Lauf der Zeit sogar noch beschleunigte, so der Bericht »Vögel in Deutschland 2014«. Im Gesamtzeitraum nahm etwa ein Drittel dieser Vogelarten ab, ab 1998 war es sogar fast die Hälfte.[17] Hinzu kommt, dass Neonicotinoide je nach Wirkstoff und Bodentyp Halbwertszeiten von bis zu einem Jahr und mehr im Boden aufweisen. Wenn jedes Jahr oder alle zwei Jahre gebeiztes Saatgut ausgebracht wird, können sich die Wirkstoffe im Boden anreichern.[18]

Die EU-Kommission hat deshalb 2013 die Verwendung der drei neonicotinoidhaltigen Wirkstoffe Clothianidin und Imidacloprid (beide von Bayer) sowie Thiamethoxam (Syngenta) stark eingeschränkt. Das gilt auch für das Insektizid Fipronil (BASF). Doch der Kampf ist aus mehreren Gründen noch lange nicht gewonnen, denn die Unternehmen Bayer, Syngenta und BASF klagten dagegen vor dem Gericht der Europäischen Union. Im Februar 2017 wurde über den Fall verhandelt. An drei Verhandlungstagen standen sich die Industrie und die EU-Kommission, unterstützt von den deutschsprachigen Imkerverbänden und dem europäischen Imkerverband sowie der Umweltschutzorganisation Greenpeace und dem Pestizid-Aktions-Netzwerk (PAN), gegenüber. »Im Grunde geht es immer wieder um die Streitfrage: Darf ein Mittel, das erst erlaubt wurde, nachträglich verboten werden, geht Verbraucherschutz vor Investitionen und wirtschaftlichen Vorteilen?«, sagt Claudia Marxen vom Vorstand der Aurelia Stiftung, die die Seite der Imker vor Gericht betreut und unterstützt, in einem Telefonat. Was immer das Ergebnis des Verfahrens sein wird, sie ist sicher, dass es in die nächste Instanz vor den Europäischen Gerichtshof geht. »Wenn wir recht bekommen, werden die Konzerne klagen, wenn die Konzerne recht bekommen, werden wir klagen.« Inzwischen hat die EU-Kommission beschlossen, dass drei Stoffe im Freien nicht mehr ausgebracht werden dürfen. Andere Neonics sind weiter erlaubt und neue mit möglicherweise ähnlich bienenschädlicher Wirkung stehen vor der Zulassung.

Teilverbote bieten Schlupflöcher. Das zeigt eine kleine Anfrage der Grünen im Deutschen Bundestag. Sie ergab, dass der Absatz der Neonicotinoide Acetamiprid, Clothianidin, Imidacloprid, Thiacloprid und Thiamethoxam in den Jahren 2013 bis 2015 von 200 Tonnen sogar auf 203 Tonnen stieg. »Offensichtlich wird ein großer Teil der Wirkstoffe und Anwendungsbereiche von den Teilverboten nicht erfasst«, so die Begründung von Bündnis 90/Die Grünen. Im selben Zeitraum stieg auch die Anwendung von Fipronil: von 0,6 auf 0,7 Tonnen. Das Mittel wurde im Rahmen von Ausnahmegenehmigungen eingesetzt, die nach EU-Recht »angesichts einer anders nicht abzuwehrenden Gefahr« erlaubt sind.[19] Das Beispiel zeigt: Schlupflöcher sind gefährlich. Ihre Einhaltung muss kontrolliert werden. Das kostet Zeit und Geld und Personal, ist also kaum flächendeckend möglich. Wer die Insektenvielfalt schützen will, muss den Verkauf und die Anwendung der Mittel verbieten.

Bei allen Debatten um Artensterben und Landwirtschaft, um Pflanzenschutz und Monokultur kommt ein Thema viel zu selten zur Sprache: der Boden. Dabei steckt er voller Leben: Pilze, Bakterien, Insekten, Würmer sorgen alle zusammen dafür, dass Pflanzen wachsen und gedeihen. Die intensive Landwirtschaft ist dabei, auch ihnen den Garaus zu machen, mit möglicherweise besonders schlimmen Folgen.

AUGUST
Sensenleid

Die gelbe Wiesenplatterbse hat gerade angefangen richtig zu blühen, und der Rotklee wird regelmäßig von den kleinen braunen Hummeln besucht, die im Komposthaufen ihr Nest haben. Die nächsten Tage sollen heiß und trocken bleiben, ideales Sensenwetter. Sense und Dengelamboss gibt es noch. Auf ihm wird die Schneide mit kleinen Hammerschlägen vom Bart – dem breiten Teil – bis zur Spitze verdünnt und gehärtet. Den letzten Schliff erhält die Sense mit dem Wetzstein. Dann geht's los. »Das musst du so machen.« Mein Vater nimmt die Sense und zieht sie mit elegantem Schwung dicht über den Boden. Die Bewegung kommt aus der Hüfte. Nun bin ich dran, und uups, die Sense steckt im Dreck. Noch einmal, Bauchmuskeln angespannt, rein ins Gras und die Kräuter. Diesmal habe ich ein Stück Wiese flachgelegt. Der Rat des Experten lautet: »Noch mehr Schwung.« Dritter Versuch: Mit der Bewegung aus der Hüfte die Sense bis zum Schluss mit voller Kraft durchziehen. Geht schon besser. Das Gras sieht zwar wie gerupft aus, aber wer hat gesagt, Sensen sei einfach?

BODEN
Bedrohter Hotspot unter unseren Füßen

Den Berg-Ahorn im Garten haben wir vor 40 Jahren als Zwerg-Ahorn gepflanzt. Ein folgenschweres Missverständnis. Mittlerweile ragt seine Krone über das Haus hinaus, und er wächst immer noch. Ein Berg-Ahorn kann bis zu 35 Meter hoch werden. Wenn er im Mai/Juni blüht, summt und brummt es im ganzen Baum. Dann sammeln unsere Bienen auf den kleinen, gelbgrünen Blüten Pollen für ihre Brut. Ist der Baum verblüht, fallen tagelang Fruchtansätze herab. Die meisten landen auf einem Beet und werden sehr schnell zersetzt. Das Laub im Herbst hingegen verteilt der Baum weiträumig über Terrasse und Rasen. Experten haben berechnet, dass auf einen Hektar Wald vier Tonnen Laub fallen können. So viel schafft unser Ahorn nicht, aber 50 Schubkarren voll sind es bestimmt, und es werden jedes Jahr mehr.

Ich freue ich mich über das Laub und nutze es, um die Staudenbeete winterfest zu machen. Nach dem Jäten und Zurückschneiden kippe ich pro ein bis zwei Quadratmeter Garten eine Karre Laub auf das Beet. Das schützt die Pflanzen wie eine Wolldecke vor Kahlfrost und dient Vögeln, vor allem Amseln, als Futterquelle. Den ganzen Winter kann ich sie dabei beobachten, wie sie Tag für Tag die Blätter umdrehen und Jagd auf alles machen, was sich darunter versteckt hält. Dann plötzlich, im Frühjahr, sind die Blätter weg. Eine Armee von Lebewesen hat sie zernagt, verdaut und zu Kompost verarbeitet und damit zu neuen Nährstoffen.

Als Erstes besiedeln Pilze, Bakterien und Algen die abgefallenen Blätter und fangen an, Teile davon zu »verdauen«.

Beobachtet man den Prozess genauer, kann man sehen, wie sie zunächst die leicht zersetzbaren Teile eines Blattes auflösen, so dass manchmal das gesamte Netz von Blattadern samt kleinsten Verzweigungen wie perfekt präpariert zum Vorschein kommt. Schnecken, Asseln, Hundertfüßer, Schnaken- und Haarmückenlarven gehen ruppiger vor. Sie fressen Löcher und Fenster in die Blätter oder ganze Teile ab. Zehntausende Hornmilben, wegen ihrer kugeligen Form, die in einer harten Hülle steckt, auch Panzermilben genannt, machen sich über das vermodernde Laub her, fressen aber auch Algen, Bakterien und Pilze. Ähnliches gilt für Springschwänze, die ein wenig aussehen wie winzige Krabben und mit ihrer Sprunggabel am Schwanzende Saltos schlagen können, um sich bei Gefahr in Sicherheit zu bringen. Es ist also kein Wunder, wenn Amseln im Winter beim Umwenden der Blätter immer wieder einen neu gedeckten Tisch vorfinden. Es ist ein ständiges Fressen und Gefressenwerden, das sich im Boden vollzieht und das die Grundlage für seine Fruchtbarkeit bildet.[1]

Würmer: Schwerstarbeiter unter der Erde

»Der kackt«, sagt ein befreundeter Landwirt. Gerade hat er eine Schaufel Ackerboden zerteilt, in der etwas Rundes rosa und beigebraun schimmert: das Hinterteil eines Regenwurms, das nun im Zeitlupentempo im Boden verschwindet. Regenwürmer fressen Erde und verrottendes Pflanzenmaterial und verdauen alles, was darin enthalten ist: Bakterien, Pilzsporen, Pflanzenreste, manchmal auch Aas. Wenn im Herbst morgens aufgerollte Blätter senkrecht im Rasen oder zwischen Gehwegplatten stecken, dann waren das vermutlich tiefgrabende Tauwürmer. Nachts kommen sie heraus und suchen im Umkreis ihres Loches nach Blättern oder Pflanzenresten, die sie in ihre Röhren ziehen, um sie zu fressen. Deshalb sieht man im Wald oder auf Äckern manchmal ungleich verteilte Blätter oder Häufchen von Pflanzenresten. Ziemlich sicher ist dann: Darunter steckt ein Regenwurm. Wie sie diese Pflanzennahrung finden? Sehen können sie nicht, nur hell und dunkel unterscheiden. Also riechen?

Wie gut sie das können, testete Charles Darwin, der englische Naturforscher, im 19. Jahrhundert. Er kaute Tabak und atmete dann ruhig auf die Regenwürmer aus. Keine Reaktion. Er wiederholte das mit einem Wattebausch, den er mit Mille-Fleurs-Parfum benetzt hatte. Ebenfalls keine Reaktion. Platzierte er hingegen Zwiebeln oder Kohlblätter in der Nähe ihres Ganges, entdeckten die Würmer diese rasch und zogen sie in den Boden. Am liebsten fraßen sie übrigens rohes Fett und lieber frisches Fleisch als angefaultes. Also auch noch Feinschmecker.[2] Das Problem der Bodenlebewesen ist: Sie wecken wenig Sympathie. Keines von ihnen sieht so süß aus wie ein Pandabär, keines »lacht« so lustig wie ein Delfin, und kuscheln kann man mit ihnen auch nicht, aber sie sind die unsichtbaren Gärtner, denen die Böden ihre Fruchtbarkeit verdanken. Manche, wie die Fadenwürmer (Nematoden), haben sogar einen gewissen Ekelfaktor. Die dünnen, meist weißen Würmchen bilden nach den Insekten die artenreichste Tiergruppe auf der Erde. Manche befallen als Schädlinge Nutzpflanzen, die meisten Arten hingegen leisten im Boden unverzichtbare Dienste. Sie fressen die Ausscheidungen anderer Tiere, Aas, Algen, Pilzhyphen oder Bakterien.

Die Schwerstarbeiter unter der Erde – Regenwürmer – lockern verdichtete Böden wieder auf und sorgen dafür, dass er krümelig und gut durchlüftet ist, so dass Pflanzen gut darin wurzeln können. Sie verfrachten Pflanzenreste rasch unter die Erde und bauen pflanzliche Schadpilze innerhalb weniger Wochen zu nahezu 100 Prozent ab.[3] Sie vermischen Pflanzenrückstände und Bodenpartikel auf Mikroebene und damit feiner als jeder Pflug. 100 Regenwürmer pro Quadratmeter, was auf guten Böden keine Seltenheit ist, produzieren pro Jahr etwa zwei Kilo Losung, die angereichert ist mit wichtigen Pflanzennährstoffen wie Kalk, Magnesium, Stickstoff, Phosphor und Kali.[4] Dank der Regenwürmer sei »die Ackererde in beständiger, wenn schon langsamer Bewegung«, schrieb Charles Darwin in »Die Bildung der Ackererde durch die Thätigkeit der Würmer« 1881.[5] Tauwürmer graben bis zu drei Meter tiefe Wohnröhren, die sie mit Schleim und Exkrementen stabilisieren, damit sie darin schnell auf- und absteigen können. Auf gut mit Regenwürmern besiedelten Böden können Hunderte solcher Löcher auf einem Quadratmeter vorhanden sein, in denen das Wasser bei Regenfällen wie in einem Schwamm versickern kann. Doch der Artenrückgang hat auch die Regenwürmer in unserem Land erfasst. »Zwei der 47 Regenwurmarten gelten als im Bestand gefährdet, 14 Arten sind aufgrund extremer Seltenheit gegenüber Bedrohungen, wie Versiegelung, intensiver Landwirtschaft oder globalem Klimawandel, besonders anfällig, und bei drei Arten war ein negativer langfristiger Trend zu beobachten«, berichtet das Forschungsinstitut Senckenberg.[6]

Der Boden-Lobbyist

Wissenschaftler haben die Lebewesen im Boden gezählt und festgestellt, dass die Biodiversität nirgendwo auf der Welt größer ist als unter der Erde. In nur einer Handvoll Erde können mehr Organismen leben als Menschen auf der Welt. Die scheinbar leblose Masse, die Pflanzen Halt gibt und Nährstoffe zur Verfügung stellt, ist in Wahrheit ein Hotspot, von dem keiner so genau weiß, wie sich Giftduschen aus Pflanzenschutzmitteln darauf auswirken. In nur einem Hektar Grünlandboden kann sich die Biomasse von 2000 Schafen befinden. Oberirdisch ernähren würde dieser Hektar hingegen nur zehn Schafe.[7] Um mehr darüber zu erfahren, fahre ich nach Berlin zu Deutschlands oberstem Boden-Lobbyisten. Professor Berndt-Michael Wilke ist Präsident des Bundesverbands Boden e.V., in dem sich für den Bodenschutz engagierte Fachleute zusammengefunden haben. Berndt-Michael Wilke ist ein freundlicher älterer Herr mit einem Büro am verkehrsumtosten Ernst-Reuter-Platz. Die Eingangshalle des Instituts für Ökologie der Technischen Universität Berlin ist kahl, karg und gähnend leer, bis auf ein wandhohes Kunstwerk gegenüber dem Eingang. Eine Farbkomposition, wie sie der Maler und Bildhauer Anselm Kiefer geschaffen haben könnte: unten gebrannte Siena, nach oben in dunkle Umbra verlaufend, die letzten Zentimeter fast schwarz. Beim näheren Betrachten zeichnet sich ein sandfarbener Keil ab, oben drängen einige dunkle Steine aus der ansonsten glatten Oberfläche. Wer das Werk geschaffen hat, ist nicht ersichtlich. Es steht kein Name dabei. Die Erklärung folgt acht Stockwerke höher in Wilkes Büro: »Es handelt sich um ein Bodenprofil, einen senkrechten Schnitt von der Erdoberfläche in einen Bodenkörper.« Der Bodenkundler kann darin lesen wie in einem Buch. Dank Wilkes Erklärungen wird das Bodenprofil zu einer Zeitreise. Sie beginnt vor 20 000 Jahren mit der letzten Eiszeit, als Berlin noch von einem fernsehturmhohen Gletscher bedeckt war, folgt dem langsamen Rückzug des Eises und erreicht mit der Rückkehr der Vegetation die Gegenwart.

Gestochen wurde das Bodenprofil in den 1960er Jahren in Rudow, im Berliner Südwesten. Wilkes Zeitreise beginnt bei den oberen fast schwarzen 20 Zentimetern. Das ist die nach der Eiszeit entstandene humose Bodenschicht. Bodenkundler nennen sie A-Horizont. Sie versorgt die Pflanzen mit Nährstoffen. Die Schichten darunter sehen aus wie abgekippt von einem Radlader. Diese »Bodenhorizonte« entstanden aus der Verwitterung einer Mischung von Sand, Gesteinen und Kalk, die der Gletscher während der Weichseleiszeit vor 20 000 Jahren im Berliner Südwesten abgelagert hat. Dann kommt er zum spannendsten Teil des Bodenprofils, dem mehr als einen Meter langen keilförmigen Riss fast in der Mitte des Bildes: ein ehemaliger Eiskeil, eine eisgefüllte Spalte im Boden, die sich nach dem Auftauen mit Sand gefüllt hat. Wilke kennt seine Geschichte: »Eiskeile sind Relikte der Eiszeit und weisen uns darauf hin, dass in dieser Region bis vor etwa 12 000 Jahren ein arktisches bis subarktisches Klima vorherrschte.« So wird ein Stück Boden zum Archiv einer längst verflossenen Zeit.

Böden sind die Grundlage unserer Ernährung. Ohne sie würden wir verhungern. Aber sie haben keine Lobby. Sie sind nicht hübsch anzusehen wie eine blühende Wiese. Sie bilden keine dramatischen Zacken wie ein Gebirge. Meistens sieht man sie nicht einmal, weil sie unter einer Pflanzenschicht verborgen sind oder durch Haus- und Straßenbau zerstört wurden. »Normalbürger haben mit Böden nichts zu tun. Wenn die Luft verschmutzt ist, riecht man es. Wenn das Wasser verschmutzt ist, schmeckt oder sieht man es. Wenn mit dem Boden etwas nicht stimmt, merkt man lange nichts«, sagt Wilke. Vermutlich deshalb geht unsere Gesellschaft recht sorglos mit ihm um.

Seit dem Besuch bei Berndt-Michael Wilke betrachte ich Böden mit anderen Augen und stelle fest, wie dünn die fruchtbare Schicht Humus ist, die sich am Rand einer Baugrube abzeichnet. Vor allem ein Satz hat sich mir eingeprägt: »Böden sind nicht vermehrbar.« Wilke greift ins Regal hinter seinem Schreibtisch und holt ein Buch hervor. »Lehrbuch der Bodenkunde« heißt es oder kurz Scheffer/Schachtschnabel. Die beiden namensgebenden Autoren, Fritz Scheffer und Paul Otto Schachtschnabel, sind schon viele Jahre tot. Ihr Werk lebt als »Bibel der Bodenkundler« weiter, auch weil Wissenschaftler wie Berndt-Michael Wilke es ständig auf dem neuesten Stand halten. Wilke schlägt das Buch auf und zitiert: »Böden gehören zu den kostbarsten und damit schützenswürdigsten

Gütern der Menschheit.« Er blättert weiter, zitiert noch mal: »Böden sind der belebte oberste Teil der oberen Erdkruste. Sie bieten eine Mächtigkeit von wenigen Zentimetern bis zu mehreren Zehnermetern bei einer Dicke der Erdkruste von 5 bis 40 Kilometern ...«[8]

Aber wenn Böden nicht vermehrbar sind, wie sind sie dann entstanden? Und: Ist der Kompost in meinem Garten Boden? »Nein«, sagt der Professor. »Kompost ist kein Boden, sondern eine organische Substanz.« Die könne ich in den Boden einarbeiten und ihm so etwas Gutes tun. Boden hingegen entstehe aus verwitterndem Gestein. »Davon gibt es drei Arten«, so Wilke, »wenn man die vierte – nämlich Meteoriten – wegen ihrer geringen Masse nicht einrechnet.« Er zählt auf: »Erstens Magmatite, die vulkanischen Ursprungs sind. Zweitens Metamorphite, die entstehen, wenn ältere Gesteine egal welcher Art und Zusammensetzung durch Hitze und Druck im Erdinnern zusammengepresst werden.« Als Drittes nennt er Sedimentgesteine, die sich aus verwittertem und zerkleinertem Gestein bilden und fest zusammengepresst worden sind.

Damit aus dem Gestein Boden wird, muss es zersetzt werden. Das geschieht an der Erdoberfläche. Als Erste siedeln sich Moose und Flechten an, die in das Gestein eindringen. Sie geben Säuren ab und fangen an, den Stein aufzulösen. Andere Pflanzen folgen, Pilze und Bakterien, die das Zerstörungswerk fortsetzen. Wasser dringt ein, im Winter Frost. Der Stein verwittert mehr und mehr, Mineralien werden freigesetzt, Pflanzenwurzeln nutzen kleine Ritzen und Poren, lösen das Gestein weiter auf, sterben ab, es bildet sich Humus. Dieser mühsame Zersetzungsprozess dauert unterschiedlich lange. »Am extremsten ist das beim Kalkstein. Er besteht zu mindestens 96 Prozent aus Kalk, der muss erst mal mit Säure aufgelöst werden. Es dauert mindestens 100 Jahre, bis ein Zentimeter Boden entsteht«, erklärt Wilke.

Die fruchtbaren Böden Mitteleuropas sind nach den letzten Eiszeiten entstanden. Sie sind die Jungspunde unter den Böden: zwischen 5000 und 150 000 Jahren alt, meist mineralstoff- und humusreich und deshalb fruchtbar. Das hat auch mit unserem Klima zu tun. Im Winter stirbt ein Teil der Biomasse ab und sorgt für neue Humusbildung. Alte Böden hingegen findet man vor allem in den Tropen. Sie sind mit einem Alter von 70 bis 80 Millionen Jahren wahre Methusalems. Ihre Mineralstoffe wurden im Laufe der Jahrmillionen in die Flüsse und ins Meer geschwemmt. »Deshalb ist das Meer so salzig. Die ganzen Salze aus den Böden haben sich im Meer angereichert«, sagt Wilke. Dass die Tropen uns trotzdem als extrem fruchtbar erscheinen, liegt daran, dass sich die Nährstoffe wegen des warmen Klimas in einem ständigen Kreislauf befinden. Alle Blätter, Äste, Stämme, Früchte und toten Tiere werden sofort zersetzt und wieder in den Kreislauf neuen Lebens aufgenommen.

Gift und Gülle für den Boden

Der Boden als kostbares Gut ist eine relativ neue Erkenntnis. Gesetzlich hatte er keinen eigenen Schutzstatus, bis im März 1998 nach zehnjähriger Diskussion der Bundestag das Bundes-Bodenschutzgesetz erließ. Sein Untertitel »Gesetz zum Schutz vor schädlichen Bodenveränderungen und zur Sanierung von Altlasten« zeigt das wesentliche Motiv der Gesetzgeber: nachsorgender Bodenschutz. Das war vor allem eine Reaktion auf die Debatten der Jahrzehnte zuvor. DDT, Blei und andere Schwermetalle in Böden und Gewässern hatten die Öffentlichkeit alarmiert. Das Bundes-Bodenschutzgesetz von 1998 legte zum ersten Mal bundesweit Prüf-, Mess- und Grenzwerte für Schwermetalle und Polychlorierte Biphenyle, also krebsauslösende organische Chlorverbindungen (PCB), fest.⁹ So gesehen war das Gesetz ein Meilenstein. Um die begrenzte Ressource Boden für die Zukunft ausreichend zu schützen, reicht es bei Weitem nicht aus.

Auch die Landwirtschaft wird in diesem Gesetz erwähnt. In §4 heißt es: »Jeder, der auf den Boden einwirkt, hat sich so zu verhalten, dass schädliche Bodenveränderungen nicht hervorgerufen werden.« Was das bedeutet, wird in den Grundsätzen der »guten fachlichen Praxis der landwirtschaftlichen Bodennutzung« des Bundes-Bodenschutzgesetzes näher beschrieben. Die Landwirtschaft soll beispielsweise die »Bodenfruchtbarkeit und Leistungsfähigkeit des Bodens« nachhaltig sichern und Bodenverdichtungen »soweit wie möglich« vermeiden. Sogar Bodenerosion ist ein Thema. Ausdrücklich heißt es, dass »Bodenabträge durch eine standortangepasste Nutzung, insbesondere durch Berücksichtigung der Hangneigung, der Wasser- und Windverhältnisse sowie der Bodenbedeckung, möglichst vermieden werden«.[10] Das klingt vorbildlich, aber Formulierungen wie »möglichst« oder »soweit wie möglich« lassen ahnen, worum es sich in Wirklichkeit handelt, um einen Gummiparagrafen, dessen wohlklingende Formulierungen große Freiräume für die Landwirtschaft lassen. Sanktionen sind übrigens nicht vorgesehen.

Als im Juni 2016 in Bayern und Baden-Württemberg bei Dauerregen tonnenweise Erde abgeschwemmt wurde, als unterhalb von Maisäckern Straßen so verschlammt waren, dass sie nicht mehr passierbar waren, war für Umweltschützer klar, wer die Schuld an diesem Desaster trug. »Niederbayern ist nicht zuletzt auch deshalb so massiv von den Starkregenfällen betroffen, weil die hauptsächlich betroffene Region ein Zentrum des Maisanbaus in Bayern ist. Schon seit vielen Jahren sind in der Region zwischen Landshut und Passau bei Starkregen die höchsten Bodenabträge zu verzeichnen«, wetterte der BUND-Vorsitzende Hubert Weiger.[11] Darin ist er sich mit der Bayerischen Landesanstalt für Landwirtschaft einig, die schon in den Jahren zuvor gewarnt hat: »Die mit Abstand meisten Erosionsschäden gehen auf Maisanbau in Hanglagen zurück.«[12] Die Landwirte hingegen waschen ihre Hände in Unschuld. Der Bayerische Bauernverband wies eine solche Kritik am Maisanbau umgehend als »Pauschalverurteilung« strikt zurück. Die bayerischen Landwirte erhielten für die Flutschäden eine Entschädigung.[13]

Strafzahlungen fallen auch dann nicht an, wenn Tausende oder Zehntausende Amphibien und Insekten sterben, weil Pestizide und Insektizide von Äckern in Gewässer geschwemmt werden. Über einen besonders krassen Fall, der sich in der Nähe des Brandenburger Dorfs Stabeshöhe in der Uckermark zugetragen hatte, berichtete 2012 die *Berliner Zeitung*. »Wir hatten massenhaft Schmetterlinge, die plötzlich weg waren«, erzählte eine Anwohnerin der Zeitung.[14] Die Frösche verstummten. Bienenvölker gingen ein. Die Anwohner ließen Proben aus einem Feldsoll entnehmen und analysieren. Solche von Büschen und Bäumen umstandenen Wasserlöcher gibt es in Brandenburg und Mecklenburg-Vorpommern noch zahlreich. Die nahezu kreisrunden, etwa 100 Meter im Durchmesser großen Wasserlöcher sind Relikte der letzten Eiszeit und wichtige Refugien für die Tier- und Pflanzenwelt in einer sonst weitgehend ausgeräumten Landschaft.

Die Anwohner ließen das Wasser analysieren. Ergebnis: Es wurden zehn verschiedene Pestizide in sehr hohen Konzentrationen bis zum 120-Fachen des Grenzwertes für das Grundwasser gefunden. Aber wie waren sie in das Gewässer gelangt? Die Gegend um Stabeshöhe ist hügelig, die Äcker haben ein bis zu 20-prozentiges Gefälle in Richtung Soll, und es wurde vier Jahre in Folge Mais angebaut. »Bei so einer Geländestruktur kommt es bei Regen – und nicht nur bei Starkregen – immer zu Rinnsalen mit kleinen Pfützen und Wasserlachen, deren Inhalt sich flächig oder in Erosionsrinnen in den Senken sammelt.« So nachzulesen im Gutachten über die »Ökotoxikologische Belastung durch Pestizideinsatz in einem Maisacker bei Stabeshöhe« vom November 2011. In den Erosionsrinnen würden sich die Herbizide anreichern, umso mehr als bei Maisäckern über mehrere Wochen ein großer Teil des Bodens ohne Pflanzendecke bleibe, heißt es weiter in dem Gutachten. »Es ist deshalb nicht verwunderlich, dass es im Soll von Stabeshöhe zur Überschreitung der Grenzwerte und einer damit verbundenen Schädigung der Wasserorganismen gekommen ist«, schreibt die Toxikologin Anita Schwaier.[15] Das Soll wurde zum Giftsammler und zur Todesfalle. Das alles geschah zudem in einem FFH-Gebiet, in dem die stark gefährdeten Rotbauchunken leben und erhalten werden sollen.

Der Fall beschäftigte auch den brandenburgischen Landtag. In einer Kleinen Anfrage forderte die Fraktion Bündnis 90/Die Grünen die Landesregierung dazu auf, ebenfalls das Wasser des Solls zu untersuchen. Die Antwort bestätigte die Ergebnisse des ersten Gutachtens. Bei sechs der acht in der Wasserprobe festgestellten Wirkstoffkonzentrationen wurden die Grenzwerte für Trinkwasser überschritten. »Die höchste Konzentration wurde für den Wirkstoff Terbuthylazin mit einem Wert von 11,76 µg/l gemessen. Die für diesen Wirkstoff festgestellte Konzentration überschreitet den Grenzwert für Trinkwasser um das 117-Fache«, heißt es in der Antwort. Terbuthylazin ist ein Herbizid, das unter anderem im Maisanbau verwendet wird. In den Proben, die die Landesregierung hat nehmen lassen, wurden auch Rückstände von Simazin gefunden, das in Deutschland seit 1998 verboten ist. Eine Erklärung dafür lieferte die Landesregierung nicht.

Die Abgeordneten wollten zudem wissen, inwieweit die »dort praktizierte landwirtschaftliche Praxis ohne das Einhalten einer Fruchtfolge und mit derart hohen Pestizideinträgen mit der guten fachlichen Praxis für die Landwirtschaft« vereinbar sei, wie sie beispielsweise das Bundes-Bodenschutzgesetz vorgibt. Die Antwort der Landesregierung lohnt sich im Ganzen zitiert zu werden. »Ein Verstoß gegen die Anwendungsbestimmungen von Pflanzenschutzmitteln liegt im Ergebnis der Prüfung des Pflanzenschutzdienstes nicht vor. Trotzdem ist es zu der Belastung des Solls gekommen, nach jetzigem Kenntnisstand auf Grund der extremen Niederschlagsereignisse des Sommers.« Wenn etwas schiefläuft, sind andere schuld: der Regen, das Klima, unvorhersehbare Wetterereignisse. Konsequenzen gab es dennoch. Der Landwirt erhielt konkrete Auflagen. Er musste im Herbst 2011 einen zusätzlichen zehn Meter breiten Grasstreifen um das Soll einsäen. Der Grasstreifen darf nicht mehr mit schwerer Technik befahren werden, ausgenommen bei »unmittelbaren Pflegemaßnahmen (z. B. Mahd oder Mulchen)«. Zudem musste der Landwirt einen neun Meter breiten Grasstreifen einsäen, wo sich eine Erosionsrinne befand, »wahrscheinlich Haupteintragspfad« für die Pflanzenschutzmittel.[16] Bei guter landwirtschaftlicher Praxis hätte eine solche Erosionsrinne allerdings gar nicht erst entstehen dürfen. Bis wann sich das Soll von den Gifteinträgen erholt hat und welche Tiere es dann schaffen, ihn wieder zu besiedeln, steht auf einem anderen Blatt.

»Black Box« Boden

Wie wirken sich solche für Wirbeltiere und Insekten tödlichen Giftgaben auf die Milliarden von Lebewesen und ihr komplexes Zusammenleben im Boden aus? Das will ich von Professor Wilke wissen. Ein heikles Thema, wie sich herausstellt. Bisher habe man die Wirkung von Pflanzenschutzmitteln nur auf wenige Bodenorganismen untersucht, sagt er. Bei den Regenwürmern dient dazu der Kompostwurm, *Eisenia foetida*. *Foetida* bedeutet »stinkend«, denn die vier bis zwölf Zentimeter langen rötlichen Würmer kommen auch in Misthaufen vor. Sie ernähren sich mit Vorliebe von verrottetem Pflanzenmaterial.

Seinen Namen erhielt der Kompost- oder Mistwurm zu Ehren des schwedischen Naturforschers Gustaf Eisen. Die Würmer lassen sich das ganze Jahr über im Labor vermehren, eignen sich also gut für Tests von Pflanzenschutzmitteln. Ganz anders der Tauwurm: Er paart sich einmal im Jahr, produziert gerade mal fünf bis zehn Kokons mit jeweils einem Ei, aus dem nach etwa 100 Tagen der junge Regenwurm schlüpft.

Wilke nennt noch eine weitere Möglichkeit, die Wirkung von toxischen Substanzen auf Bodenlebewesen und Mikroorganismen festzustellen: die Messung der sogenannten Bodenatmung. Die meisten Organismen im Boden nehmen, wie Menschen auch, Sauerstoff auf und geben Kohlendioxyd ab. Also prüft man, wann sich die Bodenatmung wieder auf dem gleichen Stand wie vor der Anwendung der Pflanzenschutzmittel befindet. Das hat man der Natur abgeschaut. »Bei längerem Frost oder Trockenheit kann die Bodenatmung zeitweise auch für 90 Tage aus dem Gleichgewicht sein. Atmet der Boden nach 90 Tagen wie zuvor, wird davon ausgegangen, dass die Bodenlebewesen sich wieder erholt haben.« Die Sache habe allerdings einen Haken, so Wilke: Wer da atmet, ob die Zusammensetzung der Bodenorganismen die gleiche ist wie zuvor, ob welche abgestorben sind und andere sich stattdessen vermehrt haben, ob sich nach wiederholten Giftgaben Resistenzen bilden, all das bleibe offen.

Anruf beim Umweltbundesamt. Es prüft bei der Zulassung von Pflanzenschutzmitteln Auswirkungen auf die Umwelt und das Grundwasser. »Im Bodenbereich gibt es extreme Wissensdefizite, was die Zusammenhänge zwischen Pflanzenschutzmitteln und Auswirkungen auf Ökosystemdienstleistungen im Boden angeht«, gibt Steffen Matezki zu, zuständig für Pflanzenschutzmittel und Ökotoxikologie. Wenn wir also die Bodennutzung und die Bodenfunktion nachhaltig erhalten wollen, müssen wir auch dafür sorgen, dass die Biodiversität im Boden erhalten bleibt.

Das wird höchste Zeit, denn offensichtlich ist es nicht egal, wer im Boden lebt, frisst und stirbt. Neuere Untersuchungen legen nahe, dass die Zusammenhänge weitaus komplexer sind als bisher bekannt. Pflanzen arbeiten mit Bodenorganismen zusammen, um sich gegen Krankheitserreger zu verteidigen. Wie sie das schaffen, entdeckten Forscher vom Max-Planck-Institut für Chemische Ökologie in Jena eher zufällig bei Feldversuchen in Utah (USA). Dort wird Wilder Tabak oder Kojotentabak angebaut, um zu untersuchen, wie die Pflanzen sich gegen Fressfeinde wehren. Nach einigen Jahren verwelkten immer mehr Pflanzen über Nacht und starben an Wurzelfäule. Ein Pilz hatte sie dahingerafft. Der befiel zudem vorzugsweise Pflanzen, die unter sterilen Bedingungen im Labor vorgezogen worden waren. Das brachte die Forscher auf die richtige Spur. Sie untersuchten gesunde Pflanzen und fanden eine Reihe von unterschiedlichen Bakterienstämmen, die ihnen die Pilze vom Leib halten. Und noch etwas stellten die Forscher fest: Die Bakterienstämme sind nur gemeinsam stark. Einer allein oder zwei konnten die Tabakpflanzen nicht schützen.[17]

Untersuchungen wie diese sind erst der Anfang. Auf mikrobieller Ebene ist der Boden eine »Black Box«. Welche Bodenorganismen haben welche Aufgaben? Was bewirkt es länger- und langfristig, wenn einzelne Arten wegfallen? Können andere deren Funktion übernehmen? Wie reagieren sie auf Gifte oder die Kombination von Giften, selbst wenn die Dosis nur gering ist? Was passiert, wenn sich das Klima weiter ändert? Sind Böden mit einer verarmten Biodiversität im Stande, darauf zu reagieren? Erste Erkenntnisse gibt es. Forscher der Schwedischen Universität für Agrarwissenschaften wiesen 2008 nach, dass Unkrautvernichtungsmittel mit dem Wirkstoff Glyphosat und Pilzmittel wie Captan die bakterielle Zusammensetzung von Süßwassersedimenten signifikant verändern.[18] Der Wirkstoff, Pendimethalin, ebenfalls ein Pestizid, wirkt schädigend auf Springschwänze, Regenwürmer und Asseln, wie das Pestizid-Netzwerk PAN unter Berufung auf eine amerikanische Studie berichtet.[19] Fungizide, die eigentlich Pilzinfektionen bei Pflanzen bekämpfen sollten, können ab einer bestimmen Dosis auch andere Bodenorganismen töten. Benomyl, ein Fungizid, schädigt Regenwürmer und ist inzwischen verboten. Wie giftig die Mittel auf Nicht-Ziel-Organismen wirken, kann sogar vom Wetter abhängen. Das haben Forscher am Beispiel von Springschwänzen nachgewiesen. Ist es heiß und trocken, zeugen die kleinen Nützlinge im Boden weniger Nachkommen. Das ist eine natürliche Entwicklung. Befinden sich zusätzlich Fungizide im Boden, wird die Situation für die kleinen Tierchen kritisch. »Eine besonders geringe Bodenfeuchte und hohe Umgebungstemperaturen führen dazu, dass der toxische Schwellenwert bei dem von uns untersuchten Fungizid Pyrimethanil signifikant niedriger ist«, so die Wissenschaftlerin Cornelia Bandow.[20] Man kann es auch anders sagen: Trockenheit steigert die Giftwirkung des Fungizids für Springschwänze.

Beispiele wie diese zeigen: Pflanzenschutzmittel haben im Boden nichts zu suchen. Wir wissen noch viel zu wenig, wie sie auf Bodenorganismen wirken. Die meisten von ihnen kennen wir noch nicht einmal. Als Forscher 2014 den Boden des Central Park untersuchten, fanden sie mitten in der Großstadt mehr als 150 000 verschiedene Organismen, 90 Prozent davon waren bis dahin unbekannt.[21] Die Vermutung liegt nahe, dass gerade diese Vielfalt die Fruchtbarkeit der Böden herstellt und erhält. Sie sind wie eine Lebensversicherung der Menschheit. Es kann sein, dass Landwirtschaft und chemische Industrie gerade dabei sind, diese Lebensversicherung zu kündigen. Das wäre dann ein Sargnagel für das Leben auf dieser Erde, wie wir es heute kennen.

AUGUST
Ab ins Heu

Beim Sensen ist mir ein kleiner Grasfrosch begegnet. Er wohnt auf meiner kleinen Wiese. Mit einem Motormäher hätte ich ihm den Garaus gemacht. Mit der Sense nicht. Wegen der habe ich Muskelkater. Wie anstrengend es gewesen sein muss, den ganzen Tag von Hand zu mähen, mag ich mir gar nicht vorstellen. Der kleine Grasfrosch muss sich nun im Heu verstecken, das ich jeden Tag wende, damit es trocknet und die Saat ausfallen kann. Eine Nachbarin will das Heu für ihre Kaninchen haben. Sonst käme es auf den Kompost, denn auf der Fläche liegen bleiben darf es nicht. Die Fläche soll »aushagern«, das heißt, ihr soll der Überschuss an Nährstoffen entzogen werden, damit die Blütenpflanzen und weniger starkwüchsigen Gräser eine Chance haben. Nach fünf Tagen ist das Heu trocken und zum Abholen bereit. Die kleine Wiese sieht ziemlich gerupft aus, aber nach ein paar Regengüssen wird sie sich erholt haben. Ich bin neugierig, wie sie im nächsten Jahr aussehen wird, wenn die »Kaltkeimer« wachsen, die den Frost als Impulsgeber brauchen. Es bleibt also spannend.

AUSWIRKUNGEN AUF DEN MENSCHEN
Gefährlich für die Gesundheit

Die Natur wird zur Latrine

Es klingt merkwürdig, aber es ist wahr: Wenn im Februar Tauwetter einsetzte und der Westwind den Geruch tierischer Exkremente herüberwehte, wusste ich: Der Frühling naht. Denn das ist die Zeit, in der die Landwirte wieder Gülle ausbringen dürfen, die sich den Winter über auf ihren Höfen angesammelt hat. Neuerdings denke ich bei der Güllenote in der Luft nicht mehr an Schneeglöckchen, Krokusse und längere Tage. Anders als früher würde ich heute die Route einer Fahrradtour ändern, wenn sich herausstellt, dass sie entlang eines frisch gegüllten Ackers führt. Denn das, was da herüberweht, stinkt nicht nur und schadet der Umwelt, es ist auch gefährlich für die Gesundheit.

»Ach, du Sch…!« Doppelt passend begann die Meldung im Lokalteil einer Zeitung über einen Unfall in einer Kleinstadt in Niedersachsen. Was war passiert? Mitten im Ort hatte ein Güllelaster ein Haus gerammt und mit mehr als 20 000 Litern Exkrementen Zimmer, Keller und Straße geflutet. Die Zeitung warnte vor Krankheiten und Infektionsrisiken. Solche Unfälle mit Güllewagen auf Deutschlands Straßen sind keine Seltenheit. Millionen Liter Jauche und Gülle landen jährlich in Straßengräben, Bächen, Seen, auf Straßen oder, wie in diesem besonders ekligen Fall, in einem Wohnhaus. Eine Brühe, die gewaltig stinkt und in den Gewässern, die sie verschmutzt, alles Leben tötet. Die Zahl solcher Unfälle steigt, seit immer mehr mit Exkrementen aus der Massentierhaltung beladene Fahrzeuge auf unseren Straßen unterwegs sind und zunehmend weitere Wege zurücklegen müssen, um ihre stinkende Fracht überhaupt noch loszuwerden. Inzwischen sind es 30 Millionen Tonnen Exkremente, die jährlich in Deutschlands Ställen anfallen. Umgerechnet auf voll beladene Gülle-LKWs, würden die Fahrzeuge von Berlin bis Peking und zurück Stoßstange an Stoßstange stehen.[1]

Die Ladung der Güllewagen stammt vor allem aus Schweine- und Rindermastbetrieben. Werden sie in der Landschaft verteilt, verwandeln sich Deutschlands Wiesen, Weiden und Äcker in eine gigantische Kloake. Was bei den über 80 Millionen Menschen im Land sorgsam in Kläranlagen gesammelt und gereinigt wird, geht bei den 12,6 Millionen Rindern, 27 Millionen Schweinen und 160,7 Millionen Hühnern, davon 97,1 Millionen Masthühner und 47,9 Millionen Legehennen,[2] direkt oder über den Umweg einer Biogasanlage aufs Feld, verschmutzt das Grundwasser, verpestet die Luft und schadet dem Klima. Umweltverbände mahnen diese Sauerei seit Jahren an. Die EU-Kommission hat Deutschland wegen zu hoher Nitratwerte im Grundwasser verklagt. Wasserversorger kündigen steigende Trinkwasserpreise an, weil es immer aufwendiger wird, sauberes Trinkwasser zu liefern.

Ein Teil der tierischen Exkremente wird in Biogasanlagen verarbeitet. Doch die »grüne Energie« ist, so scheint es, unsicher und unfallträchtig. Im Landkreis Börde in Sachsen-Anhalt platzt am Neujahrsmorgen 2016 ein Biogasbehälter. 1500 Kubikmeter Gülle, Kuhmist und Pflanzenreste ergießen sich auf angrenzende Wiesen. Im Eifelkreis laufen im April 2016 aus dem Lagerbehälter einer Biogasanlage rund 500 000 Liter flüssige Gärreste aus, 50 000 Liter davon auf Felder und in einen Bach. Mal fliegt bei Schweißarbeiten das Dach eines Biogasmeilers in die Luft, ein anderes Mal geht eine Anlage in einem Feuerball auf. In Bayern ergab 2014 eine Untersuchung von 2360 Biogasanlagen der Landesanstalt für Landwirtschaft, dass sich in den zehn Jahren zuvor in 657 Anlagen Störfälle ereignet hatten, die nahe liegende Bäche oder das Grundwasser verschmutzten. Innerhalb von zehn Jahren waren demzufolge mehr als ein Viertel aller Biogasanlagen Bayerns in zum Teil dramatische Störfälle verwickelt. 2015 kontrollierte die Gewerbeaufsicht in Baden-Württemberg 85 Prozent aller Biogasanlagen und stellte bei jeder zweiten Anlage Mängel fest. In Schleswig-Holstein wurden 2017 50 von 450 Anlagen unter die Lupe genommen, nur zwölf waren »nahezu mangelfrei«.[3]

Stellen wir uns einen Bauern M. vor. Nehmen wir an, M. kommt aus der Tiermast-Hochburg um Cloppenburg in Niedersachsen und züchtet Schweine. Er könnte auch aus Nordrhein-Westfalen stammen, aus Sachsen-Anhalt oder Brandenburg. Er könnte auch Rinder züchten, Hühner mästen oder Puten. Immer wäre er Teil eines Kreislaufs, bei dem er verdient und die Allgemeinheit die Folgen in Form von Umweltschäden tragen muss. Früher konnte ein Bauer nur so viel Vieh ernähren, wie seine Felder hergaben. Heute kauft Bauer M. energiereiches Futter dazu, damit seine Tiere schnell Fleisch ansetzen. Das Futter erhält er im Landhandel, der vom Saatgut bis zu Pflanzenschutzmitteln so ziemlich alles liefert, was ein landwirtschaftlicher Betrieb benötigt. Das Futter ist exakt auf die Bedürfnisse seiner Tiere zugeschnitten. Die Gülle und den Mist muss Schweinezüchter M. wieder loswerden. Noch hat er damit keine Probleme. Mit den Gärresten füttert er seine Biogasanlage, und mit dem Substrat aus der Anlage düngt er den Mais auf seinen Äckern.

Der Betrieb der Anlage ist ein guter Zuverdienst für den Land- beziehungsweise Energiewirt. Weil er darin Gülle verarbeitet, um Biogas zu erzeugen, erhält er dafür sogar einen Bonus aus Steuermitteln. Deshalb konzentrieren sich Biogasanlagen zunehmend in Regionen mit Tierhaltung. M. fühlt sich dadurch ein wenig als Umweltschützer. Schließlich soll sein Biogas dabei mithelfen, die Energiewende, also den Ausstieg aus der Atomenergie, zu schaffen. Doch Umwandlung von Gülle zu Biogas hat eine Kehrseite, die M. nicht wahrhaben will. Die Gärreste aus der Gülle sorgen nämlich für eine zusätzliche Belastung des Grundwassers. Der Bodenexperte Berndt-Michael Wilke erklärt das so: »In der Gülle liegen nur organische Stickstoffverbindungen wie zum Beispiel Eiweiße vor. Wird Gülle auf Böden ausgebracht, werden die organischen Stickstoffverbindungen durch Bakterien zuerst in Ammonium und anschließend in Nitrat umgewandelt. Das Nitrat wird, wenn die Pflanzen es nicht aufnehmen, in Böden und mit dem Sickerwasser ins Grundwasser verlagert.« Die Biogasanlage nimmt einen Teil der Prozesse vorweg, die sonst im Boden stattfinden, so dass die Gefahr für das Grundwasser weiter steigt.

2017 hat die Bundesregierung das Düngegesetz auf Druck der EU geändert. Ab 2018 müssen landwirtschaftliche Großbetriebe nachweisen, welche Mengen an Gülle oder Mist sie auf ihren Feldern ausbringen. Doch die Betriebsgrößen sind so gefasst, dass mehr als 90 Prozent der Betriebe davon bis 2023 nicht betroffen sind. Auch Bauer M. kann so weitermachen wie bisher, obwohl das Grundwasser in seiner Region schon jetzt stark mit Nitrat belastet ist.[4]

Klimawandel und intensive Landwirtschaft

Wenn wegen tagelangen Dauerregens der Mais auf seinen Äckern ersäuft, wenn die Saat wegen Regenmangels im Frühjahr nicht aufkommt oder im Sommer vertrocknet, weiß Bauer M., wer Schuld hat: der Klimawandel. Das hat er vom Sachstandsbericht des Weltklimarates. Der berichtete 2014: »Die weitreichenden Folgen des Klimawandels bekommt die deutsche Landwirtschaft schon heute zu spüren und muss sich in Zukunft verstärkt darauf einstellen.«[5] Dass dieser Klimawandel auch durch die intensive Landwirtschaft, wie M. sie betreibt, angetrieben wird, hört dieser nicht gern. Darüber streitet sich M. regelmäßig mit seinem Nachbarn. Der Klimaökologe liegt mit M. im Clinch. »Wer produziert denn das meiste Methan, das meiste Lachgas in unserem Land?«, fragt der Nachbar, als die beiden mal wieder ins Diskutieren kommen. »Das sind doch deine Schweine und die Rinder von dir und deinen besten Freunden!«

Der Klimaökologe zitiert den amerikanischen Wissenschaftspublizisten Jeremy Rifkin. Der habe vorgerechnet, dass bereits in den 1980er Jahren »für jeden in den USA verspeisten Hamburger sechs Quadratmeter Urwald in Weidefläche umgewandelt« wurden. Der Klimaökologe will keinen Urwald essen. Er will, dass Urwälder als die letzten Refugien der Biodiversität auf der Erde erhalten bleiben und das Weltklima schützen. Das und noch viel mehr würde er gern auch seinem Nachbarn erklären: dass sich die Plantagen zur Produktion von eiweißreichem Kraftfutter aus Soja immer weiter in die Urwälder hineinfressen, dass sich das Wetter vor Ort ändert, wenn Wälder abgeholzt werden. Dass Wälder wie Schwämme wirken, die das Regenwasser aufsaugen und es langsam wieder abgeben. Werden sie abgeholzt, rauscht das Wasser ungehindert in die Tiefe und sorgt in den Tälern und an den Küsten für Überschwemmungen und Bodenerosion. Er will ihm seine DVD »Das Salz der Erde« über den brasilianischen Fotografen Sebastião Salgado leihen. Der hat auf der Farm seiner Eltern in Brasilien die Küstenwälder aufgeforstet. Seitdem fällt dort wieder mehr Regen, weil die Bäume die feuchten Wolken festhalten, die der Wind vom Meer heranweht. Der Klimaökologe könnte noch lange weitererzählen, aber M. hat seinen Trecker angeworfen und donnert mit lautem Getöse zu seinem Silo, in dem er die Maissilage für seine Rinder gelagert hat.

Deutschland steckt in einer paradoxen Situation. Die Zahl der Vegetarier steigt, der Fleischkonsum im Land geht zurück, trotzdem produzieren die Landwirte immer mehr Fleisch. Es ist die Folge eines fatalen Trends in der Branche, der Umwandlung von pflanzlichen Produkten in »höherwertige« Tierprodukte. Die Politik setzt auf diese »tierische Veredelung«. Sie gehöre zur Ernährungssicherung, wie Vertreter aus Agrarpolitik und -industrie immer wieder betonen. Das klingt, als drohe den Deutschen Hunger, würden die Landwirte weniger Fleisch produzieren. Das ist mehr als knapp an der Wahrheit vorbei, denn Deutschland gehört zu den wichtigsten Fleischexporteuren der Welt. Das hat Folgen für die Klimabilanz der Landwirtschaft. 2015 stammten 58 Prozent der gesamten Methan-Emissionen und 81 Prozent der Lachgas-Emissionen in Deutschland aus der Landwirtschaft. Das entspricht 67 Millionen Tonnen Kohlendioxid-Äquivalenten, hat das Umweltbundesamt errechnet. Das sind 7,4 Prozent der gesamten Treibhausgas-Emissionen des Jahres 2016 hierzulande. Das meiste davon stammt aus der Tierhaltung. Die Landwirtschaft ist damit der zweitgrößte Verursacher von Treibhausgasen in Deutschland, nach den energiebedingten Emissionen aus der stationären und mobilen Verbrennung (84,5 Prozent) und vor den prozessbedingten Emissionen der Industrie (6,8 Prozent).[6]

Die Kühe von Bauer M. rülpsen und furzen. Wie alle Kühe auf der Welt. Im Schnitt alle 40 Sekunden. Dafür können sie nichts. Es ist Teil ihres Verdauungsprozesses. Dabei stoßen sie Methangas aus. Es wirkt 25-mal so klimaschädlich wie Kohlendioxid. Noch schlimmer ist Lachgas. Es verweilt 114 Jahre in der Atmosphäre und ist sogar 300-mal so klimaschädlich wie CO_2. Es entsteht, wenn stickstoffhaltiger Dünger im Boden abgebaut wird, oder bei der Lagerung von Mist oder Gülle, zum Beispiel in Güllelagunen. Das ist der Fachbegriff für einen See aus Kot und Urin, der nach unten mit Kunststoff abgedichtet ist und nach oben mit einer schwimmenden Auflage, die den Gestank und die Emissionen mindern soll.

Die Lösung für die Klimagasemissionen der Landwirtschaft liegt auf der Hand: nur so viel Gülle, Mist und Kunstdünger ausbringen, wie die Pflanzen verarbeiten können, oder, wie im ökologischen Landbau, gar keinen Kunstdünger. Das würde heißen: weg von der Massentierhaltung und eine Bindung der Tierhaltung an die Fläche. Was Umweltschützer und -politiker fordern, kommt in der Landwirtschaft naturgemäß schlecht an. Die Landwirtschaft werde bei den Klimagasen zum »alleinigen Sündenbock« gemacht, so der Bundeslandwirtschaftsminister 2017. »Die Landwirtschaft mag zwar acht Prozent der Emissionen erzeugen, sie ernährt aber auch 100 Prozent der Bevölkerung.«[7]

Bis zu einer Verringerung der Klimagase aus der Landwirtschaft ist es noch ein weiter Weg. Das zeigt der »Klimaschutzplan 2050«, den die Bundesregierung im November 2016 beschlossen hat. Er steckt voller wachsweicher Formulierungen. So heißt es darin etwa: »Es besteht Forschungsbedarf zur Entwicklung einer klimaverträglicheren Tierhaltung, etwa im Bereich der Fütterung, der Züchtung sowie des betrieblichen Managements.« Außerdem wolle man die Forschungs- und Entwicklungsvorhaben fördern, um weitere Potenziale für »die Minderung von Treibhausgasemissionen in der Landwirtschaft zu erschließen«.[8] Konkret heißt das: Zum Klimaschutz werden Bauer M. und seine Kollegen in nächster Zukunft vermutlich wenig beitragen müssen.

Resistente Keime aus dem Stall

Im Herbst musste M. ins Krankenhaus. Bandscheibenvorfall. Zu seiner Überraschung landete er auf der Isolierstation. Jeder, der sein Zimmer betrat, musste Schutzkleidung anlegen. »Ich habe mich gefühlt wie ein Ebola-Kranker«, sagt er. Wie M. ergeht es immer mehr Landwirten. Bei bis zu 70 Prozent der Betriebe mit intensiver Tierhaltung lassen sich multiresistente Keime nachweisen, und Studien zeigen, dass bis zu 86 Prozent aller deutschen Schweinehalter mit solchen Keimen besiedelt sind.[9] Das Tückische dieser Keime ist: Sie verursachen keine Symptome, sie machen nicht krank. Gelangen sie allerdings bei Operationen in den Körper und lösen dort eine Entzündung aus, sind die meisten Antibiotika machtlos. In den Niederlanden gehört der Test auf solche Keime deshalb zum Standardrepertoire von Krankenhäusern. In Deutschland ziehen immer mehr Krankenhäuser nach, um Infektionen mit resistenten Keimen zu verhindern. Ein besonders scharfes Auge haben sie dabei auf Landwirte und Tierärzte.

Rinder, Schweine, Hühner oder Puten verbringen ihr Leben im Stall. Das spart Geld, Zeit und Arbeit. Doch das enge Zusammenleben macht sie anfälliger für Erkrankungen und erhöht die Ansteckungsgefahr. M. behauptet, er brauche viel weniger Medikamente als früher. Das stimmt aber nur zum Teil. Der Einsatz von Antibiotika als Wachstumsbeschleuniger ist in der EU in der Tat seit 2006 verboten. Aber noch immer werden große Mengen zur (vorsorglichen) Behandlung von Tieren eingesetzt. Es handelt sich vor allem um Mittel gegen Parasiten und Antibiotika. Auch sogenannte Reserveantibiotika gehören dazu, die eigentlich für Erkrankungen von Menschen reserviert sind, bei denen herkömmliche Medikamente nicht mehr wirken.[10] Seit 2011 muss die pharmazeutische Industrie erfassen, welche Tierarzneimittel sie jährlich an Tierärzte abgeben, und die Daten an ein zentrales Register melden. Danach hat sich die Menge der abgegebenen Antibiotika seit 2011 von 1706 Tonnen auf 805 Tonnen verringert, allerdings stieg die Abgabe von Reserveantibiotika im gleichen Zeitraum von 11,8 auf 14,2 Tonnen.[11] Reserveantibiotika sollten eigentlich der Behandlung von Menschen vorbehalten sein, wenn andere Antibiotika zum Beispiel aufgrund von Resistenzen nicht wirken. Werden auch diese Mittel in der Tiermast angewandt, besteht die Gefahr, dass Erreger auch gegen diese Mittel resistent werden und bei Infektionen kein Antibiotikum mehr hilft.

Wenn eines seiner Tiere krank ist oder zu erkranken droht, ruft M. den Tierarzt. Die Wirkstoffe, die der verordnet, scheiden die Tiere unverändert oder als Stoffwechselprodukte wieder aus. Sie landen in der Gülle und im Mist und sorgen so für einen permanenten Nachschub von niedrigen Antibiotikakonzentrationen in Böden und Gewässern. Das gilt auch für schon im Tier entstandene Resistenzgene. Untersuchungen von Flächen, die mit antibiotikahaltiger Gülle gedüngt wurden, zeigen, dass Rückstände der Medikamente nicht nur im Boden, sondern auch im Sicker- und in Einzelfällen im Grundwasser nachgewiesen werden können, so das Umweltbundesamt.

Doch es kommt noch schlimmer. Im Boden leben Milliarden von Bakterien, vorzugsweise in der Umgebung von Pflanzenwurzeln oder ihren Oberflächen.[12] Sie verdauen organische Substanzen, sorgen für besseres Wachstum von Pflanzen und können giftige Substanzen wie Ammonium abbauen. Gelangen resistente Bakterien mit der Gülle auf den Acker, können auch harmlose Bodenbakterien zur Ausbreitung von Antibiotika-Resistenzen beitragen. In den USA haben Kevin Forsberg und sein Team von der Washington University School of Medicine in St. Louis in Bodenbakterien sieben Gene gefunden, die sie gegen fünf große Antibiotika-Klassen resistent machen. Die Forscher vermuten, dass sie mit den Exkrementen von mit Antibiotika behandelten Tieren auf die Felder gelangt sind.[13] Eine Forschergruppe aus Deutschland kommt zu dem Ergebnis: »Es bestehen wachsende Befürchtungen, dass die Verwendung von Antibiotika in der Tierhaltung und das Vorkommen von Antibiotikarückständen in Wirtschaftsdüngern eine Selektion von Antibiotikaresistenzen und eine Störung der mikrobiellen Gemeinschaft in Böden verursachen.«[14]

Wie haben die Bodenbakterien diese Resistenz erworben? Wissenschaftler des Julius-Kühn-Instituts in Braunschweig, ein Bundesforschungsinstitut, haben nichtresistente Darmbakterien vom Stamm Escherichia coli markiert und mit resistenten Keimen aus mit Gülle versetzten Böden gemischt. Die Bakterienkultur ließen sie über Nacht stehen, um zu sehen, was passiert. Das Ergebnis hat die Forscher überrascht. Das Team um die Professorin Kornelia Smalla stellte fest, dass die Bakterien ihre Resistenzen nicht nur von einer Generation in die nächste weitergeben, was zu erwarten war, sondern auch horizontal, von einem Bakterium zum anderen. Die Folgen sind unabsehbar. »Dies könnte zur Entstehung multiresistenter Keime beitragen und letztlich zum Gesundheitsrisiko für Menschen werden«, warnt das Institut.[15] Auch abwaschen kann man die resistenten Bakterien nur zum Teil. »Bakterien sind ein aktiver Bestandteil unserer Pflanzen, die wir essen. Und die waschen wir auch nicht ab, weil, sie befinden sich zum großen Teil in den Pflanzen. Und sie sind da wichtig«, so Professor Smalla im Interview mit dem *Deutschlandfunk*. Wir essen sie also mit.[16]

Zurück zu M., der seine Operation gut überstanden hat. Allerdings findet er nach wie vor, das Krankenhaus habe wegen der paar Keime zu viel Aufhebens gemacht. »So schnell stirbt es sich nicht«, ist der Landwirt überzeugt. Wer Tiere züchtet, dem jagen ein paar Bakterien keinen Schrecken ein. Er ist froh, auf seinem Hof zurück zu sein, aber es droht neues Ungemach.

Zu viel Nitrat im Grundwasser

Das Umweltbundesamt fand in seinem Ort 2015 an einer Messstelle unter anderem eine Belastung von 100 Milligramm Nitrat im Grundwasser. Das hat Bauer M. in der *Nordwest-Zeitung* gelesen. Da Deutschlands Trinkwasser zum größten Teil aus dem Grundwasser gewonnen wird, ist ein Wert von 100 Milligramm pro Liter viel zu hoch. Als Trinkwasser ist es dann nicht mehr zu gebrauchen, dafür gilt ein Grenzwert von

50 Milligramm. Der Bauernverband protestierte sofort und wies alle Schuld der Landwirtschaft für die hohen Werte zurück. Schließlich sei das Wasser nicht an allen Messstellen so hoch belastet, die Ergebnisse müssten deshalb »kritisch« hinterfragt werden. Unterschiedliche Werte an unterschiedlichen Messstellen sind allerdings normal. Die Konzentration von Nitrat und anderen Stoffen im Grundwasser ist abhängig von den geologischen Formationen, die das Wasser filtern, und den Fließwegen des Wassers im Boden. Als das Umweltbundesamt noch einmal maß, war das Ergebnis wiederum mit mehr als 100 Milligramm Nitrat pro Liter erschreckend hoch.[17]

Weil eine solche Überschreitung der Nitratwerte im Grundwasser ist Deutschland kein Einzelfall ist, hat der Europäische Gerichtshof Deutschland 2018 verurteilt. Die Ursachen der Nitratbelastung sind seit Jahren die gleichen: Gülle aus Massentierhaltung, Gärreste aus Biogasanlagen, zu viel Kunstdünger und der Umbruch von Grünland. Auch die neue Gülleverordnung, die Anfang 2018 in Kraft getreten ist, wird an der Grundwasserbelastung nichts ändern. Es gebe zu viele „Schlupflöcher und Ausnahmetatbestände", kritisiert der Agrarwissenschaftler Friedhelm Taube, der auch Mitglied im Wissenschaftlichen Beirat für Agrarpolitik, Ernährung und gesundheitlichen Verbraucherschutz ist.[18] Die Landwirtschaft ist dabei, sich zur akuten Bedrohung unseres Grund- und Trinkwassers zu entwickeln.

Zu viel Nitrat schadet der Gesundheit. Es behindert die Sauerstoffaufnahme im Blut und wandelt sich im menschlichen Körper in krebserregendes Nitrit um. Deshalb gilt beim Trinkwasser ein Grenzwert von 50 Milligramm pro Liter, für Säuglinge 10 Milligramm pro Liter. Das stellt die Wasserversorgungsunternehmen zunehmend vor Probleme. Immer mehr Wasserwerke schlagen Alarm, weil sie Brunnen wegen der steigenden Nitratbelastung schließen oder teure Filteranlagen einbauen müssen. Die Verbraucherinnen und Verbraucher werden das zu spüren bekommen. Weil die Landwirtschaft das Grundwasser verseucht, werden sie wohl schon bald mehr für ihr Trinkwasser bezahlen müssen. In einem Gutachten, das der Bundesverband der Energie- und Wasserwirtschaft in Auftrag gegeben hat, heißt es, das Trinkwasser könnte in einigen Regionen um bis zu 62 Prozent teurer werden.[19]

Hielte Deutschland sich an die Gesetze, dürfte das gar nicht passieren. Seit dem Jahr 1991 gilt die EU-Richtlinie »zum Schutz der Gewässer vor Verunreinigung durch Nitrat aus landwirtschaftlichen Quellen«, kurz Nitrat-Richtlinie. Schon damals nahm der Nitratgehalt in Gewässern von EU-Mitgliedstaaten zu. Deshalb sollten die EU-Mitgliedstaaten »Aktionsprogramme aufstellen und durchführen, um die Gewässerverunreinigungen durch Stickstoffverbindungen in diesen gefährdeten Gebieten zu verringern«. Das »Ausbringen jeglicher Art von stickstoffhaltigen Düngemitteln auf landwirtschaftlichen Flächen« sollte begrenzt und »insbesondere spezifische Grenzwerte für das Ausbringen von Dung festgelegt werden«.[20] Auf dem Papier erfüllte Deutschland die Anforderungen. Das Parlament verabschiedete 1996 die »Verordnung über die Grundsätze der guten fachlichen Praxis beim Düngen«. Sie verbietet es beispielsweise, im Winter Gülle auszubringen.[21] Mit der Qualität des Grundwassers ging es dennoch weiter bergab. Weil Brüssel weiter Druck machte, berief die Bundesregierung eine Bund-Länder-Arbeitsgemeinschaft aus Vertretern des Bundeslandwirtschafts- und -umweltministeriums, Länderministerien sowie Experten aus verschiedenen Forschungs- und Beratungseinrichtungen des Bundes und der Länder. Ende 2012 legten die Experten eine Evaluierung der Düngeverordnung vor, aus der allerdings ein Jahr vor der Bundestagswahl keine politischen Konsequenzen gezogen wurden.[22] Im Koalitionsvertrag zwischen CDU/CSU und SPD einigte man sich 2013 darauf, den Schutz »der Gewässer vor Nährstoffeinträgen sowie Schadstoffen« zu verstärken und rechtlich so zu gestalten, »dass Fehlentwicklungen korrigiert werden«, und beim Einsatz von Dünge- und Pflanzenschutzmitteln die Risiken für Mensch, Tier und Naturhaushalt zu minimieren.[23] Politische Prioritäten klingen anders. 2016 riss der EU-Kommission endgültig der Geduldsfaden. Sie erhob Klage vor dem Europäischen Gerichtshof.[24] Erst dann kam Bewegung in die Sache. Anfang 2017 einigten sich die Regierungsparteien auf einen neuen Gesetzestext. Nun müssen besonders große oder viehintensive Agrarbetriebe ab 2018 nachweisen, welche Mengen an Gülle oder Mist sie auf ihre Felder kippen. Für kleinere Betriebe gilt das erst ab 2023.[25] Zu diesen mehr als 90 Prozent gehört auch Bauer M. Er kann also erst mal weitermachen wie bisher, obwohl das Grundwasser in seiner Region schon jetzt stark mit Nitrat belastet ist. Umweltverbände bezweifeln deshalb, dass das Gesetz dazu führt, die EU-Nitratziele einzuhalten.

Glyphosat – das neue DDT?

Bevor M. auf seinen Äckern im April den Mais aussäht, muss er das Unkraut beseitigen. M. ist regelmäßiger Leser von *topagrar,* dem landwirtschaftlichen Fachmagazin aus Münster. Das empfiehlt ein einfaches und wirksames Mittel: »Stark gegen Unkräuter, schonend zum Mais«. Das könne M. auch noch einen halben Tag vor der Saat einsetzen, so das Magazin auf seiner Internetseite.[26] Die Mittel haben kraftvolle Namen wie »Dominator«, »Taifun« oder »Roundup«, und sie enthalten Glyphosat. Seit den 1970er Jahren ist das von Monsanto erfundene Totalherbizid auf dem Markt und wurde, weil es preiswert und wirksam ist, rasch zum weltweiten Bestseller.

Ohne Glyphosat zu ackern – Landwirte wie M. können sich das gar nicht mehr vorstellen, ebenso wie mancher Gartenfreund, der damit, weil es so schön einfach ist, das Unkraut auf Garagenzufahrten und Terrassen beseitigt. Was übrigens verboten ist und aus gesundheitlichen Gründen auch nicht zu empfehlen. Der Beliebtheit von Glyphosat-Produkten schadet das nicht. Das Mittel ist preiswert, es ist effektiv und spart Arbeit. Bis vor kurzem wurde es sogar noch kurz vor der Ernte von Getreide und Raps eingesetzt, um die Feldfrucht chemisch zu trocknen und die Ernte zu erleichtern. Der Fachbegriff lautet »Sikkation«, man könnte auch sagen: chemisch totspritzen. 2014 wurde diese Möglichkeit eingeschränkt. Sie ist aber auf Teilflächen immer noch erlaubt, zum Beispiel, wenn eine Ernte sonst nicht möglich wäre, weil der Wind das Getreide umgeknickt hat.[27]

Über die Nahrung – ob wir Brot essen, Nudeln, Müsli, Joghurt oder Rapsöl – gelangt das Totalherbizid auch in den menschlichen Körper. Mittlerweile scheiden bis zu drei Viertel der Bevölkerung Glyphosat mit dem Urin aus, wie Untersuchungen der Heinrich-Böll-Stiftung und des Umweltbundesamtes ergeben haben. Glyphosat findet sich auch im Blut und in der Muttermilch, allerdings um den Faktor 1000 niedriger als die EU-Lebensmittelbehörde für vertretbar hält, so das Umweltbundesamt. Es hat in einer rund 400 Proben umfassenden Stichprobe über einen Zeitraum von 15 Jahren »eine eindeutige Anreicherung von Glyphosat im Urin« festgestellt. »2001 ließ sich der Stoff im Urin bei nur zehn Prozent der studentischen Teilnehmerinnen und Teilnehmer nachweisen, 2013 fand man es bei knapp 60 Prozent der Testgruppe, zuletzt im Jahr 2015 waren es 40 Prozent.«[28] Möglicherweise, weil es seit 2014 nur noch in Ausnahmefällen kurz vor der Ernte eingesetzt werden darf.

Ob Glyphosat der Gesundheit schadet, darüber streiten Experten seit Jahren erbittert. Das ist kein Wunder, schließlich hat es sich für die Landwirtschaft zum unentbehrlichen Helfer und für die Industrie zum Goldesel entwickelt. Mittendrin in diesem Streit steckt die Wissenschaft. Auf der einen Seite stehen die mit viel Geld von der Industrie finanzierten Gutachter, auf der anderen unabhängige Experten, denen es oft schwerfällt, Geldgeber für ihre Untersuchungen zu finden oder sich Gehör zu verschaffen. Mit welch harten Bandagen hier gekämpft wird, zeigt der »Fall Séralini«. Gilles-Eric Séralini ist Molekularbiologe und arbeitet als Professor an der Universität von Caen in Frankreich. Dort erforscht er mit seinem Team unter anderem die Auswirkungen von Pestiziden auf die Gesundheit. Dabei gerät er immer wieder in Konflikt mit der Agrar- und Pflanzenschutzmittelindustrie. So wie 2012, als er und seine Mitarbeiter eine Studie veröffentlichten, in der sie die Langzeitwirkung von »Roundup« und von »Roundup«-tolerantem, gentechnisch verändertem Mais auf Ratten untersucht hatten. Der Studie zufolge starben die Ratten häufiger und sie erkrankten früher an Krebs als die Tiere in der Kontrollgruppe. Hinzu kamen Nierenschäden.[29] Die Studie sorgte für Riesenaufregung. Die Gegner von Glyphosat fühlten sich bestätigt, die Befürworter bliesen zum Gegenangriff. Bei dem Rattenstamm würden ohnehin häufig Tumore auftreten, lautete ein Vorwurf, und zehn Ratten seien zu wenig, um zu verlässlichen Ergebnissen zu kommen. Kurz, die Studie sei wissenschaftlich angreifbar.[30]

Ein Teil der Wissenschaftscommunity wollte diesen Vorwurf nicht stehen lassen. 2015 erhielt Séralini von der Vereinigung Deutscher Wissenschaftler den Whistleblower-Preis. Die Begründung lautete: Er habe eine Studie wiederholt, die von Monsanto selbst für das Zulassungsverfahren vorgelegt worden war. Er habe den gleichen Rattenstamm verwendet, allerdings den dreimonatigen Beobachtungszeitraum von Monsanto auf zwei Jahre verlängert. Zudem seien zehn Tiere bei Toxizitätsstudien Standard. Monsanto habe zwar mit 20 Tieren gearbeitet, aber am Ende nur zehn ausgewählt.[31] Sollte also ein kritischer Wissenschaftler mundtot gemacht werden? Der Verdacht verstärkt sich bei der Lektüre eines offenen Briefes von mehr als 100 Wissenschaftlern aus der ganzen Welt, die sich mit Séralini solidarisieren und den Einfluss großer Unternehmen auf die unabhängige Wissenschaft kritisieren. Interessierte Kreise würden »unberechtigte Zweifel an unbequemen Forschungsergebnissen säen«, heißt es in dem Brief. Besonders heikel werde es, wenn es um gentechnisch veränderte Organismen gehe. Dann würden die Karrieren kritischer Wissenschaftler oft ein jähes Ende finden.[32]

Neuen Schub erhielt die Glyphosat-Debatte, als 2015 eine Studie der Krebsforschungsgruppe International Agency for Research on Cancer (IARC) der Weltgesundheitsorganisation WHO Glyphosat als »wahrscheinlich krebserregend für Menschen« (»probably carcinogenic to humans«) eingestuft hatte.[33] Zudem lief Ende Juni 2016 die EU-weite Zulassung für Glyphosat aus, was die Debatte weiter befeuerte. Fast sah es so aus, als ob Glyphosat – endlich – verboten würde. Bis im Mai 2016, nur wenige Wochen vor der Entscheidung in Brüssel, das Bundesinstitut für Risikobewertung (BfR) berichtete, das für die Bewertung von Pestizidrückständen zuständige Gremium der WHO und der Ernährungs- und Landwirtschaftsorganisation der Vereinten Nationen (Food and Agriculture Organization, FAO) sei nach einem Expertentreffen vom 9. bis zum 13. Mai 2016 in Genf zu dem Schluss gekommen, dass kein krebserzeugendes Risiko für den Menschen aus den resultierenden Rückständen von Glyphosat in der Nahrung zu erwarten sei. Das BfR teilte daraufhin mit, dass »keine erbgutverändernden Risiken aus der Verwendung von Glyphosat abgeschätzt werden können«.[34] Die Glyphosat-Lobby frohlockte. Aufgrund der »positiven Sicherheitsbewertungen sollte einer Verlängerung der Zulassung von Glyphosat um weitere 15 Jahre fachlich nichts im Wege stehen«, meldeten die in der Arbeitsgemeinschaft Glyphosat zusammengeschlossenen Pflanzenschutzmittel-Hersteller in einer Mitteilung für die Presse.[35] Der Deutsche Bauernverband blies ins gleiche Horn. »Hier geht es ein Stück weit um die Zukunft Deutschlands und um die Zukunft der deutschen Bauernfamilien. Und deshalb plädiere ich, nachdem wissenschaftlich die Unbedenklichkeit attestiert ist, auf eine Wiederzulassung«, so Bauernverbands-Präsident Joachim Rukwied.[36] 15 Jahre ist der maximale Zeitraum, für den ein Stoff in der EU zugelassen werden kann. Danach muss die Zulassung erneuert werden.

Unter den EU-Staaten fand sich dafür keine Mehrheit. Also einigte man sich in der EU-Kommission auf einen Kompromiss: Bis Ende 2017 sollte die europäische Chemikalienagentur ECHA in Helsinki eine neue Bewertung erarbeiten. Sie gelangte – wen wundert's – zu der Einschätzung, Glyphosat sei doch nicht krebserregend. Es folgte ein beispielloses Hin und Her: Die EU-Kommission drängte auf Zulassung für weitere zehn Jahre, dann für fünf. Die Bundesregierung war uneinig: Das Landwirtschaftsministerium plädierte für eine Verlängerung, das Umweltministerium dagegen. In einem solchen Fall hätte sich der Landwirtschaftsminister bei der Abstimmung im zuständigen EU-Ausschuss enthalten müssen. Er stimmte jedoch Ende November 2017 „im Alleingang" für eine Zulassung um weitere fünf Jahre und sorgte so für die nötige Mehrheit. Das Mittel darf also weiter angewandt werden. Für die Artenvielfalt in Europa ist das eine schlechte Nachricht. Landwirt M. hat derweil neuen Ärger, diesmal mit seiner Tochter. Sie studiert Agrarökologie und bringt neuerdings ihr eigenes Essen mit: Biogemüse. Ihr Professor habe dazu geraten, wenn sie Kinder haben wolle: »Um auf der sicheren Seite zu sein.« Mittel zur Pflanzen- und Schädlingsbekämpfung – zu denen Glyphosat gehört – könnten, so der Experte, das Hormonsystem schädigen. Für den Vater „totaler Spinnkram". Aber er ist nachdenklich geworden, seit im August 2018 ein Gericht in den USA den Glyphosat-Hersteller zu einer Schmerzensgeldzahlung von fast 300 Millionen Dollar an einen Hausmeister verurteilt hat. Der Mann hatte das Mittel jahrelang verwendet und erkrankte unheilbar an Krebs.

EIN JAHR SPÄTER

Dieses Jahr feiert meine kleine Wiese ihren ersten Geburtstag. Jetzt im Frühling entwickelt sie sich zu einer Schule des Sehens. Von weitem betrachtet besteht sie aus Gräsern. Der Wiesen-Fuchsschwanz steht mir fast bis zur Hüfte. Dazwischen sind Farbkleckse in Rot-Orange in die Höhe geschossen. Sie gehören den Blüten des Wiesen-Sauerampfers. Er enthält viel Vitamin C. Bauern nennen ihn Sauerlump, weil das Vieh ihn nicht mag. In kleinsten Lücken zwischen den Gräsern und Kräutern blüht der Gamander-Ehrenpreis: blaue Tüpfelchen mit zarten weißen Rändern, die ich schon aus dem vergangenen Sommer kenne. Mitte Mai öffneten sich zum ersten Mal die Blüten der Kuckucks-Lichtnelke – Hunderte sind es –, leuchtend rosa mit ausgefransten Blütenblättern. Die gelben Punkte gehören den Butterblumen, botanisch korrekt Scharfer Hahnenfuß, und darunter schimmert es altrosa. Dafür sorgt der Rotklee. Sogar das Wohlriechende Ruchgras habe ich entdeckt. Ich habe einfach vom kleinsten Gras ein paar Blättchen abgezupft, sie zwischen den Fingern zerrieben, und siehe da: Es duftete nach Waldmeister! Übrigens: Das Wiesenschaumkraut suche ich auf meiner kleinen Wiese vergebens. Ob es erst den Winter brauchte, um zu keimen? Dann müsste es im kommenden Jahr blühen. Die kleine Wiese bleibt also für Überraschungen gut.

DIE MÄR VOM NATURSCHUTZLAND DEUTSCHLAND

Meine Großeltern hielten zwei Hausschweine. Die Schweine lebten im Stall, fraßen Getreideschrot, Rüben, Kartoffeln, Futterwurzeln und dazu alles, was in der Küche übrig blieb. Lebensmittel waren bis in die 1950er Jahre viel zu kostbar zum Wegwerfen, Krieg und Mangel in der Erinnerung noch präsent. Supermärkte gab es nicht, man kaufte beim Krämer um die Ecke. Wer einen Garten hatte, hielt Hühner oder Kaninchen, wie der Nachbar, der von Beruf Schuster war. Eines der Schweine verkauften meine Großeltern an den Schlachter im Dorf, das andere aß die Familie selbst. Einmal lud der Schlachter zunächst das falsche Tier auf. Es kam zurück in den Stall und kreischte fortan erbärmlich, wann immer ein Wagen auf den Hof fuhr. Einige Wochen später beendete der Schlachter auch dessen traumatisiertes Leben. Dabei zusehen durften wir Kinder nicht. Wir hörten nur die Todesschreie. Von da an blieb der Stall leer. Einige Jahre später wurde er abgerissen.

Fleisch, Obst und Gemüse kaufte man nun im Selbstbedienungsladen, der Vorstufe zu unseren heutigen Supermärkten. Parallel dazu wandelte sich die Landwirtschaft in großem Stil. 1957 wurde die Europäische Wirtschaftsgemeinschaft (EWG) gegründet. Eine ihrer wichtigsten Aufgaben war die Versorgung der Bevölkerung mit ausreichend Lebensmitteln zu angemessenen Preisen. Die »Gemeinsame Agrarpolitik«, kurz GAP, die 1962 in Kraft trat, war geboren. Ihre Ziele lauteten: »die Produktivität der Landwirtschaft durch Förderung des technischen Fortschritts, Rationalisierung der landwirtschaftlichen Erzeugung und den bestmöglichen Einsatz der Produktionsfaktoren, insbesondere der Arbeitskräfte, zu steigern« und »der landwirtschaftlichen Bevölkerung, insbesondere durch Erhöhung des Pro-Kopf-Einkommens der in der Landwirtschaft tätigen Personen, eine angemessene Lebenshaltung zu gewährleisten«.

Das Wort »Natur« kam in der GAP nur als »naturgegebene Benachteiligungen« und als »Naturkatastrophen« vor, deren Folgen die Mitgliedstaaten ausgleichen dürfen.[1] Die Jagd nach immer höheren Erträgen begann. Naturschutz und Artenvielfalt gerieten immer mehr ins Hintertreffen. Eine windumtoste Halbinsel in der Nordsee ist dafür ein perfektes Beispiel. Hier lebt ein Vogel, schwarz und schnell, mit 50 bis 70 Gramm etwa so schwer wie ein Hühnerei. Ein zähes Tier, das nur drei Monate bei uns lebt. Dann fliegt die Trauerseeschwalbe Tausende Kilometer zurück nach Westafrika, um dort den Winter zu verbringen.

Eines ihrer Hauptbrutgebiete in Deutschland war Eiderstedt. In den 1950er Jahren brüteten in Schleswig-Holstein noch 1500 bis 1600 Paare. In den 1960ern waren es immer noch knapp 600 in 86 Kolonien, 1981 noch 187 Paare in 31 Kolonien, die meisten davon auf Eiderstedt.[2] Heute sind es dort zwischen zehn und 20 – trotz des engagierten Einsatzes von Natur- und Vogelschützern, die Jahr für Jahr Nisthilfen auslegen, um den Vögeln das Überleben zu erleichtern. Um mehr über die Gründe für diesen dramatischen Rückgang zu erfahren, besuche ich an einem Frühsommertag Claus Ivens, ein drahtiger Mittsiebziger und Landwirt. Dem Überleben des Vogels auf Eiderstedt hat er sein Leben gewidmet. Ivens ist auf Eiderstedt aufgewachsen. Als Kind streifte er über Wiesen und Weiden, fing Stichlinge in den Gräben und Schlammpeitzger, Fische, die aussehen wie Aale und Luft schlucken können, um Sauerstoff mit dem Darm aufzunehmen. Schon als Teenager interessierte sich Ivens für die Natur, besonders für Vögel. 1957 schrieb er seinen ersten Artikel für ein Buch seiner Realschule über den Hof seiner Eltern und die dort lebenden Vogelarten. Seiner Leidenschaft für Vögel blieb er treu, auch als er später den Hof übernahm. Vor allem eine Art hat es ihm seitdem angetan: die Trauerseeschwalbe. Während der Blick von seiner Terrasse hinab über Wiesen und Weiden bis zum Kirchturm von Kotzenbüll streift, erzählt Claus Ivens von der »schrecklichen Verzahnung« zwischen moderner Rindermast und Vogelsterben.

Die Geschichte beginnt mit Abertausenden von Rindern – Magervieh genannt –, die jahrhundertelang im Frühjahr von dem höher gelegenen und weniger fruchtbaren Geestrücken Schleswig-Holsteins und Dänemarks nach Eiderstedt getrieben wurden. Auf den saftigen Wiesen wurden sie gemästet und dann auf dem Viehmarkt in Husum verkauft. Von Husum gingen sie mit der Eisenbahn nach Hamburg oder zu den Häfen in Tönning und Husum, von wo aus sie nach Großbritannien in die Kohlereviere verschifft wurden, um dort die Bergarbeiter und ihre Familien zu ernähren.[3]

Die saftigen Wiesen des fruchtbaren Marschlands bilden bis heute ideale Weideflächen für Rinder. »Schweres Land klebt am Tier und bringt viel Gewicht«, sagt Ivens. Weil der tonige Boden Wasser nur langsam aufnimmt, bilden die Wiesen und Weiden lang gezogene halbrunde Hügel, unterbrochen von Grüppen, wie die schmalen, parallel verlaufenden Senken hier heißen. Die Grüppen führen das Wasser bei starkem Regen schnell von den Weideflächen in breitere Gräben ab. Diese Gräben bildeten zudem über Jahrhunderte eine natürliche Grenze zwischen den einzelnen Weiden. Deshalb sorgten die Landwirte in der Vergangenheit mit Stauen dafür, dass immer genug Wasser in den Gräben stand. Außerdem gab es für das Vieh selbst bei längerer Trockenheit an den feuchten Rändern der Gräben saftiges Gras zu fressen und genug zu saufen, falls die künstlich angelegten Tränkekuhlen auf den Wiesen infolge von Regenmangel austrockneten.

Jahrhundertelang profitierte die Trauerseeschwalbe von dieser Art der Landwirtschaft. Sie brütet, anders als ihre nahe Verwandte, die Küstenseeschwalbe, an oder auf Gewässern im Binnenland. Auf Eiderstedt war das entweder am Rand der Tränkekuhlen oder in den Gräben, wenn dort die Krebsschere – eine Wasserpflanze – im Laufe der Jahre dichte, an der Wasseroberfläche treibende Bestände gebildet hatte. Da die Gräben mit der Nordsee in Verbindung standen, strömte im Februar/März der Dreistachelige Stichling zum Laichen millionenfach in das mehr als 5000 Kilometer lange Grabensystem der Halbinsel. Er ist die Hauptnahrungsquelle für die Jungenaufzucht der Trauerseeschwalbe, weil er als Oberflächenfisch leicht zu erbeuten ist. Frösche und Kröten fanden ebenfalls ideale Laichgewässer. Wildblumen auf den Wiesen lockten Insekten an. So war der Tisch für die Trauerseeschwalbe, wenn sie Anfang Mai aus ihrem Winterquartier zurückkehrte, mit Fischchen, Kaulquappen und Insekten reich gedeckt.

Der Wandel begann in den 1960er Jahren. Im Rahmen der GAP legten die Gründerstaaten der EWG erstmals Mindestpreise für landwirtschaftliche Produkte fest. In der Folgezeit wurden mehr als 20 solche Preis- und Abnahmegarantien ins Leben gerufen – von Weizen über Raps bis zu Mais und Fleisch. Vor billigen Einfuhren aus dem Ausland schützte sich die EWG mit Zöllen und Abgaben und zahlte Ausfuhrbeihilfen, um europäische landwirtschaftliche Produkte im Ausland verbilligt zu verscherbeln. Parallel dazu verlegten sich die Landwirte darauf, möglichst viel von dem zu produzieren, für das es Geld vom Staat gab. Auf Eiderstedt waren das weiterhin Milch und Rindfleisch, und weil nichtkastrierte Bullen schneller wachsen als kastrierte Ochsen und ihr Fleisch magerer ist, stellten die Landwirte, wie überall in Deutschland, auf Bullenmast um. Auch Ivens machte mit: »Für Bullen und Ochsen gab es die gleichen Kilopreise. Also muss ich als Bauer den Bullen nehmen, weil er im gleichen Zeitraum 50 bis 60 Kilo mehr wiegt. So einfach ist das.«

Während andernorts die Bullen im Stall stehen und zunehmend mit Maissilage gefüttert werden, stehen die Bullen auf Eiderstedt die meiste Zeit auf den Weiden, mit fatalen Folgen für die Trauerseeschwalbe. Bullen sind temperamentvoll und aggressiv. Über wassergefüllte Gräben setzen sie problemlos hinweg. Also zäunten die Landwirte ihre Weiden ein, und die Gräben verloren an Bedeutung. Man konnte sie trockenfallen lassen und brauchte sie nicht mehr alle fünf bis acht Jahre zu räumen, wenn sie zu verlanden drohten. So verwandelte sich das Schlaraffenland der Trauerseeschwalbe in wenigen Jahren in eine Wüste. Die Bullenmast wurde zu ihrem Sargnagel. Die Bullen zertrampelten die Ränder der Tränkekuhlen, an denen die Trauerseeschwalben ihre Nester bauten. Gräben, in denen Myriaden junger Stichlinge unter der Wasseroberfläche nach Nahrung suchten, fielen trocken. Auf den ehemals blütenreichen Weiden wurden leistungsfähige Futtergräser eingesät.

In der EWG, wie die EU bis 1992 hieß, lief derweil die Subventionsmaschinerie auf Hochtouren. 1985 verschlang der gemeinsame Agrarhaushalt 70 Prozent aller Mittel.[4] Immer mehr Geld wurde gebraucht, um die Überschüsse zu lagern, sie auf dem Weltmarkt verbilligt loszuschlagen oder die teuer aufgekauften Produkte »aus dem Markt zu nehmen«, was nichts anderes heißt als tonnenweise Fleisch, Butter und Getreide zu vernichten. Ganz vorn auf der Liste der Profiteure standen die großen Exporteure der Getreide-, Fleisch- und Milchbranche, die mit Subventionen künstlich verbilligte Produkte in die Ostblockstaaten oder nach Afrika verkauften.[5] Im Laufe der Jahre wurde die Agrarförderung immer skurriler. Subventioniert wurden Schnapsbrennereien, die Herstellung von Süßigkeiten, die Produktion von Stärke für Klebstoffe oder Magermilchpulver. Damit konnten die Landwirte dann ihre Kälber füttern, weil ihre Mütter Milch für den Milchsee liefern mussten. Selbst die Lufthansa-Catering-Tochter wurde mit Steuermitteln aus Brüssel beglückt, weil sie Gemüse, Milch und Zucker aus der EU zu Menüs verarbeitete, die jenseits der Grenzen Europas serviert wurden.[6]

Die Landwirte hingegen sahen von dem Geld nur etwa 30 Prozent, schätzte der Europäische Rechnungshof 1987.[7] »Im Durchschnitt unterstützt jeder deutsche Haushalt mit jährlich 1000 Mark für künstlich verteuerte Nahrungsmittel und weiteren 600 Mark an Steuern den unwirtschaftlichen Nährstand«, ätzte der *Spiegel* 1992.[8] Aus heutiger Sicht muss man es so formulieren: Mit Milliarden aus Steuergeldern wurde über Jahrzehnte eine natur- und umweltschädliche Überproduktion unterstützt, die vor allem den kleinen landwirtschaftlichen Betrieben noch nicht einmal viel nützte. Sie wurden in einem Kreislauf von Subvention und Intensivierung der Produktion gefangen gehalten und gaben reihenweise ihre Betriebe auf. Die Subventionen, Agrarzahlungen genannt, gibt es nach wie vor. Aktuell betragen sie in Deutschland etwa 6,5 Milliarden Euro jährlich, die sich auf mehr als 300 000 Empfänger verteilen. Die Ausfuhr von Agrarprodukten wird in der EU und damit auch in Deutschland seit Juli 2013 nicht mehr gestützt.[9]

Naturschutz: Ein Tiger ohne Zähne

Es regte sich Widerstand. Den Steuerzahlern wurden die Subventionen zu teuer, dem Ausland waren die hochsubventionierten Agrarexporte aus Europa ein Dorn im Auge, und die Umweltschäden, bedingt durch die Landwirtschaft, gerieten zunehmend in den Fokus. 1976 verabschiedete der Bundestag einstimmig (!) das Bundesnaturschutzgesetz. Es sollte dafür sorgen, dass »dem Schutz, der Pflege und der Entwicklung unserer Natur und Landschaft höchste Priorität zukommt«. So lobte Josef Ertl, Bundesminister für Ernährung, Landwirtschaft und Forsten (FDP), das Gesetz im Bundestag.[10] Heute liest es sich wie ein Freibrief für den Raubbau an der Natur, denn der Agrarlobby gelang es, dicke Pflöcke einzuschlagen. Der dickste nannte sich »Landwirtschaftsklausel«. Sie zieht sich bis heute, wenn auch unterschiedlich formuliert, durch das Naturschutzrecht. Die Klausel definierte, dass eine »ordnungsgemäße« Landwirtschaft »in der Regel den Zielen dieses Gesetzes«, also dem Naturschutz, dient.[11] So stand es 1976 gleich im ersten Paragrafen – eine Formulierung, die aus ökologischer Sicht zynisch ist, denn sie verneint die Gefahren für die Biodiversität, die von der intensiven Landwirtschaft ausgehen.

Immerhin: Das Gesetz stellte zum ersten Mal seltene Pflanzen und Tiere unter Schutz. Danach ist es verboten, »Pflanzen der besonders geschützten Arten oder einzelne Teile von ihnen abzuschneiden, abzupflücken, aus- oder abzureißen, auszugraben, zu entfernen oder sonst zu beschädigen«. Ebenso verboten ist es, »Tieren der besonders geschützten Arten nachzustellen, sie zu fangen, zu verletzen, zu töten oder ihre Eier, Larven, Puppen oder sonstige Entwicklungsformen wegzunehmen, zu zerstören oder zu beschädigen«.[12] Fortan galten zwei Gesetzeslagen parallel: eine für die Landwirtschaft und eine für alle anderen Bürgerinnen und Bürger. Der Landschaftsökologe Wolfgang Haber bringt es in seinem Buch über »Landwirtschaft und Naturschutz« folgendermaßen auf den Punkt: »Wer auf einer Wiese streng geschützte Orchideenarten pflückte oder gar ausgrub und in seinen Garten verpflanzte, machte sich strafbar; wenn aber der Besitzer der Wiese durch Düngung oder Bewirtschaftungsänderungen den gesamten Bestand an Orchideen und anderen schutzwürdigen Arten vernichtete, blieb er straffrei.«[13]

So ist es, trotz manch gesetzlicher Änderung, im Grunde bis heute geblieben. Das zeigt ein Blick in das regelmäßig überarbeitete Bundesnaturschutzgesetz. Bei der Neufassung im September 1998 wurde der Begriff »ordnungsgemäße Landwirtschaft« durch die »gute fachliche Praxis« ersetzt. Als der Artenrückgang unübersehbar wurde, definierten die Gesetzgeber 2009 die gute fachliche Praxis genauer. Seitdem soll die Landwirtschaft beispielsweise »die natürliche Ausstattung« ihrer Nutzflächen wie Flora und Fauna nicht »über das zur Erzielung eines nachhaltigen Ertrages erforderliche Maß hinaus« beeinträchtigen, und »die zur Vernetzung von Biotopen erforderlichen Landschaftselemente sind zu erhalten und nach Möglichkeit zu vermehren«.[14] Aber Formulierungen wie »erforderliches Maß« und »nach Möglichkeit« lassen den Landwirten bis heute große Freiheiten. Die »gute fachliche Praxis« wirke wie ein »Schutzschild«, weil sich mit ihr »jede Kritik an großflächigem, erkennbarem Fehlverhalten in der Praxis« abwehren lasse, kritisierte der NABU Schleswig-Holstein 2015.[15] Im Kräftemessen zwischen Artenschutz und Landwirtschaft zieht der Naturschutz immer wieder den Kürzeren.

Das gilt auch auf europäischer Ebene. Weil der Artenrückgang ein europäisches Phänomen ist, beschloss die EU 1992 die Flora-Fauna-Habitat-Richtlinie (FFH-Richtlinie). Ihr Ziel: »Zur Wiederherstellung oder Wahrung eines günstigen Erhaltungszustandes der natürlichen Lebensräume und der Arten von gemeinschaftlichem Interesse sind besondere Schutzgebiete auszuweisen, um nach einem genau festgelegten Zeitplan ein zusammenhängendes europäisches ökologisches Netz zu schaffen.«[16] Das Netz nennt sich NATURA 2000, setzt sich zusammen aus FFH- und Vogelschutzgebieten. Es soll dafür sorgen, dass bestimmte Pflanzen- und Tierarten erhalten bleiben und sich vermehren können. Im Zentrum stehen bei den FFH-Gebieten Lebensraumtypen – europaweit sind es 231 – von den schon erwähnten Berg-Mähwiesen im Harz, überlebenden oder noch renaturierungsfähigen Hochmooren bis zu den Salzwiesen an der Nord- und der Ostsee. Bei den Vogelschutzgebieten geht es ganz konkret um die Lebensräume von Vögeln.

Die Staaten Europas erhielten eine sechsjährige Frist, innerhalb der sie die geeigneten Gebiete nach Brüssel melden sollten. In Deutschland wurde daraus erst mal nichts. FFH-Gebiete müssen die Bundesländer ausweisen, ein Prozess, der äußerst zögerlich verlief, denn die Länder wollten Konflikte, vor allem mit der Landwirtschaft, vermeiden. Der Sachverständigenrat für Umweltfragen beschrieb das Tauziehen hinter den Kulissen 2004 so: »Die landwirtschaftlichen Flächennutzer sind eine der Hauptakteursgruppen, die die Ausweisung von NATURA 2000-Gebieten auf das unbedingt notwendige Mindestmaß reduzieren wollen, da sie durch die Gebietsfestlegungen eine Beschränkung ihrer Möglichkeiten zur Bewirtschaftung ihrer Flächen befürchten.« Den Bundesländern stellte der Sachverständigenrat ebenfalls schlechte Noten aus. Sie würden bevorzugt Flächen als FFH-Gebiete melden, die schon Schutzgebiete seien, oder solche, an denen kein anderer Flächennutzer großes Interesse habe. Sei in einem Ort eine Umgehungsstraße geplant, versuche man, die davon betroffenen Flächen auszunehmen, was zu einer weiteren Zersplitterung der gemeldeten Flächen führte. Hinzu kam die ungeklärte Finanzierung. Die Kosten von circa 500 Millionen Euro pro Jahr für Planungen, Entschädigungen oder Erwerb seien in etwa so hoch wie die gesamten Ausgaben für den Naturschutz, so der SRU.[17] Die 500 Millionen waren allerdings ein Bruchteil der Milliardenbeträge, mit denen die Landwirtschaft und damit der rücksichtslose Umgang mit der Natur subventioniert wurde.

Vieles sprach dafür, die grüne Halbinsel Eiderstedt ins NATURA 2000-Netz aufzunehmen. Dafür plädierten vor allem die Naturschutzverbände. Da Eiderstedt ein bedeutendes Brut- und Rastgebiet für bedrohte Vogelarten wie Trauerseeschwalbe, Uferschnepfe und Kiebitz sei, müsste es zum Netz NATURA 2000 gemeldet werden, hatten Hermann Hötker und Georg Nehls vom Michael-Otto-Institut 2004 in einer gemeinsamen Sitzung des Umwelt- und Agrarausschusses im schleswig-holsteinischen Landtag gefordert: »Ohne aktive Schutzmaßnahmen können die Bestände der wertgebenden Arten in Eiderstedt nicht erhalten werden.« Ausdrücklich erwähnten sie die Trauerseeschwalbe, deren wichtigstes Brutgebiet sich auf Eiderstedt befinde und deren Bestände jährlich von Claus Ivens gezählt würden.[18]

Als die Landesregierung sich dieser Forderung anschloss, war 2004 auf der Halbinsel der Teufel los. Von »Flächenraub«, »Öko-Faschismus« und »Bauernaufstand« war die Rede. Mehr als 1000 Landwirte und ihre Vertreter aus ganz Schleswig-Holstein fuhren nach Kiel und protestierten vor dem Landeshaus. Auf den Wiesen lasen staunende Touristen auf dem Weg nach St. Peter-Ording Schilder mit der Aufschrift »Ökodiktatur Nein Danke«. Der Umweltminister Klaus Müller (Grüne) wurde als »Bauernkiller« beschimpft. Es regnete faule Eier, Stohpuppen wurden gehenkt und verbrannt, und Vogelschützer konnten nur noch mit Eskorte über die Halbinsel fahren.[19] Inzwischen ist es ruhiger geworden. Die Landesregierung hat nachgegeben. Nur ein Teil, nämlich knapp 7000 Hektar der 30 000 Hektar großen Halbinsel, ist als Vogelschutzgebiet ausgewiesen. Hinzu kommen inzwischen 5000 Hektar Vertragsnaturschutz, den die Landwirte freiwillig mit den Naturschutzbehörden abschließen, auch weil sie inzwischen die finanziellen Zuwendungen zu schätzen wissen, die sich daraus ergeben. Seit 2010 gibt es einen Managementplan für das Vogelschutzgebiet, so wie es die FFH-Richtlinie vorschreibt. Sein übergreifendes Ziel ist der Erhalt des »großräumig offenen Grünlandgebietes als Brut-, Nahrungs- und Rastgebiet« unter anderem für die Trauerseeschwalbe. »Voraussetzung dafür ist die Erhaltung der Tränkekuhlen und des Grabennetzes, die Erhaltung des Dauergrünlandanteils sowie eines hohen Anteils von Flächen mit charakteristischem Beet-Grüppen-System.«[20] Doch der Plan scheint nicht viel zu nützen, die Zahl der Brutpaare geht weiter zurück.

Exklusiver Nestbesuch

Claus Ivens will mir zeigen, woran das liegt, will erklären, was ein Einzelner leisten kann und wo die Grenzen liegen, wenn das System dahinter nicht funktioniert. Wir gehen die Warft, den künstlich angelegten Hügel, auf dem Haus, Garten und Ställe stehen, hinab zu seinen Wiesen. Links und rechts eines Fahrwegs verläuft ein 4,5 Meter breiter tiefer Graben, dahinter liegen die lang gezogenen, von Grüppen unterbrochenen Fennen, wie die Weiden hier heißen. Manche Rinder heben nicht einmal den Kopf, als wir vorbeigehen, andere kommen neugierig zum Graben. Ivens weist auf die tiefen Gräben links und rechts des Fahrweges. Sie stehen fast bis zum Rand voll Wasser, obwohl es die vergangenen Wochen kaum geregnet hat. Der Landwirt reguliert sein Grabensystem so, dass das Wasser bei ihm höher steht als auf den umliegenden Weiden. Das kann er nur, weil er in diesem Gebiet der einzige Eigentümer ist, denn der Hinteranlieger hat immer das Recht, sein Wasser loszuwerden. Ein Einzelner, so zeigt sich, kann aus dem System kaum ausbrechen.

Einer von Ivens' Gräben ist dicht bewachsen. Stachelige Spitzen schauen heraus, die Wasseraloe, wie die Krebsschere auch genannt wird, hat ein grünes Geflecht gebildet. Die Wasseroberfläche ist kaum noch zu sehen. An manchen dieser stacheligen Blätter hängen vertrocknete Reste von Fadenalgen. »Die Algen wachsen die Gräben ebenfalls zu. Dann werden die Gräben moderig, es bilden sich Faulgase, Fische und Frösche verenden«, erklärt Ivens. Die Krebsschere macht den Algen den Garaus. Im Winter sinkt die Wasserpflanze auf den Gewässerboden, im Frühjahr steigt sie wieder auf und nimmt dabei die Fadenalge mit, die auf ihren Blättern vertrocknet. Auf solchen Pflanzenteppichen von dicht an dicht wachsenden Krebsscheren haben früher ebenfalls Trauerseeschwalben gebrütet.

Etwa 50 Meter weiter wandelt sich das Bild. Auf der Wasseroberfläche spiegelt sich der blaue Frühsommerhimmel. Ivens hat einen Teil des Grabens räumen lassen, aber nur so viel, dass sich Pflanzen- und Tierwelt von den Rändern her wieder regenerieren kann. Das Wasser ist klar, ein Tummelplatz für Fische und Insekten. Hier leben noch der unter Naturschutz stehende Große Kolbenwasserkäfer und die Grüne Mosaikjungfer, eine vom Aussterben bedrohte Edellibelle, die ohne Krebsschere nicht überleben kann, denn die Weibchen legen ihre Eier tief in die von Wasser umspülten Rosetten der Pflanze. In diesem Schwimmnest überwintern die Eier. Im Herbst sinken sie mit der Krebsschere auf den Gewässerboden, der frostfrei bleibt, selbst wenn sich oben auf dem Gewässer eine dicke Eisschicht gebildet hat. Im Frühjahr steigen die Libelleneier mit der Krebsschere wieder an die Wasseroberfläche. Erst dann schlüpfen die Larven und verbringen die erste Zeit in einem stachelbewehrten, von der Sonne beschienenen Mini-Swimmingpool, wo sie vor Fressfeinden wie Fischen geschützt sind. In den Gräben von Claus Ivens kann die Grüne Mosaikjungfer laichen und wachsen, weil der Landwirt die Krebsschere schützt.

Ivens öffnet ein Gatter. Wir treten an einen Graben heran. Der Landwirt zeigt auf seinen Stau, mit dem er verhindert, dass »sein« Wasser in die angrenzenden Gräben abläuft, die ihm nicht gehören. Der Pegelunterschied zum Graben dahinter beträgt 80 Zentimeter. So steht das Wasser in seinen Grüppen länger als auf den Wiesen seiner Nachbarn. Der Boden bleibt feucht, das Gras saftig. Mehr Kiebitze habe er auf seinen Weiden auch, seit er das Wasser höher stauen könne, stellt er befriedigt fest, als er das Gatter wieder hinter uns schließt.

Er habe seine Gräben untersuchen lassen, sagt Ivens. 85 Arten habe man in ihnen gefunden, davon viele, die vom Aussterben bedroht sind. In Gräben, die einmal im Jahr trockengefallen sind, hätten die Biologen hingegen gerade mal drei bis vier Schnecken gefunden. Die ausgetrockneten, schilfbewachsenen Gräben haben noch einen weiteren Nachteil: »Füchse leben im Schilf, unbeobachtet vom Jäger. Die Wiesenvögel glauben, dass sie im Schilf der Grabenränder die sicherste Deckung für ihre Gelege und die Kükenaufzucht haben, und werden vom Fuchs erbeutet.« Er erzählt das alles auch deshalb, weil es Leute gibt, die meinen, man solle nicht so viel Aufhebens wegen der Trauerseeschwalbe machen. »Die Trauerseeschwalbe ist ein Indikator für den Lebensraum, den ich zerstöre. Wenn ich sage: Der Kolbenwasserkäfer stirbt aus, dann sagt einer: Was ist das denn? Hab' ich ja noch nie gesehen. Die Trauerseeschwalbe hingegen kennt jeder auf der Halbinsel.«

Um mir die letzten Überlebenden ihrer Art auf Eiderstedt zu zeigen, machen wir uns auf in Richtung Küste ins 20 Kilometer entfernte Westerhever. Auf zwei Tränkekuhlen haben er und andere Vogelschützer im Frühjahr künstliche Brutflöße ausgelegt. Das geschieht mittlerweile überall in Deutschland, wo es noch Trauerseeschwalben gibt. Die Flöße schützen vor Raubtieren, wie dem Fuchs. Die Tränkekuhlen befinden sich gut geschützt vor neugierigen Blicken hinter mehreren verschlossenen Gattern. Aber schon auf dem Weg dahin fällt auf: Die Wiesen liegen trocken, die Gräben weitgehend auch, obwohl sie zum Vogelschutzgebiet gehören. Wir kommen an die erste Tränkekuhle. Auf dem Wasser schwimmen grasbewachsene Inselchen, zu denen die Flöße mittlerweile geworden sind. Darüber hört man vier Altvögel kreischen. Es sollten mehr sein. »Auf dieser Kuhle waren neun Gelege, auf der anderen sechs, und die Küken müssten zwölf bis 13 Tage alt sein. Sieht schlecht aus«, brummt Ivens, blickt noch einmal konzentriert durch sein Fernglas und hat am Ende doch noch zwei sehr kleine Küken entdeckt. An der zweiten Kuhle sind gar keine Trauerseeschwalben zu sehen.

Streit ums Wasser

Ohne ausreichend Wasser in den Grüppen und Gräben keine Trauerseeschwalben, keine Kiebitze, keine Fischchen, Libellen und Kolbenwasserkäfer, das ist Claus Ivens' Botschaft. So fordert es auch der Managementplan für das Europäische Vogelschutzgebiet auf Eiderstedt: »Der Wasserhaushalt ist durch gezieltes Wassermanagement dahingehend zu optimieren, dass zur Brut- und Jungenaufzuchtzeit (Mitte März bis Mitte Juli) ausreichend hohe Wasserstände und offene Wasserflächen vorhanden sind.«[21] Genau das ist nicht der Fall. Zuständig für die Regulierung der Wasserstände sind die Deich- und Hauptsielverbände. Sie sind wiederum der Unteren Naturschutz- und Wasserbehörde unterstellt. Gegen die hat der NABU 2008 deshalb eine Klage nach dem Umweltschadensgesetz angestrengt. Das Gesetz, das 2007 in Kraft trat, ermöglicht es erstmals, die Verursacher von Schäden an ökologischen Gütern haftbar zu machen, auch wenn der Schaden keine wirtschaftlichen Folgen hatte.

»Wasserwirtschaft darf nicht allein den Zielen der Landwirtschaft dienen, sondern muss auch den Naturschutz berücksichtigen. Die Belange des Naturschutzes, der Landwirtschaft und der Siedlung stehen im Wassergesetz gleichberechtigt nebeneinander und sind in der Art und Weise der Wasserbewirtschaftung miteinander umzusetzen«, sagt Sibylle Stromberg, Leiterin des an der Eidermündung gelegenen NABU-Naturzentrums Katinger Watt. Die Naturschützer haben damit das Recht auf ihrer Seite, aber der Trauerseeschwalbe hat das nicht viel genützt. Wer eine Klage gegen eine Behörde anstrengt, braucht einen langen Atem. In erster Instanz verlor der NABU, ging in Berufung und bekam 2016 vor dem schleswig-holsteinischen Oberverwaltungsgericht Recht. »Die geschützte Art Trauerseeschwalbe und ihr natürlicher Lebensraum haben zur Überzeugung des Senats einen Schaden im Sinne des Umweltschadensgesetzes erlitten«, heißt es im Urteil.²² Eine Revision wurde nicht zugelassen.

Eine Erhöhung der Wasserstände im Vogelschutzgebiet hat das Urteil nicht ausgelöst. Der Kreis Nordfriesland und der Deich- und Hauptsielverband Eiderstedt legten beim Bundesverwaltungsgericht Beschwerde gegen die Nichtzulassung der Revision ein. Bis zu einer endgültigen Entscheidung gibt es kein rechtsgültiges Urteil, es müssen somit auch keine Aktivitäten zur Sanierung des Umweltschadens ausgeführt werden. Es sieht nicht gut aus für das Überleben der Trauerseeschwalbe auf Eiderstedt. 2017 haben die Paare dort neun Jungvögel großgezogen. Im September haben diese sich zusammen mit ihren Eltern auf die lange Reise ins Winterquartier nach Afrika begeben. Hoffentlich kommen sie wieder. Eiderstedt ist kein Einzelfall. Von den NATURA 2000-Gebieten hat ein Teil immer noch keinen Managementplan, der die Bewirtschaftung der Gebiete so regelt, dass die Tier- und Pflanzenarten, die dort Rückzugsgebiete gefunden haben, auch wirklich geschützt werden.²³

Ab 2014 sollte in Europa alles anders werden. »Greening« lautete das neue Zauberwort der EU-Kommission. Die Erkenntnis hatte sich durchgesetzt, dass es nicht reicht – wie bei NATURA 2000 –, auf ausgewählte Arten mehr Rücksicht zu nehmen. Der Vorschlag lautete deshalb: Die Landwirte sollten sieben Prozent der Ackerflächen als »ökologische Vorrangflächen« aus der Produktion nehmen und für ökologische Zwecke zur Verfügung stellen. Nur dann sollten sie weiterhin die etwa 300 Euro betragende Prämie für jeden Hektar Land erhalten, den sie bewirtschaften. Am Ende blieben, auch auf Druck Deutschlands, fünf Prozent übrig, und selbst diese fünf Prozent verdienen die Bezeichnung Greening oftmals nicht. Als ökologische Vorrangflächen gelten nicht nur Brachen, Blühstreifen, Hecken oder Pufferstreifen an Gewässern, sondern auch der Zwischenfruchtanbau von Pflanzen, die den

Stickstoff im Boden binden, aber der Vielfalt nichts nützen. Naturschützer hatten aus ökologischer Sicht mindestens zehn Prozent ökologische Vorrangflächen gefordert, konnten sich aber – wieder einmal – gegen die vereinten Kräfte der Agrarlobby nicht durchsetzen.

So wird der Artenverlust weitergehen und er wird nicht nur seltene Orchideenarten, Falter oder Vögel treffen. Die Entwicklung ist viel dramatischer. »Es handelt sich um einen Zusammenbruch unserer Allerweltsarten«, sagt Hubert Weiger, Vorsitzender des Naturschutzbunds Deutschland (BUND), als ich ihn in Berlin zu einem Gespräch treffe. Der könnte nur gestoppt werden, wenn die Agrarpolitik grundsätzlich umsteuert.[24]

ZURÜCK ZUR NATUR
Eine andere Landwirtschaft ist möglich

An einem kalten Aprilmorgen treffe ich Martin Flade. Es ist kurz nach Sonnenaufgang, und der Vogelkundler will heute für das bundesweite Monitoring die Vögel rund um das Ökodorf Brodowin in Brandenburg zählen. Unser erster Stopp befindet sich in unmittelbarer Nähe des Dorfes. Wir gehen über eine feuchte Wiese zu einem See, in dem sich die Strahlen der aufgehenden Sonne spiegeln. »Hier, in dieser Bucht, gibt es zweimal so viele Trauerseeschwalben wie in ganz Schleswig-Holstein«, erzählt Flade mit einem kleinen Seitenhieb auf mein Bundesland. Dann schaltet er die Stoppuhr ein und zählt: Gartenrotschwanz, Zilpzalp, Kohlmeise, Fitis, Buchfink, Goldammer, Schafstelze, Rotkehlchen, Nebelkrähe, Lachmöwen. In der Ferne trommelt ein Specht, Kraniche rufen. Heidelerchen orgeln hoch oben in der Luft, ein Zaunkönig schmettert in einer Hecke sein Lied, Mönchsgrasmücke, Blaumeise und Bachstelze fliegen vorbei. Auf dem Wasser schwimmen Blässhühner, Zwergtaucher, Schnatterenten.

Drei Stunden dauert unsere Tour, auf der Martin Flade mir erklärt, warum es in Brodowin diese Vielfalt noch gibt. Da sind die kleinen Hügel, die sich Kleiner Rummelsberg, Seefeldsberg oder Mühlenberg nennen, »absolute Extensivflächen«, wie er sie nennt. Bald werden sie anfangen zu blühen und Zehntausende Insekten anziehen. Sie werden ab und zu von Schafen, Ziegen oder Eseln beweidet und nur im Spätsommer gemäht. Wir stapfen über Äcker, auf denen Blühstreifen angelegt worden sind. Die meist ungepflasterten Wege sind beiderseits von Hecken bestanden. Auf einem Acker müht sich das Weibchen eines Blauen Maiwurms durch das noch niedrig stehende Getreide. In ihrem dicken Hinterleib befinden sich Tausende Eier, die sie auf dem Acker ablegen wird. Die Käfer können nicht fliegen. Ihre winzigen Larven krabbeln auf Blüten. Kommt eine Wildbiene vorbei, klammern sie sich an deren Beine und lassen sich in die Brutkammern tragen, um dort die Brut und den Pollenvorrat aufzufressen. Klingt fies, ist es aber nicht, sondern ein Zeichen für intakte Natur. Wo der Blaue Maiwurm lebt, gibt es viele Wildbienen, die als Bestäuber dringend gebraucht werden.

Von Brodowin bis zur Oder sind nur es 15 Kilometer, bis nach Berlin gut 80. Totale Tote-Hose-Gegend. Doch das Dorf lebt. Die Arbeitslosigkeit stieg nach dem Mauerfall nie über fünf Prozent. Für Brandenburgs Osten sensationell gering. Und das hat mit der Landwirtschaft zu tun. In Brodowin befindet sich einer der größten Demeterhöfe Deutschlands. Die arbeitsintensivere Biolandwirtschaft hat Arbeitsplätz geschaffen und Brodowin zur Pilgerstätte für Ökotouristen gemacht. Zum Hoffest kommen bis zu 7 000 Besucher. Seit 1991 werden hier Landwirtschaft und Naturschutz unter einen Hut gebracht.

Landwirte als Naturschützer – nimmt man die Aussagen des Deutschen Bauernverbands wörtlich, ist das auch das Ziel seiner Mitglieder. Bäuerliches Streben sorge »für das Bewahren und Schützen von Kulturlandschaft, Boden, Luft und Wasser, Tieren und Pflanzen«. So steht es im Leitbild des Deutschen Bauernverbands, beschlossen im Jahr 2011.[1] Wäre ich Landwirtin, die Aussage würde mir gefallen – nur leider steckt sie viel zu sehr voller Wunschdenken und erzählt viel zu selten – siehe die Beispiele in diesem Buch – die Wahrheit. »Praktisch alle Tier- und Pflanzengruppen in der Agrarlandschaft sind von einem eklatanten Schwund betroffen«, so Beate Jessel, Präsidentin des Bundesamtes für Naturschutz, anlässlich der Vorstellung des Agrarreports 2017. Sie forderte dringend eine Kehrtwende in der Agrarpolitik. Die große Frage ist: Wie lässt sich die erreichen? Gibt es dafür Mehrheiten? Wer sind die Verbündeten, wer die Verhinderer?

Beginnen wir mit den Verhinderern: 2001 veröffentlichte der NABU die Studie »Lobbyverflechtungen in der deutschen Landwirtschaft«. Die BSE-Krise hatte gerade ihren Höhepunkt erreicht. Der neueste Auswuchs des Agrar-Massenproduktions-Irrsinns war ans Tageslicht gekommen. Milchkühe – also Pflanzenfresser – waren mit Tiermehl gefüttert worden, das aus gemahlenen Kadavern und Schlachtabfällen gewonnen worden war, von denen das eine oder andere Tier zuvor an Rinderwahn gestorben war. Wieder einmal war das Entsetzen groß. Wieder einmal forderten Politik, Verbraucher und Teile der Landwirtschaft eine dringend notwendige Agrarwende, weg von Intensivierung und Spezialisierung hin zu mehr Rücksicht auf Umwelt, Tierwohl und das Überleben von bäuerlichen Familienbetrieben. Wieder einmal verlief die Wende weitgehend im Sande.

Die Studie kam zu dem Schluss, dass von den Fehlentwicklungen in der Landwirtschaft bestimmte Kreise profitieren: »landwirtschaftliche Großbetriebe, Agrarhandelsunternehmen und die verarbeitende Industrie«. Das führe dazu, dass »Bauernvertreter mit ihren agrarpolitischen Vorstellungen oftmals gegen die Interessen der eigenen Klientel handeln«. Um das zu beweisen, untersuchten die Autoren personelle Verquickungen. Ergebnis: »Der Widerstand vieler Bauernfunktionäre gegen die Reform der Agrarpolitik erklärt sich häufig aus ihrer ganz persönlichen wirtschaftlichen Interessenslage.« Und weiter heißt es in der Studie: »So ist es zum Beispiel kein Wunder, dass der westfälische Bauernpräsident Franz-Josef Möllers lange gegen die offene Deklaration von Futtermitteln eingetreten ist, wenn man weiß, dass er Aufsichtsratsvorsitzender eines der größten deutschen Futtermittelhersteller ist.«

Möllers hatte noch eine Reihe anderer einflussreicher Posten: Er saß beispielsweise im Präsidium des Deutschen

Bauernverbands und als Aufsichtsratsvorsitzender kontrollierte er die Raiffeisen Central Genossenschaft Nordwest e.G. RCG mit Sitz in Münster, einen der größten Mischfutterhersteller in Deutschland. Kommentar der Autoren: »Böse Zungen sehen hierin einen Interessenkonflikt und erklären sich so den Umstand, dass sich Franz-Josef Möllers trotz BSE-Krise lange gegen die offene Kennzeichnung der Futtermittelinhaltstoffe ausgesprochen hat.«[2] Sie reden für die Kleinen, handeln aber für die Großen, könnte man das Ergebnis der Studie zusammenfassen. Sie sorgte für einen Sturm der Entrüstung seitens des Bauernverbands. Die Studie wurde nie aktualisiert.

Dabei haben solche Interessenverquickungen bei Bauernverbandsvertretern Tradition und sind auch kein Geheimnis. Constantin Bonifatius Herman-Josef Antonius Maria Freiherr Heereman von Zuydtwyck (CDU), von 1969 bis 1997 Präsident des Deutschen Bauernverbandes, hatte unter anderem einen Aufsichtsratsposten bei der Deutschen Genossenschaftsbank, bei der Handels- und Privatbank, die in den 1920er Jahren als Bank für Landwirtschaft AG gegründet worden war, und bei Klöckner-Humboldt-Deutz. Deutz stellt Landmaschinen her, 1992 allein eine Million Traktoren. Zudem war Heereman Mitglied im Aufsichtsrat des Chemieunternehmens Bayer, was protestierende Landwirte in den 1980er Jahren zu dem boshaften Kalauer inspirierte: »Bauern und Bayer Leverkusen – man kann doch nicht mit beiden schmusen.«[3] Joachim Ruckwied, derzeit Präsident des Deutschen Bauernverbandes, ist Mitglied im Aufsichtsrat des BayWa Konzerns, einem der zehn größten Agrarhändler weltweit.[4]

Auch politisch ist die Agrarlobby bestens vernetzt. Heereman war von 1983 bis 1990 Mitglied im Deutschen Bundestag. Landwirte sitzen in Kommunalparlamenten, in Kreis- und Landtagen und haben so einen kurzen Draht zur Politik. Im 2017 gewählten Bundestag befinden sich unter den ersten fünf Nebenverdienst-Spitzenreitern drei Landwirte: Albert

Stegemann (CDU), Hans-Georg von der Marwitz (CDU) und Carl-Julius Cronenberg (FDP).[5] »Historisch gehört Deutschland nicht zu den aktiven Reformkräften in der europäischen Agrarpolitik«, schreibt der Sachverständigenrat für Umweltfragen 2016 in seinem Gutachten. »Deutschland steht vielfach im Bündnis mit anderen großen Mitgliedstaaten, die bei den vergangenen Reformen versucht haben, die wiederholten Anläufe zu einer ökologischen Qualifizierung der Subventionen auszubremsen oder aufzuweichen.«[6]

Wer eine Erklärung dafür sucht, dass Naturschutzverbände trotz ihrer mehr als einer Million Mitglieder nicht mehr erreicht haben, wer sich fragt warum auch größtmöglicher Einsatz innerhalb der Naturschutzbehörden immer wieder den Interessen der Landwirtschaft untergeordnet wurde, findet hier eine Erklärung. »Hinter den Bauernverbänden stehen gewaltige ökonomische Kräfte«, sagt der BUND-Vorsitzende Hubert Weiger. Der lange Arm dieser Interessen reicht weit hinein in die Politik und die Ministerien. Das zeigt ein Glückwunschschreiben zum Amtsantritt von Christian Schmidt, Bundesminister für Ernährung und Landwirtschaft, der 2014 die Nachfolge von Hans-Peter Friedrich antrat (beide CSU). »Wir sind zuversichtlich, dass Minister Schmidt den von Dr. Friedrich eingeschlagenen Weg fortführen wird und das Bundesministerium für Ernährung und Landwirtschaft ebenfalls in der Hauptsache als Wirtschaftsressort betrachtet«, heißt es in dem Schreiben. Wohlgemerkt: Wirtschaftsressort, nicht Landwirtschaftsressort.

Die Gratulanten waren zwei ökonomische Schwergewichte. Im Bund für Lebensmittelrecht und Lebensmittelkunde e.V. sind etwa 500 Verbände und Unternehmen der gesamten Lebensmittelkette – von Industrie, Handel, Handwerk bis zur Landwirtschaft – organisiert. Die Bundesvereinigung der Deutschen Ernährungsindustrie (BVE), der zweite Gratulant, vertritt die Ernährungsindustrie, die nach eigenen Aussagen

»drittgrößte Industrie Deutschlands«, dazu eine mit internationaler Bedeutung. »Mit einer Exportquote von 31 % schätzen zudem Kunden weltweit die Qualität deutscher Produkte«, heißt es in dem Schreiben.[7] Wer sich wundert, warum Minister Schmidt immer wieder betonte, die deutsche Landwirtschaft müsse »auf Wochenmarkt und Weltmarkt bestehen«, und warum sein Titel Minister für Ernährung und Landwirtschaft lautet – in dieser Reihenfolge –, hier ist eine Erklärung. Zweifel sind also angebracht, ob der Bauernverband im Kampf für mehr Artenvielfalt und eine naturgerechte Landwirtschaft die erste Adresse ist.

Kommen wir zu den Verbündeten. Die große Mehrheit der Landwirte sind Getriebene eines Systems, das nahezu ausschließlich auf Intensivierung setzt, in Wirklichkeit aber den Interessen eines agrarindustriellen Komplexes dient. Seit Jahrzehnten heißt das Schlagwort »wachsen oder weichen«. Ihm sind seit 1975 mehr als zwei Drittel der Höfe in Deutschland zum Opfer gefallen, weil sie dem Konkurrenzdruck nicht standhalten konnten.[8] Diese Entwicklung ist nicht gestoppt. »In den vergangenen zehn Jahren haben zehn Prozent der Schweinehalter aufgegeben und fünf Prozent der Milchviehbetriebe, aber die Zahl der Tiere hat nicht abgenommen«, sagte BUND-Vorsitzender Hubert Weiger, als ich ihn 2017 in Berlin besuchte. Der Trend zu noch größeren Betrieben, zu noch intensiverer Bewirtschaftung ist ungebremst. Damit sich das ändert, müsste die Politik die Weichen anders stellen, müssten die Milliarden, die Jahr für Jahr in die Landwirtschaft fließen, anders verteilt werden.

Viele Landwirte und die Mehrheit der Verbraucher haben diese Politik satt. Sie gründen Bioproduktionsgenossenschaften wie »Bio-Boden« oder Bürgeraktiengesellschaften wie die »Regionalwert AG« in Freiburg oder Hamburg, um ökologisches Handeln mit regionalem Bezug anzuregen. Sie kaufen Bio, lassen sich »Biokisten« mit regionalem Obst und Gemüse nach Hause liefern oder finanzieren, wie bei der solidarischen Landwirtschaft, gemeinsam einen landwirtschaftlichen Betrieb, um im Gegenzug dessen Ernteerträge zu erhalten. Gegen eine politisch fest verankerte agrarindustrielle Lobby mit Milliardenumsätzen ist das allerdings nur ein Tropfen auf den heißen Stein.

Was also sind die großen Hebel, um eine Veränderung herbeizuführen? Damit sind wir bei der Politik. Sie muss die Weichen anders stellen. Derzeit erhält ein landwirtschaftlicher Großbetrieb mit 1000 Hektar, der seine Ackerflächen mit wenigen Lohnarbeitern intensiv bearbeitet, fast die gleiche Summe pro Hektar wie ein Landwirt mit 50 Hektar, der sein Grünland mit viel Handarbeit extensiv bewirtschaftet. Während der eine unterstützt mit Hunderttausenden Euros aus Brüssel seinen Betrieb weiter intensivieren kann, bleibt dem anderen kaum genug zum Leben. »Die Bauern müssen honoriert werden für öffentliche Leistungen«, fordert deshalb Hubert Weiger, fordern Naturschutzverbände und das Umweltministerium. Öffentliche Mittel soll nur erhalten, wer Lebensräume wie saubere Gewässer, Hecken, Knicks und Randstreifen bereitstellt oder schafft, wer auf Pflanzenschutzmittel verzichtet und auf Tierwohl achtet. Das Ziel ist ein »zukunftsfähiger Gesellschaftsvertrag mit der Landwirtschaft«, so 2017 eine Studie des Bundesamtes für Naturschutz, im Auftrag des Bundesumweltministeriums.[9] Wer solche Leistungen nicht erbringt, müsste ohne Subventionen auskommen und sein Einkommen ausschließlich mit dem Verkauf der Produkte erzielen.

Öffentliche Gelder für öffentliche Leistungen – dahinter steht auch die Befürchtung, dass die Gelder aus Brüssel in Zukunft nicht mehr so üppig fließen werden wie in den vergangenen Jahrzehnten. Landwirte, die Agrarsubventionen als »ihr Geld« ansehen, müssen sich neuerdings fragen lassen, mit welchem Recht sie diese Mittel erhalten, Kranken-, Altenpfleger oder Handwerker hingegen nicht. »Die heutigen Einkommenshilfen sind kein Besitzstand«, warnte Carl-Albrecht Bartmer, 2006 – 2018 Präsident der Deutschen Landwirtschafts-Gesellschaft (DLG), eine Fachorganisation der Ernährungswirtschaft. Wenn Großbritannien als Nettozahler aus der EU ausscheidet, werden Milliarden in der EU-Kasse fehlen. Barbara Hendricks (SPD) Bundesumweltministerin 2013 – 2018 mahnte, es sei in diesen schwierigen Zeiten »ein Privileg, dass fast 40 Prozent des EU-Budgets in die Landwirtschaft fließen«.[10] Da hat eine Landwirtschaft schlechte Karten, die in allen Umweltbereichen versagt – ob Grundwasser-, Klima-, Biodiversitäts- oder Bodenschutz – und trotzdem 300 Euro pro Hektar und Jahr kassiert. Die Forderung nach einer grundlegenden Reform der GAP wird unüberhörbar und wegen des Brexits kommt sie mit Macht schon weit vor der nächsten Förderperiode ab 2021.

Die Botschaft ist in der Landwirtschaft angekommen. »An einigen Punkten überschreitet der Modernisierungspfad allerdings die Grenzen der Nachhaltigkeit und er gefährdet die Resilienz der Systeme.« Die etwas steife Formulierung stammt von der DLG, also aus dem Herzen der Agrar- und Ernährungswirtschaft. Die Organisation gesteht 2017 erstmals öffentlich Fehler ein. Das ist umso bemerkenswerter, weil sie als ihre Ziele explizit die »Förderung von Wissenschaft und Forschung, insbesondere des technischen, biologischen und organisatorischen Fortschritts in der Agrar- und Ernährungswirtschaft« nennt.[11] Die Branche steckt in einer Sackgasse. Nitrat im Grundwasser, »Monster-Unkräuter« auf den Äckern, die gegen die meisten Unkrautvernichtungsmittel resistent sind, das Verschwinden von Insekten als Bestäuber sowie der Ansehensverlust in der Bevölkerung lassen inzwischen manchen Landwirt nicht mehr ruhig schlafen. Die DLG fordert deshalb: »Zur Erhöhung der Biodiversität sollten Landwirte auch in intensiven ackerbaulichen Regionen eine höhere Sensibilität für den ökologischen Wert von Ruderal- und

Saumstrukturen (Raine, Hecken, Ackerrandstreifen, Gehölze, Verbuschungsflächen …) entwickeln und diese Habitate, den ökologischen Zielsetzungen folgend, pflegen und vernetzen.«[12]

Wo sind die Mehrheiten? Geld nur noch für öffentliche Leistungen – noch klingt das utopisch. Doch die Unzufriedenen, die die bisherige Agrarpolitik satthaben, werden mehr. Dazu gehören all die Landwirte, die auf Bio umgestellt haben oder es wollen, die rauswollen aus dem Teufelskreis von mehr Ertrag und immer höheren Kosten, die ihre Tiere als Lebewesen ansehen und nicht als Produktionsfaktor. Dazu gehören die Konsumenten, die wissen wollen, woher die Produkte stammen, die sie verzehren, und wie sie hergestellt wurden. Dazu gehören Naturfreunde, Radfahrer, Jogger und Spaziergänger, die sich in unseren ausgeräumten Landschaften nicht mehr wohlfühlen. Auch die Politik hat reagiert. Die Bundesregierung betont in ihrem Koalitionsvertrag vom März 2018, ihr liege »der Schutz der Bienen besonders am Herzen«.

Und der Welthunger? Jeder, der sich für eine naturverträgliche Landwirtschaft einsetzt, wird früher oder später mit dem Argument konfrontiert, damit könne man nicht die Welt ernähren. Ein Blick in die Broschüre »Welternährung verstehen« des Bundesministeriums für Ernährung und Landwirtschaft belehrt eines Besseren. »Die Landwirtschaft erzeugt derzeit etwa ein Drittel mehr Kalorien, als für die Versorgung aller Menschen rechnerisch benötigt wird – und noch wächst die Lebensmittelproduktion schneller als die Weltbevölkerung.«[13] Trotz Krieg, trotz Dürre, trotz korrupter Regierungen, die manche Kornkammer Afrikas zum Lebensmittelimporteur gemacht haben. Statt die Welt mit billigen Lebensmittelüberschüssen zu fluten, sollten wir anfangen, die Natur vor unserer Haustür zu retten, bevor es zu spät ist. Ein klitzekleiner Anfang ist mit meiner kleinen Wiese gemacht. Nachmachen lohnt sich!

ANHANG

Anmerkungen

Für die Onlinequellen gilt der 21.06.2018 als letztes Zugriffsdatum.

PROLOG (S. 8–15)

1 Richter, Klaus: Die Bedeutung von Verkehrsbegleitgrün für die Biodiversität der »Normallandschaft«, Vortrag beim Deutschen Naturschutztag, 2016; Kreutz, Karel C. A. J.: Über Ophrys apifera und ihre Varietäten in den Niederlanden, in: Journal Europäischer Orchideen 46 (2014) 1, S. 5–30, URL: www.researchgate.net/publication/262414297_Uber_Ophrys_apifera_und_ihre_Varietaten_in_den_Niederlanden
2 Evangelische Akademie Sachsen-Anhalt e.V.: Mehr Vielfalt in Agarlandschaften. Bericht zur Tagung am 20. bis 22. Juni 2014 an der Evangelischen Akademie Sachsen-Anhalt in der Lutherstadt Wittenberg, URL: www.kilr.de/wp-content/uploads/Mehr_Vielfalt_Agrar_2014_dokumentation_fini.pdf
3 Deutscher Bauernverband: Situationsbericht 2014/2015. Bioenergie und Nachwachsende Rohstoffe, URL: www.bauernverband.de/23-bioenergie-und-nachwachsende-rohstoffe

WIESEN UND WEIDEN (S. 20–34)

1 Reeg, Tatjana/Spiecker, Heinrich/Murach, Dieter/Konold, Werner/Bemmann, Albrecht (Hg.): Anbau und Nutzung von Bäumen auf landwirtschaftlichen Flächen, Weinheim 2009.
2 Luick, Rainer/Schuler, Hans-Karl: Waldweide und forstrechtliche Aspekte, in: Berichte des Instituts für Landschafts-Pflanzenökologie Universität Hohenheim (2007) 17, S. 149–164, URL: www.uni-hohenheim.de/fileadmin/einrichtungen/ecology/Dateien_Inst-Ber_17/9_NEU_Luick_149-164.pdf
3 Liebig, Justus von: Chemische Briefe. Neunundzwanzigster Brief, Sechste Auflage, Neuer unveränderter Abdruck der Ausgabe letzter Hand, Leipzig und Heidelberg 1878, URL: www.liebig-museum.de/justus_liebig/chemische_briefe/
4 Cameron, Duncan D./Seel, Wendy E.: Functional Anatomy of Haustoria Formed by *Rhinanthus Minor*. Linking Evidence from Histology and Isotope Tracing, in: New Phytologist 174 (2007) 2,

S. 412–419, URL: http://onlinelibrary.wiley.com/doi/10.1111/j. 1469-8137.2007.02013.x/full

5 Klein, Edmund J.: Sommerlust. Eine biologische Plauderei über die Flora der warmen Jahreszeit, in: Bulletin de la Société des naturalistes luxembourgeois, (1900) 10, S. 168, URL: www.snl.lu/publications/bulletin/SNL_1900_010_057_067.pdf

6 Poschlod, Peter: Diasporenbanken in Böden – Grundlagen und Bedeutung, Universität Hohenheim, Institut für Landeskultur und Pflanzenökologie, 1991, URL: https://epub.uni-regensburg.de/18988/1/ubr13560_ocr.pdf; Poschlod, Peter: Kulturlandschaft, Landnutzungswandel und Vielfalt – Mechanismen und Prozesse der Entstehung und Entwicklung unserer Kulturlandschaft und die Notwendigkeit einer Genbank für »Wildpflanzen für Ernährung und Landwirtschaft (WEL)«, in: Handbuch Genbank WEL, Hoppea, Denkschrift Regensburgische Botanische Gesellschaft, Sonderband (2014), S. 7–40, URL: www.regensburgische-botanische-gesellschaft.de/data/So74/01-HOPPEA_Kap_01_Web.pdf

7 Deutscher Bundestag: Sondergutachten des Rates von Sachverständigen für Umweltfragen (SRU) vom März 1985 über Umweltprobleme der Landwirtschaft, S. 168, URL: http://dipbt.bundestag.de/doc/btd/10/036/1003613.pdf

8 Minister für Ernährung, Landwirtschaft und Forsten des Landes Schleswig-Holstein: 25 Jahre Flurbereinigung in Schleswig-Holstein 1954–1979, Husum 1980, S. 26, URL: www.schleswig-holstein.de/DE/Fachinhalte/L/landwirtschaft/Downloads/25Jahre_Flurbereinigung.pdf?__blob=publicationFile&v=1

9 Ebenda, S. 27.

10 Sondergutachten des SRU, 1985, S. 14 und 78.

11 Bührer, Wilhelm: 50 Jahre Düngemittelstatistik in Deutschland, in: Statistisches Bundesamt, Wirtschaft und Statistik 5/2001, URL: www.destatis.de/DE/Publikationen/WirtschaftStatistik/IndustrieVerarbeitendesGewerbe/50JahreDuengemittelstatistik_52001.pdf?__blob=publicationFile

12 Krause, Benjamin/Wesche, Karsten/Culmsee, Heike/Leuschner, Christoph: Diversitätsverluste und floristischer Wandel im Grünland seit 1950, in: Natur und Landschaft (2014) 9/10, S. 401/402.

13 Umweltbundesamt: Umweltbelastungen in der Landwirtschaft, 22.04.2015, URL: www.umweltbundesamt.de/themen/boden-landwirtschaft/umweltbelastungen-der-landwirtschaft. Die Schaffung von Biotopverbunden auf mindestens zehn Prozent der Landesfläche ist seit 2002 im Bundesnaturschutzgesetz verankert. Weil ein wirkliches Umsteuern nicht in Sicht ist, plant die Bundesregierung, während dieses Buch entsteht, eine Novellierung des Bundesnaturschutzgesetzes, nach der ein solcher Biotopverbund bis Ende 2027 aufgebaut werden soll. Bundesministeri-

um für Umwelt, Naturschutz, Bau und Reaktorsicherheit: Entwurf eines Gesetzes zur Änderung des Bundesnaturschutzgesetzes, 06.02.2017, URL: www.bmub.bund.de/fileadmin/Daten_BMU/Download_PDF/Naturschutz/bnatschg_novelle_bf.pdf

14 Universität Regensburg: Für die Erhaltung von historisch altem Grünland, Pressemitteilung vom 2. Februar 2015, URL: www.ur.de/pressearchiv/pressemitteilung/467272.html

ÄCKER (S. 36–57)

1 Otto, Elisabeth: Kannst du keinen Namen geben… …musst du einen Code draufkleben. Die klassische biologische Namensgebung könnte bald durch DNA-Codes ergänzt werden, in: pflanzenforschung. de, 25.03.2014, URL: www.pflanzenforschung.de/de/journal/journalbeitrage/kannst-du-keinen-namen-geben-musst-du-einen-code-draufk-10227; Gmelin, Johann Friedrich: Onomatologia botanica completa oder Vollständiges botanisches Wörterbuch, o.O. 1772.

2 Poschlod: Kulturlandschaft, Landnutzungswandel.

3 Meyer, Stefan/Leuschner, Christoph (Hg.): 100 Äcker für die Vielfalt. Initiativen zur Förderung der Ackerwildkrautflora in Deutschland, Göttingen 2015.

4 Zitiert in: Meyer, Stefan/Hilbig, Werner/Steffen, Kristina/Schuch, Sebastian: Ackerwildkrautschutz – Eine Bibliographie – BfN-Skripten 351, 2013, URL: www.bfn.de/fileadmin/MDB/documents/service/skript351.pdf

5 Karlstadter Positionspapier zum Schutz der Ackerwildkräuter, Erarbeitet von den Teilnehmerinnen und Teilnehmern der »Tagung zum Schutz der Ackerwildkrautflora« am 25./26.6.2004 in Karlstadt am Main, URL: www.researchgate.net/publication/242212357_Karlstadter_Positionspapier_zum_Schutz_der_Ackerwildkrauter

6 Poschlod: Kulturlandschaft, Landnutzungswandel, S. 10.

7 Wäldchen, Jana/Pusch, Jürgen/Luthardt, Vera: Zur Diasporen-Keimfähigkeit von Segetalpflanzen. Untersuchungen in Nord-Thüringen, in: Beiträge für Forstwirtschaft und Landschaftsökologie 38 (2005) 2, URL: http://janawaeldchen.de/pdf/artikel_seg.pdf

8 Zitiert in: SRU, 1985, S. 177.

KNICKS UND HECKEN (S. 59–77)

1 Landesamt für Umwelt, Naturschutz und Geologie Mecklenburg-Vorpommern: Landschaftsökologische Grundlagen zum Schutz, zur Pflege und zur Neuanlage von Feldhecken in Mecklenburg-Vorpommern, Schwerin 2001, S. 7, URL: www.lung.mv-regierung.de/dateien/hecke05_sicherung1.pdf

2 Sondergutachten des SRU, 1985, S. 332–333.

3 Landesamt für Umwelt, Naturschutz und Geologie Mecklenburg-Vorpommern: Beiträge zum Bodenschutz in Mecklenburg-Vorpommern. Bodenerosion, 2. überarb. Aufl., Schwerin 2002, URL: www.lung.mv-regierung.de/dateien/bodenerosion.pdf
4 Bundesanstalt für Geowissenschaften und Rohstoffe (BGR): Karte der potentiellen Winderosionsgefährdung, URL: https://www.bgr.bund.de/DE/Themen/Boden/Ressourcenbewertung-management/Bodenerosion/Wind/PEG_wind_node.html
5 Bischoff, Katrin: Massenkarambolage auf der A 19. Tod im Sandsturm, in: Berliner Zeitung, 12.01.2015, URL: www.berliner-zeitung.de/panorama/massenkarambolage-auf-der-a19-tod-im-sandsturm-1555164
6 Landesamt für Umwelt, Naturschutz und Geologie Mecklenburg-Vorpommern: Beiträge zum Bodenschutz in Mecklenburg-Vorpommern.
7 Sondergutachten des SRU, 1985, S. 169.
8 Bayerisches Staatsministerium für Ernährung, Landwirtschaft und Forsten: Naturnahe Hecken durch Verwendung autochthoner Gehölze, München 1995, URL: www.stmelf.bayern.de/mam/cms01/landentwicklung/dokumentationen/dateien/materialien_heft_33_neu.pdf
9 Landesamt für Naturschutz und Landschaftspflege Schleswig-Holstein: Knicks in Schleswig-Holstein – Bedeutung, Pflege, Erhaltung, Kiel 1988.
10 Bayerisches Staatsministerium für Ernährung, Landwirtschaft und Forsten: Naturnahe Hecken durch Verwendung autochthoner Gehölze.
11 Sondergutachten des SRU, 1985, S. 171.
12 Landesamt für Natur und Umwelt des Landes Schleswig-Holstein: Knicks in Schleswig-Holstein. Bedeutung, Zustand, Schutz, Flintbek 2008, S. 7, URL: www.henstedt-ulzburg.de/files/rv-theme/Rathaus/Veroeffentlichungen/Knicks_in_SH.pdf
13 Ebenda.
14 Landesamt für Umwelt, Naturschutz und Geologie Mecklenburg-Vorpommern: Landschaftsökologische Grundlagen zum Schutz, zur Pflege u. zur Neuanlage von Feldhecken in Mecklenburg-Vorpommern, S. 13.
15 Ebenda.
16 Sondergutachten des SRU, 1985, S. 171.
17 Bayerisches Staatsministerium für Ernährung, Landwirtschaft und Forsten: Naturnahe Hecken.
18 Niedersächsischer Landesbetrieb für Wasserwirtschaft, Küsten- und Naturschutz: Niedersächsische Strategie zum Arten- und Biotopschutz. Vollzugshinweise zum Schutz der FFH-Lebensraumtypen sowie weiterer Biotoptypen mit landesweiter Bedeutung in Niedersachsen. Alte Hecken, Wallhecken, Baumreihen/Alleen, Stand November 2011.
19 Roßkamp, Tim: Zur Bestandssituation der Hecken in Niedersachsen und deren Auswirkung auf die Vogelwelt, dargestellt an traditionellen Wall-

heckenlandschaften im nordwestlichen Niedersachsen, in: Seevögel. Zeitschrift Verein Jordsand 22 (2001) 2, URL: http://umweltplanung-rosskamp.de/content/4-publikationen/seevoegel-52-2-wallhecken-und-vogelwelt.pdf

20 Flurbereinigungsgesetz vom 14. Juli 1953, URL: www.bgbl.de/xaver/bgbl/start.xav?startbk=Bundesanzeiger_BGBl&jumpTo=bgbl 153s0591.pdf#__bgbl__%2F%2F*%5B%40attr_id%3D%27bgbl 153s0591.pdf%27%5D__1493990099337

21 25 Jahre Flurbereinigung in Schleswig-Holstein, 1980.

22 Barkow, Andreas: Die ökologische Bedeutung von Hecken für Vögel, Dissertation zur Erlangung des Doktorgrades der Mathematisch-Naturwissenschaftlichen Fakultäten der Georg-August-Universität zu Göttingen, Göttingen 2001, URL: https://ediss.uni-goettingen.de/handle/11858/00-1735-0000-0006-ABE8-1?locale-attribute=en

23 NABU, Vogel des Jahres 2011: der Gartenrotschwanz, URL: https://schleswig-holstein.nabu.de/tiere-und-pflanzen/aktionen-und-projekte/vogel-des-jahres/vdj2011.html

24 Sondergutachten des SRU, 1985, S. 171.

25 Bundesamt für Naturschutz: High Nature Value Farmland-Indikator – Ein Indikator für Landwirtschaftsflächen mit hohem Naturwert in Deutschland, URL: www.bfn.de/0315_hnv.html

26 Gesetz über Naturschutz und Landschaftspflege (Bundesnaturschutzgesetz – BNatSchG) § 21 Biotopverbund, Biotopvernetzung, URL: www.gesetze-im-internet.de/bnatschg_2009/__21.html

27 Gemeinde Handewitt: Knickauseinandersetzung in Mohrkirch. Kreis siegt beim Oberverwaltungsgericht auf ganzer Linie, Pressemitteilung vom 31.10.2002, URL: http://alt.gemeinde-handewitt.de/index.phtml?call=d etail&css=&La=1&FID=146.405.1&&sNavID=1720.22&mNavID=1720. 22&ffmod=pres&ffsm=2

28 Bauernverband Schleswig-Holstein: Protestrede von Werner Schwarz zur Biike in den Reussenkögen, 23.02.2014, URL: www.facebook.com/BauernverbandSchleswigHolstein/posts/ 585190101572278

29 Schleswig-Holstein Ministerium für Energiewende, Landwirtschaft, Umwelt und ländliche Räume: Durchführungsbestimmungen zum Knickschutz, gültig ab 02.07.2013, URL: www.schleswig-holstein.de/ DE/Fachinhalte/N/naturschutz/Downloads/DB_Knickschutz.pdf?__ blob=publicationFile&v=2

30 Schleswig-Holsteinischer Landtag: Plenarprotokoll 18/117, 18. Wahlperiode, Mittwoch, 27.04.2016.

31 Landwirtschaftsflächen mit hohem Naturwert müssen gemäß einer EU-Verordnung seit 2005 erfasst werden. Der Anteil der Flächen sank

bundesweit zwischen 2009 und 2013 von 13, auf 11,8 Prozent, BfN: Landwirtschaftsflächen mit hohem Naturwert, URL: https://biologischevielfalt.bfn.de/ind_hnv.html; Bundesministerium für Umwelt, Naturschutz, Bau und Reaktorsicherheit (BMUB): Indikatorenbericht 2014 zur Nationalen Strategie zur biologischen Vielfalt, Berlin 2015, URL: www.bmub.bund.de/fileadmin/Daten_BMU/Pools/Broschueren/indikatorenbericht_biologische_vielfalt_2014_bf.pdf

MOORE (S. 79–92)

1 Böckermann, Tobias: Die Orchideen des Emslandes – Eine Bestandsaufnahme versteckter Kostbarkeiten, in: Emsland Jahrbuch 58 (2012), S. 245–260, URL: www.emslaendischer-heimatbund.de/medien/bilder/publikationen/Inhaltsverzeichnis/Band_58/Emsland-Jahrbuch_Band_58_Orchideen_des_Emslandes.pdf
2 De Paula von Schrank, Franz: Naturhistorische und ökonomische Briefe über das Donaumoor, Erster Brief, Mannheim 1795, S. 1.
3 Otto Neurath: Empirische Soziologie 5, Berlin / Heidelberg 1931.
4 BfN: Moore – Entstehung, Zustand, Biodiversität, URL: www.bfn.de/0311_moore-entstehung-zustand.html
5 Gaudig, Greta / Krebs, Matthias: Nachhaltige Moornutzung trägt zum Artenschutz bei. Torfmooskulturen als Ersatzlebensraum, in: Biologie in unserer Zeit 46 (2016) 4, URL: http://onlinelibrary.wiley.com/doi/10.1002/biuz.201610600/abstract
6 BfN: Moore – Entstehung, Zustand, Biodiversität.
7 Bundesministerium für Umwelt, Naturschutz, Bau und Reaktorsicherheit (BMUB): Klimaschutz in Zahlen. Fakten, Trends und Impulse deutscher Klimapolitik, 2016, S. 16, URL: www.bmub.bund.de/fileadmin/Daten_BMU/Pools/Broschueren/klimaschutz_in_zahlen_broschuere_2016_de_bf.pdf
8 Joosten, Hans: Wiedervernässung von Landschaftsräumen – Chancen und Nutzen, Greifswald Moor Centrum.
9 Bork, Hans-Rudolf: 350 Jahre CAU – Salztorfgewinnung an der Westküste, (ohne Datum), URL: www.hans-rudolf-bork.de/page.php?go=sp&pid=12
10 Joosten, Hans / Couwenberg, John / Schäfer, Achim / Wichmann, Sabine / Wichtmann, Wendelin: Perspektiven der Regeneration und Nutzbarmachung von Mooren. Mitteilungen der Gesellschaft für Pflanzenbauwissenschaften (2012) 24, URL: www.gpw.uni-kiel.de/de/jahrestagung/tagungsbaende/tagungsband_2012.pdf
11 Deutscher Bundestag, Wissenschaftliche Dienste, Nr. 43/13, 29.11.2013: Klimawirkung der Moore, URL: www.bundestag.de/blob/194894/db33432bcd3a091cf0a1ba3d33c933c4/klimawirkung_der_moore-data.pdf

12 Ebenda.
13 Succow, Michael: Neue Moore braucht das Land! in: Kalkmoore Brandenburg, Stiftung Naturschutzfonds Brandenburg, Greifswald 2010, URL: www.kalkmoore.de/lebensraum-moor/bedeutung-der-moore.html
14 Ministerium für Landwirtschaft, Umwelt und Verbraucherschutz: Moorschutzkonzept Mecklenburg-Vorpommern, Schwerin 2009.
15 Deutscher Bundestag: Antwort der Bundesregierung auf die Kleine Anfrage der Abgeordneten Steffi Lemke, Annalena Baerbock, Peter Meiwald, weiterer Abgeordneter und der Fraktion BÜNDNIS 90/DIE GRÜNEN – Drucksache 18/6927 – Schutz der Moore – Beitrag zum Natur- und Klimaschutz, 06.01.2016, URL: www.bmub.bund.de/ministerium/parlamentarische-vorgaenge/detailansicht/artikel/antwort-der-bundesregierung-auf-die-kleine-anfrage-der-abgeordneten-steffi-lemke-annalena-baerbock-peter-meiwald-weiterer-abgeordneter-und-der-frak/

MAIS (S. 94–114)

1 Landwirtschaftskammer Niedersachsen: EEG stellt Kulturlandschaft auf den Kopf, 22.11.2013, URL: www.lwk-niedersachsen.de/index.cfm/portal/6/nav/355/article/19589.html; Friedhelm Taube, Institut für Pflanzenbau und Pflanzenzüchtung Christian-Albrechts-Universität, Kiel: Maisanbau und Wasserschutz – Hannover, 14.11.2013, URL: www.lwk-niedersachsen.de/download.cfm/file/19375.html; Prozentualer Anteil Silomais (inkl. Biogasverwertung) an der Ackerfläche für Deutschland auf Kreisebene 2016, URL: https://www.maiskomitee.de/web/upload/pdf/statistik/dateien_pdf/Vergleich_SM_AF-LN.pdf
2 Heldbjerg, Henning/Fox, Anthony D./Levin, Gregor/Nyegaard, Timme: The Decline of the Starling Sturnus Vulgaris in Denmark Is Related to Changes in Grassland Extent and Intensity of Cattle Grazing, in: Agriculture, Ecosystems and Environment (2016) 230; European Bird Census Council (EBCC): 300 Million Farmland Birds Lost Since 1980, Brussels 12 July 2012, URL: www.ebcc.info/index.php?ID=498
3 International Union for Conservation of Nature (IUCN): The IUCN Red List of Threatened Species, 2017-1, Sturnus Vulgaris (Common Starling, European Starling, Starling), URL: www.iucnredlist.org/details/full/22710886/0
4 Entrup, Norbert Lütke/Kivelitz, Hubert: Bedeutung des Maisanbaus für die Landwirtschaft Niedersächsischer Landesbetrieb für Wasserwirtschaft, Küstenschutz und Naturschutz (NLWKN), Direktion Naturschutz, Hannover Fachtagung am 18.02.2010; Frietsch, Martina: Mais. Mais in Deutschland, in: planet wissen, 16.08.2016, URL: www.planet-wissen.de/gesellschaft/lebensmittel/mais_ein_korn_fuer_alle_faelle/pwiemaisindeutschlandvomexotenzurallzweckpflanze100.html

5 Statistisches Bundesamt: Pressemitteilung Nr. 170 vom 15.05.2018, URL: www.destatis.de/DE/PresseService/Presse/Pressemitteilungen/2018/05/PD18_170_412.html
6 Statista: Anzahl der Biogasanlagen in Deutschland in den Jahren 1992 bis 2016, URL: https://de.statista.com/statistik/daten/studie/167671/umfrage/anzahl-der-biogasanlagen-in-deutschland-seit-1992/;Seit 2017 wird die Höhe der Vergütung bei neuen Anlagen mit Auktionen für die jeweiligen Energieträger ermittelt.
7 Bundesverband Deutscher Pflanzenzüchter: Mais für das Klima unserer Breiten, URL: www.bdp-online.de/de/GFPi/Pflanzenforschung_fuer_die_Zukunft/Erfolgsstories___aus_der_Forschung_in_die_Zuechtung/Meilenstein_Mais_1.pdf
8 Deutsches Maiskomitee: News 10, 2015, DMK schafft (Mais-)Fakten, URL: www.maiskomitee.de/web/upload/documents/news/1015_DMK_schafft_Mais-Fakten.pdf
9 Deutsches Maiskomitee: Wechsel im DMK-Vorstand, 29.11.2016. Zum Vorstand gehören unter anderem Prof. Dr. Friedhelm Taube (Vorsitzender, Christian-Albrechts-Universität, Kiel), Prof. Dr. Georg F. Backhaus (Julius Kühn-Institut, Quedlinburg), Eckhard Holzhausen (Monsanto Agrar Deutschland GmbH, Zuchtstation Borken) und Thomas Mallmann (KWS Saat SE, Einbeck), URL: www.maiskomitee.de/web/intranet/news.aspx?news=b3a67aab-c4fa-4c97-b524-77615c295766
10 Maisfakten: Verringert Mais die Biodiversität?, URL: www.maisfakten.de/story/Verringert%20Mais%20die%20Biodiversität%3F
11 Wahl, J./Dröschmeister, R./Gerlach, B./Grüneberg, C./Langgemach, T./Trautmann, S./Sudfeldt, C. (Hg.): Vögel in Deutschland – 2014. DDA, BfN, LAG VSW, Münster 2015, S. 17, URL: www.bfn.de/fileadmin/BfN/monitoring/Dokumente/ViD2014_Internet_barrierefr.pdf
12 Bittner, Uta: Chemiekonzern in der Kritik, Bayer und das Bienensterben, in: FAZ, 16.06.2008, URL: www.faz.net/aktuell/wirtschaft/unternehmen/chemiekonzern-in-der-kritik-bayer-und-das-bienensterben-1536717.html
13 Julius Kühn-Institut: Mit Clothianidin gebeiztes Saatgut ist nach Untersuchungen des Julius Kühn-Instituts Ursache für aktuelle Bienenschäden in Baden-Württemberg, Pressemitteilung vom 16.05.2008, URL: https://idw-online.de/de/news260637
14 Topagrar: Maisbeize »Mesurol flüssig« wieder erlaubt, 10.02.2009, URL: www.topagrar.com/news/Home-top-News-Maisbeize-Mesurol-fluessig-wieder-erlaubt-112679.html; Seit Dezember 2013 gelten in der EU Anwendungsbeschränkungen für vier Wirkstoffe in bienenattraktiven Kulturen, siehe auch Kapitel »Insekten. Bekämpfen bis zum letzten Flügelschlag«.
15 Bundesamt für Verbraucherschutz und Lebensmittelsicherheit: BVL setzt Zulassungen für Pflanzenschutzmittel zur Behandlung von Raps-

saatgut wieder in Kraft, Pressemitteilung vom 25.06.2008; URL: www.bvl.bund.de/DE/08_PresseInfothek/01_FuerJournalisten/01_Presse_und_Hintergrundinformationen/04_Pflanzenschutzmittel/2008/2008_06_25_pi_PSM_Rapssaatgut.html?nn=1401276; BVL: Hintergrundinformation zu den lokal aufgetretenen Bienenschäden in Süddeutschland, Pressemitteilung vom 13.05.2008, URL: www.bvl.bund.de/DE/08_PresseInfothek/01_FuerJournalisten/01_Presse_und_Hintergrundinformationen/04_Pflanzenschutzmittel/2008/2008_05_13_hi_Bienensterben.html?nn=1401276; In einer anderen Untersuchung wurden Wirkstoffkonzentrationen zwischen 130 µg bei saatgutgebeiztem Winterraps bis zu 8000 µg bei Mais gefunden, vgl. Reetz, Jana E.: Freisetzung von Neonicotinoiden aus der Saatgutbeizung in Guttation von Kulturpflanzen und deren Auswirkungen auf Honigbienen Apis mellifera L. (Hymenoptera: Apidae), Kumulative Dissertation zur Erlangung des Grades eines Doktors der Allgemeinen Agrarwissenschaften, Landesanstalt für Bienenkunde Universität Hohenheim, September 2015, S. 29/30, URL: http://opus.uni-hohenheim.de/volltexte/2015/1124/

16 Bundesamt für Verbraucherschutz und Lebensmittelsicherheit: Hintergrundinformation. Zulassungen für neonikotinoidhaltige Pflanzenschutzmittel für Maissaatgut ruhen weiter. Wirkung von Guttationswasser wird weiter untersucht, Pressemitteilung vom 18.03.2010, URL: www.bvl.bund.de/DE/08_PresseInfothek/01_FuerJournalisten/01_Presse_und_Hintergrundinformationen/04_Pflanzenschutzmittel/2010/2010_03_18_hi_saatgutbehandlungsmittel.html?nn=1401276

17 Bundesinstitut für Risikobewertung: Pflanzenschutzmittelrückstände im Trinkwasser, URL: www.bfr.bund.de/de/pflanzenschutzmittelrueckstaende_im_trinkwasser-127788.html

18 Bundesamt für Verbraucherschutz und Lebensmittelsicherheit: Hintergrundinformation.

19 Wührer, Bernd/Zimmermann, Olaf/Burger, Regina: Nützlinge im Einsatz. Der Mais als natürlicher Lebensraum, in: Pflanzenschutz Spezial 39 (2012) 2. URL: http://download.maisfakten.de/Seiten_Wuehrer_aus_Mais_02_2012_1.pdf

20 Fuchs, Sarah: Nahrungsökologie handaufgezogener Rebhuhnküken – Effekte unterschiedlicher Formen und Intensitäten der Landnutzung, Diplomarbeit am Fachbereich Biologie der Freien Universität zu Berlin 1997; Siehe auch: Wild und Hund: Siechtum im Grünen, Ernährung von Rebhuhnkücken, in: Wild und Hund (2013) 11, URL: https://wildundhund.de/wp-content/uploads/sites/2/old_docs/036_041_rebhuhnkueken_1113_1.pdf

21 Maisfakten: Verringert Mais die Biodiversität?

22 Spektrum: Bioenergie. Auf dem Weg in die Maiswüste, 13.09.2016, URL: www.spektrum.de/news/bioenergie-aus-mais-ist-umweltschaedlich/1422993

23 Hötker, Hermann: Maisanbau aus Sicht des Naturschutzes, URL: www.maiskomitee.de/web/download.aspx?path=/web/upload/documents/kh_docs/versions/8dbe900b-3066-4398-a3ed-0efb209b9a90.pdf&type=inline&file=H%F6tker_Maisanbau_aus_der_Perspektive_des_Naturschutzes_20120514.pdf&module=4

24 Neumann, Helge/Koop, Bernd: Einfluss der Ackerbewirtschaftung auf die Feldlerche (Alauda arvensis) im ökologischen Landbau, in: Naturschutz und Landschaftsplanung 35 (2004) 5.

25 Flade, Martin/Schwarz, Johannes: Bestandsentwicklung von Vogelarten der Agrarlandschaft in Deutschland 1991–2010 und Schlüsselfaktoren, in: Hoffmann, Jörg (Hg.): Tagungsband Fachgespräch Agrarvögel – ökologische Bewertungsgrundlage für Biodiversitätsziele in Ackerbaugebieten 01.–02. März 2013, Kleinmachnow, Julius-Kühn-Archiv (2013) 442, S. 8–17, URL: https://ojs.openagrar.de/index.php/JKA/article/view/2760/2995

26 Hoffmann, Jörg/Wiegand, Ina/Kiesel, Joachim/Berger, Gert/Ehlert, Siegrid/Wittchen, Udo/Pfeffer, Holger: Siedlungsdichten der Grauammer und anderer Feldvogelarten im östlichen Brandenburg bei unterschiedlichen Ackernutzungen. Artenhilfskonzept Grauammer, Experten-Workshop, 24. Februar 2011, Wetzlar.

27 NABU Sachsen: Neue Studie zeigt: EU-Politik zu Landwirtschaft und Naturschutz im Konflikt, Pressemitteilung vom 17.08.2016, URL: https://sachsen.nabu.de/news/2016/21120.html

28 Der Specht 1/2008 Info-Blätter des NABU-Kreisverbandes Gießen; NABU-Kreisverband Fulda: Mais! eine Landschaft funkt SOS, URL: www.nabu-kreisverband-fulda.de/smap---1644--nabu_kreisverband_fulda-.html

29 PAPA, Julius Kühn-Institut: Behandlungshäufigkeit, URL: https://papa.julius-kuehn.de/index.php?menuid=46&getlang=de

30 Maisfakten: Mehr Mais, also auch mehr Wildschweine?, URL: www.maisfakten.de/story/Mehr%20Mais%2c%20also%20auch%20mehr%20Wildschweine%3f

31 Maisfakten: Verschlechtert Mais die Klimabilanz?, URL: www.maisfakten.de/story/Verschlechtert%20Mais%20die%20Klimabilanz%3F; Mohaupt, Dietrich: Mehr Grünland für den Klimaschutz, in: Deutschlandfunk, 14.03.2016, URL: www.deutschlandfunk.de/schleswig-holstein-mehr-gruenland-fuer-den-klimaschutz.697.de.html?dram:article_id=349640

32 Kommission Landwirtschaft am Umweltbundesamt (KLU): Biogaserzeugung und -nutzung: Ökologische Leitplanken für die Zukunft. Vorschläge der Kommission Landwirtschaft beim Umweltbundesamt (KLU),

November 2013, URL: www.umweltbundesamt.de/sites/default/files/medien/378/publikationen/biogaserzeugung_und_-nutzung_oekologische_leitplanken_fuer_die_zukunft.pdf; Fritz Heydemann: Agrargasanlagen und Maisanbau. Eine kritische Umweltbilanz, NABU-Schleswig-Holstein 2011, URL: https://schleswig-holstein.nabu.de/imperia/md/content/schleswigholstein/gutachtenstellungnahmen/gutachten/agrogasanlagen-nabu-gutachten.pdf

33 Fördergesellschaft Albrecht Daniel Thaer: Agronomie – Dreifelderwirtschaft, Humustheorie und Bodenbearbeitung, ohne Datum, URL: www.albrecht-daniel-thaer.org/texte/seite.php?id=104680

34 Taube, Friedhelm / Herrmann, Antje: Kriterien für einen nachhaltigen Maisanbau zur Biogaserzeugung, URL: www.grassland-organicfarming.uni-kiel.de/gfo/pdf/DMK_Taube07.pdf

35 Maisfakten: Zehrt Maisanbau an den Humusvorräten?

36 Internetschule der Landwirtschaft: Bei der Bodenbearbeitung das rechte Maß und die geeignete Methode finden, Lehrbrief 3.7.3., Universität Innsbruck, URL: www.uibk.ac.at/berglandwirtschaft/idl/lehrbriefe/lb3/lehrbrief_3.7.3.pdf: Köpke, U. / Küpper, P. M.: Marktanteile im Segment Bio-Lebensmittel. Folgen und Folgerungen, Institut für Organischen Landbau Rheinische Friedrich-Wilhelms-Universität Bonn 2013, URL: www.iol.uni-bonn.de/iol-studie-marktanteile-im-segment-bio-lebensmittel.pdf

37 Die Bundesregierung: Perspektiven für Deutschland. Unsere Strategie für eine nachhaltige Entwicklung, 2002, URL: www.bundesregierung.de/CONTENT/DE/_Anlagen/Nachhaltigkeit-wiederhergestellt/perspektiven-fuer-deutschland-langfassung.pdf?_blob=publicationFile

38 Bundesministerium für Ernährung und Landwirtschaft: Biologischer Landbau. Ökologischer Landbau in Deutschland, Stand: Januar 2018, URL: https://www.bmel.de/SharedDocs/Downloads/Landwirtschaft/OekologischerLandbau/OekolandbauDeutschland.pdf?__blob=publicationFile Die Bundesregierung: Perspektiven für Deutschland. Unsere Strategie für eine nachhaltige Entwicklung.

39 Statistisches Bundesamt: Flächenbelegung von Ernährungsgütern 2010, Wiesbaden 2013, URL: www.destatis.de/DE/Publikationen/Thematisch/UmweltoekonomischeGesamtrechnungen/FachberichtFlaechenbelegung5385101109004.pdf?__

AMPHIBIEN (S. 116–135)

1 Schneider, Hans / Grosse, Wolf-Rüdiger: Hyla arborea (Linnaeus, 1758) – Europäischer Laubfrosch, in: Handbuch der Reptilien und Amphibien Europas, Bd. 5,2: (Hylidae, Bufonidae), Wiebelsheim 2009.

2 Brandt, Thomas: Ökologische Schutzstation Steinhuder Meer. Wiederansiedlung von Laubfröschen (Hyla arborea) in der Steinhuder Meer-Niede-

rung, 2006 Projektbericht; Weitere Informationen über das Projekt: URL: www.laubfrosch-hannover.de/projekte/oessm_01.html

3 Sondergutachten des SRU, 1985, S. 172 f.

4 Grosse, Wolf-Rüdiger / Nöllert, Andreas / Bauch, Siegfried: Aktivitätsverhalten und Sitzwartenwahl des Laubfrosches Hyla a. arborea (LINNAEus, 1758) in Mecklenburg-Vorpommern und Sachsen (BRD), in: Salamandra (1992) 28, URL: www.salamandra-journal.com/index.php/home/contents/1992-vol-28/811-grosse-w-r-a-noellert-s-bauch/file

5 Lenuweit, Urte: Beeinträchtigungen von Amphibien durch Düngemittel, in: Rana (2009) 10, URL: http://gfn-umwelt.de/fileadmin/user_upload/projektbeispiele/Amphibien_Duenger2008.pdf; Deutsche Bundesstiftung Umwelt (DBU): Schutz von Amphibienpopulationen in kleingewässerreichen Ackerbaugebieten, Leibniz-Zentrum für Agrarlandschaftsforschung (ZALF), Müncheberg, URL: www.dbu.de/123artikel29335_2430.html

6 Tempo 30 für Kröten und Frösche, Interview mit Dietrich Hummel zum Verkehrstod der Amphibien, in: Naturschutz heute (2003) 1.

7 Dürr, Susanne / Berger, Gert / Kretschmer, Hartmut: Effekte acker- und pflanzenbaulicher Bewirtschaftung auf Amphibien und Empfehlungen für die Bewirtschaftung in Amphibien-Reproduktionszentren, in: Rana (1999) Sonderheft 3, URL: www.rana-internet.de/media/Sonderheft3_Duerr.pdf; DBU – Schutz von Amphibienpopulationen in kleingewässerreichen Ackerbaugebieten

8 Lenuweit: Amphibien, in: Rana (2009) 10, S. 20–21.

9 Bundesamt für Naturschutz: Fachinformationssystem des BfN zur FFH-Verträglichkeitsprüfung, Stand: 2.12.2016, URL: http://ffh-vp-info.de/FFHVP/Report.jsp?art=21188&wf=21.

10 Relyea, Rick A.: The Lethal Impact of Roundup on Aquatic and Terrestrial Amphibians. Ecological Applications, 15 (2005) 4, URL: http://onlinelibrary.wiley.com/doi/10.1890/04-1291/abstract

11 Universität Koblenz-Landau: Pflanzenschutzmittel gefährden Frösche, 24.01.2013, URL: www.uni-koblenz-landau.de/de/landau/aktuelles/archiv-2013/amphibiensterben

12 top agrar online: Vorsichtsmaßnahmen beim Pflanzenschutz beachten, 18.05.2016, URL: www.topagrar.com/news/Acker-Agrarwetter-Ackernews-Vorsichtsmassnahmen-beim-Pflanzenschutz-beachten-3377295.html; Zulassungsstand gemäß Bundesamt für Verbraucherschutz und Lebensmittelsicherheit (BVL): Pflanzenschutz im Spargelanbau, 20.02.2017.

13 Umweltbundesamt: Zulassung von Pflanzenschutzmitteln und das Restrisiko, 13.04.2016, URL: www.umweltbundesamt.de/zulassung-von-pflanzenschutzmitteln-das-restrisiko#Zulassung-Pflanzenschutzmittel; Bundesministerium für Ernährung und Landwirtschaf: Zulas-

sungsverfahren – Schutz von Gesundheit und Umwelt, 02.09.2015, URL: www.bmel.de/DE/Landwirtschaft/Pflanzenbau/Pflanzenschutz/ _Texte/Zulassung.html

14 Agrar Koordination, PAN Germany: Offener Brief an den Bundesminister für Ernährung und Landwirtschaft Christian Schmidt. Verfahren zur Neubewertung von Glyphosat, 31.07.2014, URL: www.pangermany.org/download/Offener_Brief_Minister_Schmidt_140731_final. pdf

15 Umweltbundesamt: Pestizide können Amphibien gefährden. Handlungsbedarf bei Pflanzenschutzmitteln, 01.02.2013, URL: www.umweltbundesamt.de/presse/pressemitteilungen/pestizide-koennen-amphibien-gefaehrden

16 Umweltbundesamt: Pflanzenschutzmittelverwendung in der Landwirtschaft, https://www.umweltbundesamt.de/daten/land-forstwirtschaft/ pflanzenschutzmittelverwendung-in-der#textpart-4

17 Sachverständigenrat für Umweltfragen: Umweltgutachten 2016. Impulse für eine integrative Umweltpolitik, URL: www.umweltrat.de/ SharedDocs/Downloads/DE/01_Umweltgutachten/2016_Umweltgutachten_KF.pdf?__blob=publicationFile; Weiger, Hubert: Pestizide – die unterschätzte Gefahr, Dessau 08.06.2015, URL: www.umweltbundesamt. de/dokument/prof-dr-hubert-weiger-bund-ev-pestizide-die; Deutscher Bauernverband: Verdeckte Feldermittlung. Offener Brief an den Präsidenten des Umweltbundesamtes, 09.03.2005, URL: www.presseportal. de/pm/6599/656326; Bundesamt für Verbraucherschutz und Lebensmittelsicherheit, Jahresbericht Pflanzenschutz-Kontrollprogramm 2015, Berlin 2016, URL: www.bvl.bund.de/SharedDocs/Downloads/04_Pflanzenschutzmittel/08_psm_kontrollprg/psm_KontrolleUeberwachung_ pskp_jahresbericht2015.html

18 Industrieverband Agrar: Pflanzenschutzmarkt 2017 weiter rückläufig, https://www.iva.de/verband/die-pflanzenschutzindustrie-mit-kompetenz-die-spitze/pflanzenschutzmarkt-2017-weiter-ruecklaeufig

WIESENVÖGEL (S. 137–152)

1 Brehm, Alfred: Brehms Tierleben. Vögel. Band 19: Kurzflügler. Stelzvögel, Hamburg 1927.

2 Reck, Dietmar: Besondere Huldigung. Kiebitzeier aus Jever, in: Nordwest Zeitung, 17.01.2015, URL: www.nwzonline.de/friesland/kultur/besondere-huldigung-kiebitzeier-aus-jever_a_22,0,2402970473.html

3 Richtlinie des Rates vom 2. April 1979 über die Erhaltung der wildlebenden Vogelarten, 79/409/EWG, URL: http://eur-lex.europa.eu/ legal-content/DE/TXT/HTML/?uri=LEGISSUM:l28046&from=DE; Gemeinsame Antwort von Frau Wallström im Namen der Kommission

auf die Schriftlichen Anfragen E-0650/03 und E-0651/03, 4. April 2003, URL: www.europarl.europa.eu/sides/getAllAnswers.do?reference=E-2003-0650&language=DE; Schriftliche Anfrage von Erik Meijer (GUE/NGL) an die Kommission, 5. März 2003, URL: https://publications.europa.eu/en/publication-detail/-/publication/ae49a8a2-74b8-43dd-8519-c72efdf4c0ec/language-de/format-PDF; Schriftliche Anfrage von Dorette Corbey (PSE) an die Kommission, 11. April 2005, URL: www.europarl.europa.eu/sides/getDoc.do?pubRef=-//EP//TEXT+WQ+P-2005-1448+0+DOC+XML+V0//DE

4 Hötker, Hermann/Teunissen, Wolf: Bestandsentwicklung von Wiesenvögeln in Deutschland und in den Niederlanden, in: Osnabrücker Naturwissenschaftliche Mitteilungen (2006) 32, S. 93–98, URL: www.naturwissenschaftlicher-verein-os.de/onm/onm32/093-098%20-%20Hoetker%20&%20Teunissen.pdf; Köster, Heike/Nehls, Georg/Thomsen, Kai-Michael: Hat der Kiebitz noch eine Chance? Untersuchungen zu den Rückgangsursachen des Kiebitzes (Vanellus vanellus) in Schleswig-Holstein, in: Corax 18 (2001) Sonderheft 2, URL: www.ornithologie-schleswig-holstein.de/coraxartikel/Koester_etal_2001_Corax_18_Sohe2_121-132.pdf

5 NABU: Rote Liste der Brutvögel. Fünfte gesamtdeutsche Fassung, veröffentlicht im August 2016, URL: www.nabu.de/tiere-und-pflanzen/voegel/artenschutz/rote-listen/10221.html

6 Bayerisches Landesamt für Umwelt: 6. landesweite Wiesenbrüterkartierung. Bestand, Trends und Ursachenanalyse, Dezember 2015, URL: www.lfu.bayern.de/natur/artenhilfsprogramme_voegel/wiesenbrueter/kartierung/index.htm

7 Leuschner, Christoph/Krause, Benjamin/Meyer, Stefan/Bartels, Maike: Strukturwandel im Acker- und Grünland Niedersachsens und Schleswig-Holsteins seit 1950, in: Natur und Landschaft 89 (2014) 09/10.

8 UBA: Grünlandumbruch, 18.05.2017, URL: https://www.umweltbundesamt.de/daten/land-forstwirtschaft/gruenlandumbruch#textpart-1

9 Statistisches Bundesamt 2017: Landwirtschaftlich genutzte Fläche: über ein Viertel ist Dauergrünland, URL: www.destatis.de/DE/ZahlenFakten/Wirtschaftsbereiche/LandForstwirtschaftFischerei/FeldfruechteGruenland/AktuellGruenland2.html

10 Cimiotti, Dominic V./Bruns, Holger A./Sohler, Jan/Jeromin, Heike/Meyer, Natalie/Hötker, Hermann: Populationsstudie am Kiebitz in Schleswig-Holstein – Untersuchungen 2015, URL: https://bergenhusen.nabu.de/imperia/md/nabu/images/nabu/einrichtungen/bergenhusen/projekte/kiebitz_bericht_2016.pdf

11 Müller, Arndt: Mecklenburg-Vorpommern: Wo die Megaställe stehen, 13.01.2016, URL: www.boell.de/de/2016/01/13/mecklenburg-vorpommern-wo-die-megastaelle-stehen

12 Antwort der Bundesregierung auf die Kleine Anfrage der Abgeordneten Steffi Lemke, Harald Ebner, Annalena Baerbock, weiterer Abgeordneter und der Fraktion BÜNDNIS 90/DIE GRÜNEN, »Stummer Frühling – Verlust von Vogelarten, Bundestagsdrucksache 18/11877, 27.04.2017, URL: www.umweltinstitut.org/fileadmin/Mediapool/Aktuelles_ab_2016/2017/2017_05_05/Antwort_der_Bundesregierung_auf_Stummer_Frühling_-_Verlust_von_Vogelarten.pdf; European Bird Census Council: Trends of Common Birds in Europe, 2012 update, www.ebcc.info/trends2012.html

13 Zöllner, Thomas: Das Kopulationsverhalten von Kiebitzen (Vanellus vanellus) im Verlauf der Brutsaison, in: Journal für Ornithologie 142 (2001) 2, S. 144–155.

14 European Commission: Grassland Bird Protection Payments – Germany, Schleswig-Holstein, URL: http://ec.europa.eu/environment/nature/rbaps/fiche/grassland-bird-protection-payments-germany-schlesw_

INSEKTEN (S. 154–173)

1 Hoffmann, Frank: Biodiversity and Pollination. Flowering Plants and Flower-Visiting Insects in Agricultural and Semi-Natural Landscapes s.n., Dissertation Universität Groningen, 2005, URL: www.researchgate.net/publication/30481153_Biodiversity_and_pollination_Flowering_plants_and_flower-visiting_insects_in_agricultural_and_semi-natural_landscapes

2 In dem Film »Parasiten und Mörder« auf YouTube zeigt Settele die Kooperation zwischen Ameisen und Bläulingen, wie eine Wespe in ein Ameisennest eindringt, ihre Eier in die Bläulingsraupen legt und die Wespe schlüpft, URL: www.youtube.com/watch?v=OcZCTMmG9uM

3 Helmholtz-Zentrum für Umweltforschung UFZ: Studie an hoch spezialisierten Schmetterlingen als Beispiel für den Verlust der genetischen Vielfalt, Pressemitteilung vom 17. November 2004, URL: www.ufz.de/index.php?de=35799

4 Lexikon für Entomologie und Futterpflanzen: Großer Feuerfalter (Lycaena dispar), in: Entomologenportal, URL: www.entomologenportal.net/db_lycaena_dispar.html

5 Die Senckenberg Gesellschaft für Naturforschung wurde 1817 gegründet. Sie erforscht die Biodiversität weltweit, ist Träger von sechs Senckenberg Forschungsinstituten sowie drei Naturkundemuseen, gehört zur Leibniz-Gemeinschaft und wird vom Bund und den Ländern finanziert.

6 Westrich, Paul/Frommer, Ulrich/Manderey, Klaus/Riemann, Helmut/Ruhnke, Haike/Saure, Christoph/Voith, Johannes: Rote Liste und Gesamtartenliste der Bienen (Hymenoptera, Apidae) Deutschlands, 5. Fassung, Stand Februar 2011, in: Bundesamt für Naturschutz (Hg.): Rote Liste gefährdeter Tiere. Pflanzen und Pilze Deutschlands – Bd 3: Wirbel-

lose Tiere (Teil 1), Münster 2012, URL: www.wildbienen.info/downloads/rote_liste_bienen_fassung_5.pdf

7 European Environment Agency: The European Grassland Butterfly Indicator: 1990–2011, in: Technical Report (2013) 11, URL: www.eea.europa.eu/publications/the-european-grassland-butterfly-indicator-19902011

8 Deutscher Bundestag, Ausschuss für Umwelt, Naturschutz, Bau und Reaktorsicherheit: Wortprotokoll. Ursachen und Auswirkungen des Biodiversitätsverlustes bei Insekten, 73. Sitzung, Berlin, 13. Januar 2016, URL: www.bundestag.de/ausschuesse18/a16/Oeffentliche_Anhoerungen/oeffentliches-fachgespraech-73-sitzung-insekten

9 Flores, Graciela: A Political Battle Over Pesticides, in: The Scientist, 10.04.2013, URL: www.the-scientist.com/?articles.view/articleNo/35058/title/A-Political-Battle-Over-Pesticides/; Goulson, Dave: An Overview of the Environmental Risks Posed by Neonicotinoid Insecticides, in: Journal of Applied Ecology 2013, URL: http://onlinelibrary.wiley.com/doi/10.1111/1365-2664.12111/epdf; Spiegel: EU-Wissenschaftler. Pestizide als Ursache für Bienensterben bestätigt, 09.04.2015, URL: www.spiegel.de/wissenschaft/natur/bienensterben-eu-studie-sieht-pestizid-einsatz-als-grund-a-1027661.html; Mogren, Christina L./Lundgren, Jonathan G.: Neonicotinoid-Contaminated Pollinator Strips Adjacent to Cropland Reduce Honey Bee Nutritional Status, in: Scientific Reports 6 (2016), URL: www.researchgate.net/publication/305335883_Neonicotinoid-contaminated_pollinator_strips_adjacent_to_cropland_reduce_honey_bee_nutritional_status

10 Van Dijk, Tessa C./Van Staalduinen, Marja A./Van der Sluijs, Jeroen P.: Macro-Invertebrate Decline in Surface Water Polluted with Imidacloprid, Public Library of Science, PLoS, 1.05.2013, URL: https://doi.org/10.1371/journal.pone.0062374. Im Bereich zwischen 13 und 67 ng ging die Makrofauna (Tiere zwischen 2 und 20 mm) rapide zurück. Siehe auch: Landesamt für Natur, Umwelt und Verbraucherschutz Nordrhein-Westfalen: ECHO-Stoffbericht. Neonicotinoide, März 2015, URL: www.lanuv.nrw.de/fileadmin/lanuv/analytik/ECHO_Neonicotinoide_Maerz_2015.pdf

11 Hallmann, Caspar A./Foppen, Ruud P. B./van Turnhout, Chris A. M./de Kroon, Hans/Jongejans, Eelke: Declines in Insectivorous Birds Are Associated with High Neonicotinoid Concentrations, in: Nature (2014) 511, S. 341–343, URL: www.nature.com/nature/journal/v511/n7509/full/nature13531.html

12 Kessler, Sébastien C./Tiedeken, Erin Jo/Simcock, Kerry L./Derveau, Sophie/Mitchell, Jessica/Softley, Samantha/Radcliffe, Amy/Stout, Jane C./Wright, Geraldine A.: Bees Prefer Foods Containing Neonicotinoid Pesticides, in: Nature (2015) 521, www.nature.com/nature/journal/v521/n7550/full/nature14414.html

13 Fünf Fragen an Dr. Julian Little, Sprecher Bayer Bee Care (ohne Datum), URL: https://beecare.bayer.com/medien/news/detail/fuenf-fragen-an-dr-julian-little-sprecher-bayer-bee-care; Ziel des Zentrums in Monheim ist es, so Bayer, »den Austausch mit externen Partnern zum Thema Bienengesundheit zu fördern«.
14 Flores: A Political Battle.
15 Ebenda.
16 NABU Baden-Württemberg: Wie viele Insekten frisst ein Jungvogel?, URL: https://baden-wuerttemberg.nabu.de/umwelt-und-leben/basteln-forschen-spielen/kinderfragen-beantworten/teileins/14484.html
17 Vögel in Deutschland 2014.
18 Goulson, Dave: Review: An overview of the Environmental Risks Posed by Neonicotinoid Insecticides, in: Journal of Applied Ecology 50 (2013) 4, S. 977–987, URL: http://onlinelibrary.wiley.com/doi/10.1111/1365-2664.12111/full
19 Kleine Anfrage der Abgeordneten Harald Ebner, Steffi Lemke, Bärbel Höhn, Nicole Maisch, Friedrich Ostendorff, Matthias Gastel und der Fraktion BÜNDNIS 90/DIE GRÜNEN: Neuere Erkenntnisse zur Gefährdung von Bestäubern durch Neonikotinoide und andere systemische Pestizidwirkstoffe sowie daraus folgende Maßnahmen zum Bestäuberschutz, Deutscher Bundestag, Drucksache 18/9594 vom 07.09.2016, URL: http://dip21.bundestag.de/dip21/btd/18/097/1809766.pdf;
Antwort der Bundesregierung, Deutscher Bundestag, Drucksache 18/9766, vom 26.09.2016, URL: http://dip21.bundestag.de/dip21/btd/18/097/1809766.pdf; Verordnung (EG) Nr. 1107/2009 des Europäischen Parlaments und des Rates vom 21. Oktober 2009 über das Inverkehrbringen von Pflanzenschutzmitteln und zur Aufhebung der Richtlinien 79/117/EWG und 91/414/EWG des Rates, Artikel 53, URL: http://eur-lex.europa.eu/LexUriServ/LexUriServ.do?uri=OJ:L:2009:309:0001:0050:de:PDF

BODEN (S. 175–189)
1 Hypersoil.uni-muenster: Lern- und Arbeitsumgebung zum Themenfeld »Boden« im Unterricht. Nahrungskette und Nahrungsnetz im Boden, URL: http://hypersoil.uni-muenster.de/0/06/10.htm
2 Darwin, Charles: Die Bildung der Ackererde durch die Thätigkeit der Würmer, 1881.
3 Fiedler, Christian-Robert: Mit Regenwürmern gegen Fusarium, in: Bauernblatt, 6.09.2014, S. 35–38, URL: www.lksh.de/fileadmin/dokumente/Bauernblatt/PDF_Toepper_2014/BB_36_06.09/35-38_Fiedler.pdf; Pflanzenforschung.de: Winzige Helfer mit großer Wirkung. Ein Mikroben-Cocktail schützt Pflanzen vor Krankheiten, 04.09.2015, URL: www.pflan-

zenforschung.de/de/journal/journalbeitrage/winzige-helfer-mit-grosser-wirkung-ein-mikroben-cocktai-10485

4 Vetter, Fredy: Regenwurm, Zentrum für angewandte Ökologie, Schattweid 2003; Ehrmann, Otto / Unterseher, Erich: Regenwürmer – wichtige Mitarbeiter im Betrieb, in: Landinfo (2013) 1, URL: www.landwirtschaft-bw.info/pb/site/lel/get/documents/MLR.LEL/PB5Documents/lel/pdf/r/Regenwürmer_Dr.%20Otto%20Ehrmann%20und%20Dr.%20Erich%20Unterseher.pdf

5 Darwin: Thätigkeit der Würmer.

6 Jördens, Judit: Auf der Roten Liste: Regenwürmer und Co, 01.12.2016, URL: www.senckenberg.de/root/index.php?page_id=5206&PHPSESSID=ebikr705e3ivv3afr96muj0v44&kid=2&id=4254; WWF Deutschland: Mehr Würmer braucht der Boden, Pressemeldung vom 03.01.2017, URL: www.wwf.de/2017/januar/mehr-wuermer-braucht-der-boden/

7 Wilke, Berndt-Michael: Bodenorganismen und Biodiversität, Vortrag beim 17. NABU-Naturschutztag, 19.09.2015.

8 Blume, H.-P. / Brümmer, G. W. / Horn, R. / Kandeler, E. / Kögel-Knabner, I. / Kretzschmar, R. / Stahr, K. / Wilke, B.-M. / Scheffer / Schachtschabel, P. O.: Lehrbuch der Bodenkunde, Berlin / Heidelberg 2016.

9 Bundes-Bodenschutzgesetz vom 17. März 1998, das zuletzt durch Artikel 101 der Verordnung vom 31. August 2015 geändert worden ist.

10 Ebenda.

11 Rammer, Stefan: Nach dem Hochwasser: Die Ursachen der Flut in Rottal-Inn, in: Passauer Neue Presse, 08.06.2016, URL: www.pnp.de/nachrichten/bayern/2102376_Nach-dem-Hochwasser-Die-Ursachen-der-Flut-in-Rottal-Inn.html

12 Bayerische Landesanstalt für Landwirtschaft: Wirksamkeit von Erosionsschutzmaßnahmen, Pflanzenbauliches Kolloquium im Winterhalbjahr 2013/14, URL: www.lfl.bayern.de/iab/boden/056321/index.php

13 Bayerischer Bauernverband: Extremregen-Fluten: Einseitige Schuldzuweisungen fehl am Platz, 09.06.2016, URL: www.bayerischerbauernverband.de/fluten-schuldzuweisungen; Bayerischer Bauernverband: Anträge für Hochwasserhilfen 2016 bis Ende Juni 2017 möglich, 22.12.2016, URL: www.bayerischerbauernverband.de/hochwasser-antragsfrist-verlaengert

14 Blankennagel, Jens: Der Tod der Schmetterlinge, in: Berliner Zeitung, 12.01.2012, URL: www.berliner-zeitung.de/berlin/pestizide-der-tod-der-schmetterlinge-10677434

15 Schwaier, Anita: Ökotoxikologische Belastung durch Pestizideinsatz in einem Maisacker bei Stabeshöhe (Uckermark), Altkünkendorf, November 2011, URL: https://verseuchtefelder.files.wordpress.com/2011/11/gutachten-a-schwaier.pdf

16 Landtag Brandenburg: 5. Wahlperiode, Antwort der Landesregierung auf die Kleine Anfrage 1634 des Abgeordneten Axel Vogel Fraktion BÜNDNIS 90/DIE GRÜNEN Drucksache 5/4149 Wortlaut der Kleinen Anfrage 1634 vom 17.10.2011, URL: www.gruene-fraktion-brandenburg.de/fileadmin/ltf_brandenburg/Dokumente/Kleine_Anfragen/1634_Kl_A_Antw_Pestizidbelastung_Stabeshoehe.pdf
17 Pflanzenforschung.de: Winzige Helfer mit großer Wirkung. Ein Mikroben-Cocktail schützt Pflanzen vor Krankheiten, 04.09.2015, URL: www.pflanzenforschung.de/de/journal/journalbeitrage/winzige-helfer-mit-grosser-wirkung-ein-mikroben-cocktai-10485
18 Widenfalk, Anneli/Bertilsson, Stefan/Sundh, Ingvar/Goedkoop, Willem: Effects of Pesticides on Community Composition and Activity of Sediment Microbes – Responses at Various Levels of Microbial Community Organization, in: Environmental Pollution 152 (2008) 3, URL: www.sciencedirect.com/science/article/pii/S0269749107003594?np=y
19 PAN Germany: Auswirkungen chemisch-synthetischer Pestizide auf die biologische Vielfalt, Hamburg 2010, URL: www.pan-germany.org/download/biodiversitaet/Auswirkungen_chemisch-synthetischer_Pestizide.pdf
20 agarheute: Pflanzenschutzmittel bei Trockenheit giftiger für Bodentiere, 03.09.2014, URL: www.agrarheute.com/news/pflanzenschutzmittel-trockenheit-giftiger-fuer-bodentiere
21 Ramirez, Kelly S./Leff, Jonathan W./Barberán, Albert/Bates, Scott Thomas u.a.: Biogeographic Patterns in Below-Ground Diversity in New York City's Central Park Are Similar to Those Observed Globally, in: Proceedings of the Royal Society of London B 281 (2014) 1795, URL: http://rspb.royalsocietypublishing.org/content/281/1795/20141988

AUSWIRKUNGEN AUF DEN MENSCHEN (S. 191–207)

1 Bundesministerium für Bildung und Forschung: Tierstall und Gemüsefeld – Wo resistente Keime lauern – Ein Forschungsverbund auf Spurensuche, Stand 30.01.2017, URL: www.gesundheitsforschung-bmbf.de/de/4635.php
2 Bundesministerium für Umwelt, Naturschutz, Bau und Reaktorsicherheit: Informationspapier: Zahlen und Fakten zu aktuellen Problemen der Intensivhaltung in Deutschland, Stand August 2016, URL: www.bmub.bund.de/fileadmin/Daten_BMU/Download_PDF/Staedtebaurecht/intensivhaltung_infopapier_zahlen_fakten_bf.pdf
3 Volksstimme.de: Biogas-Behälter geplatzt, 01.01.2016, URL: www.volksstimme.de/lokal/haldensleben/uebler-geruch-biogas-behaelter-geplatzt; proplanta.de: 500.000 Liter flüssige Gärreste aus Biogasanlage ausgelaufen, 07.04.2016, URL: www.proplanta.de/Maps/500.000+Liter+fl%

FCssige+G%E4rreste+aus+Biogasanlage+ausgelaufen_poi1460037814. html; top agrar online: Prüfer dokumentieren massenhaft Mängel an Biogasanlagen, 16.12.2015, URL: www.topagrar.com/news/Home-top-News-Pruefer-dokumentieren-massenhaft-Maengel-an-Biogasanlagen-2634395.html; Sebald, Christian: Biogas-Anlagen in Bayern. Gülle-Alarm, in: Süddeutsche Zeitung, 10.7.2015, URL: www.sueddeutsche.de/bayern/biogas-anlagen-in-bayern-guelle-alarm-1.2560440 Margret Kiosz, Pannenserie: Viele Biogasanlagen weisen bedeutende Mängel auf, 11. Mai 2018, https://www.shz.de/lokales/flensburger-tageblatt/pannenserie-viele-biogasanlagen-weisen-bedeutende-maengel-auf-id19823021.html

4 Deutscher Bundestag beschließt Änderung des Düngegesetzes, 16.02. 2017, URL: www.bundestag.de/dokumente/textarchiv/2017/kw07-deduengegesetz/491536; Niedersächsisches Ministerium für Umwelt, Energie und Klimaschutz: Nitrat im Grundwasser, 23.02.2016, URL: www.umwelt.niedersachsen.de/umweltbericht/wasser/nitrat/nitrat-88735.html

5 WWF: Klimawandel und Landwirtschaft. Der 5. Sachstandsbericht des Weltklimarats 2014, in: WWF Faktenblatt 2014, URL: www.wwf.de/fileadmin/fm-wwf/Publikationen-PDF/WWF-Faktenblatt-Landwirtschaft-Klimawandel.pdf

6 Umweltbundesamt: Beitrag der Landwirtschaft zu den Treibhausgas-Emissionen, 24.04.2017, URL: www.umweltbundesamt.de/daten/landforstwirtschaft/beitrag-der-landwirtschaft-zu-den-treibhausgas#textpart-1

7 Bundesministerium für Ernährung und Landwirtschaft: Interviews, Reden und O-Töne, 02.07.2016, »Innovation, Forschung und eine moderne, nach vorne gerichtete Landwirtschaft sind für mich die Antworten auf Zukunftsfragen«, im Interview mit der Passauer Neuen Presse spricht Bundesminister Christian Schmidt über Klimaschutz, URL: www.bmel.de/SharedDocs/Interviews/2016/_2016-07-07-SC-PassauerNeuePresse.html

8 Bundesministerium für Umwelt, Naturschutz, Bau und Reaktorsicherheit: Klimaschutzplan 2050. Klimaschutzpolitische Grundsätze und Ziele der Bundesregierung, URL: www.bmub.bund.de/fileadmin/Daten_BMU/Download_PDF/Klimaschutz/klimaschutzplan_2050_bf.pdf

9 Brase, Katja/Harlizius, Jürgen/Köck, Robin: MRSA – so können Sie sich schützen, in: top agrar (2012) 6, URL: www.topagrar.com/archiv/MRSA-so-koennen-Sie-sich-schuetzen-847880.html

10 Umweltbundesamt: Tierarzneimittel, 14.06.2016, URL: www.umweltbundesamt.de/themen/boden-landwirtschaft/umweltbelastungen-der-landwirtschaft/tierarzneimittel#textpart-1

11 Bundesamt für Verbraucherschutz und Lebensmittelsicherheit: Menge der abgegebenen Antibiotika in der Tiermedizin halbiert, 21.09.2016, URL: www.bvl.bund.de/DE/08_PresseInfothek/01_FuerJournalisten/01_

Presse_und_Hintergrundinformationen/05_Tierarzneimittel/2016/2016_08_03_pi_Antibiotikaabgabemenge2015.html
12 Hypersoil.uni-muenster: Bakterien, URL: http://hypersoil.uni-muenster.de/0/08/01.htm
13 Kaulen, Hildegard: Antibiotika, Resistenzen im Boden, in: FAZ Wissen, 14.09.2012, URL: www.faz.net/aktuell/wissen/antibiotika-resistenzen-im-boden-11886514.html
14 FOR 566: Tierarzneimittel in Böden. Grundlagenforschung für eine Risikoanalyse, Deutsche Forschungsgemeinschaft, URL: www.boden.uni-bonn.de/allgemeine-bodenkunde-und-bodenoekologie/forschung/for-566; Im »Gülletest 2017« hat Greenpeace im Frühjahr 2017 Gülleproben aus Schweineställen in Deutschland auf multiresistente Keime und Antibiotika aus der Tiermedizin untersuchen lassen. In 68 Prozent der Proben wurden multiresistente Keime und in 79 Prozent Antibiotika-Wirkstoffe nachgewiesen, vgl. Greenpeace e.V.: Gülletest 2017, 18.05.2017, URL: www.greenpeace.de/sites/www.greenpeace.de/files/publications/guelletest_2017-multiresistente_keime_und_antibiotika.pdf
15 Julius Kühn-Institut: Auswirkungen von Veterinärantibiotika in Gülle auf Bakterien im Ackerboden, 01.07.2014, URL: https://idw-online.de/de/news594300
16 Budde, Joachim: Antibiotika. Gülle im Boden fördert Resistenzen, in: Deutschlandfunk, 14.08.2014, URL: www.deutschlandfunk.de/antibiotika-guelle-im-boden-foerdert-resistenzen.676.de.html?dram:article_id=294608
17 Siehe zum Beispiel: Kramer, Reiner: Zu viel Nitrat im Grundwasser. Keine Entwarnung im Kreis Cloppenburg, in: Nordwest-Zeitung, 28.02.2015, URL: www.nwzonline.de/cloppenburg/wirtschaft/keine-entwarnung-fuer-boesel-keine-entwarnung-im-kreis-cloppenburg_a_24,0,1867929682.html
18 18 Zu viele Schlupflöcher im neuen Düngegesetz, Deutschlandfunk, 21.06.2018, URL: www.deutschlandfunk.de/agrarwissenschaftler-ueber-nitrat-in-gewaessern-zu-viele.697.de.html?dram:article_id=420918
19 Bundesverband der Energie- und Wasserwirtschaft (BDEW): Durch Nitratverschmutzung drohen um bis zu 62 Prozent höhere Wasserpreise, 20.01.2017, URL: www.euwid-wasser.de/news/politik/einzelansicht/Artikel/bdew-durch-nitratverschmutzung-drohen-um-bis-zu-62-prozent-hoehere-wasserpreise.html; Umweltbundesamt: Zu viel Dünger: Trinkwasser könnte teurer werden, 09.06.2017. Darin ist von Kosten bis 767 Millionen Euro pro Jahr die Rede. URL: www.umweltbundesamt.de/presse/pressemitteilungen/zu-viel-duenger-trinkwasser-koennte-teurer-werden
20 Richtlinie 91/676/EWG des Rates vom 12. Dezember 1991 zum Schutz der Gewässer vor Verunreinigung durch Nitrat aus landwirtschaftlichen

Quellen, URL: http://eur-lex.europa.eu/legal-content/DE/TXT/PDF/?uri=CELEX:31991L0676&from=de

21 Verordnung über die Grundsätze der guten fachlichen Praxis beim Düngen vom 26. Januar 1996.

22 Bund-Länder-Arbeitsgruppe zur Evaluierung der Düngeverordnung: Evaluierung der Düngeverordnung – Ergebnisse und Optionen zur Weiterentwicklung, Abschlussbericht, Braunschweig November 2012, URL: http://literatur.vti.bund.de/digbib_extern/dn051542.pdf

23 Die Bundesregierung: Deutschlands Zukunft gestalten. Koalitionsvertrag zwischen CDU, CSU und SPD, 18. Legislaturperiode, 13.12.2013, URL: www.bundesregierung.de/Content/DE/_Anlagen/2013/2013-12-17-koalitionsvertrag.html

24 Europäische Kommission: Nitratbelastung in Gewässern: EU-Kommission verklagt Deutschland, 28.04.2016, URL: https://ec.europa.eu/germany/news/nitratbelastung-gew%C3%A4ssern-eu-kommission-verklagt-deutschland_de

25 WWF: Düngerecht muss Schutz von Umwelt und Gewässern sicherstellen. Gemeinsame Pressemitteilung der Umweltverbände vom 16. Februar 2017, URL: www.wwf.de/2017/februar/duengerecht-muss-schutz-von-umwelt-und-gewaessern-sicherstellen/; Bundesministerium für Ernährung und Landwirtschaft: Novelle der Düngeverordnung: Düngen nach guter fachlicher Praxis, Stand 11.05.2017, URL: www.bmel.de/DE/Landwirtschaft/Pflanzenbau/Ackerbau/_Texte/Duengung.html; Zur Einschätzung der Verordnung siehe auch: Deutscher Bundestag: Bundestag beschließt Änderung des Düngegesetzes, 16.02.2017, URL: www.bundestag.de/dokumente/textarchiv/2017/kw07-de-duengegesetz/491536

26 top agrar online: Mais: Ihr Masterplan gegen Unkräuter, 04/2011, S. 56–65, URL: www.topagrar.com/archiv/Mais-Ihr-Masterplan-gegen-Unkraeuter-535742.html

27 proplanta: Glyphosat zur Sikkation nur noch in Ausnahmen zugelassen, 26.05.2014, URL: www.proplanta.de/Agrar-Nachrichten/Pflanze/Glyphosat-zur-Sikkation-nur-noch-in-Ausnahmen-zugelassen_article1401108736.html; agrarheute: Spätanwendung von Glyphosat im Getreide: Das sind die Regeln, 21.02.17, URL: www.agrarheute.com/news/spaetanwendung-glyphosat-getreide-regeln

28 Heinrich Böll Stiftung: Glyphosat-Untersuchung: 75 Prozent der Deutschen deutlich belastet, 4.03.2016, URL: www.boell.de/de/2016/03/04/glyphosat-untersuchung-75-prozent-der-deutschen-deutlich-belastet; Umweltbundesamt: Neue UBA-Untersuchung zu Glyphosat, 21.01.2016, URL: www.umweltbundesamt.de/print/themen/neue-uba-untersuchung-zu-glyphosat

29 Séralini, Gilles-Eric/Clair, Emilie/Mesnage, Robin/Gress, Steeve u.a.: Long Term Toxicity of a Roundup Herbicide and a Roundup-Tolerant Ge-

netically Modified Maize, Retracted Article, in: Food and Chemical Toxicology 50 (2012), S. 4221–4231, URL: www.sciencedirect.com/science/article/pii/S0278691512005637; Séralini, Gilles-Eric u.a.: Answers to Critics: Why There Is a Long Term Toxicity Due to a Roundup-Tolerant Genetically Modified Maize and to a Roundup Herbicide, Reply to Letters to the Editor, in: Food and Chemical Toxicology 53 (2013), URL: www.sciencedirect.com/science/article/pii/S0278691512008149

30 Europäische Behörde für Lebensmittelsicherheit: EU-Risikobewerter: Schlussfolgerungen der Studienergebnisse von Séralini et al. nicht fundiert, 28.11.2012, URL: www.efsa.europa.eu/de/press/news/121128

31 Klöckner, Marcus: Stich ins Wespennest, Whistleblower-Preis 2015, in: Telepolis, 15.10.2015, URL: www.heise.de/tp/features/Whistleblower-Preis-2015-Stich-ins-Wespennest-3376037.html

32 Bardocz, Susan u.a.: Seralini and Science: An Open Letter, in: Independent Science News, 02.10.2012, URL: https://www.independentsciencenews.org/health/seralini-and-science-nk603-rat-study-roundup/

33 World Health Organizsation, International Agency for Research on Cancer (IARC): Evaluation of Five Organophosphate Insecticides and Herbicides, in: IARC Monographs (2015) 112, URL: www.iarc.fr/en/media-centre/iarcnews/pdf/MonographVolume112.pdf

34 Bundesinstitut für Risikobewertung: WHO/FHO-Gremium (JMPR) bewertet Glyphosat neu und bestätigt das Ergebnis des BfR und der EFSA, dass kein krebserzeugendes Risiko zu erwarten ist, Hintergrundinformation Nr. 012/2016 des BfR vom 16. Mai 2016, URL: www.bfr.bund.de/cm/343/who-fao-gremium-jmpr-bewertet-glyphosat-neu-und-bestaetigt-das-ergebnis-des-bfr-und-der-efsa-dass-kein-krebserzeugendes-risiko-zu-erwarten-ist.pdf

35 Arbeitsgemeinschaft Glyphosat: Auch WHO/FAO-Fachgremium stellt fest: Krebsrisiko durch Glyphosat sehr unwahrscheinlich, 17.05.2016, www.presseportal.de/pm/112688/3328451

36 Zitiert in Gronauer, Almut/Renz, Nicoletta/Erl, Claudia: Galgenfrist für den Ökokiller: Die unendliche Glyphosat-Story, in: Bayerischer Rundfunk 13.07.2016.

DIE MÄR VOM NATURSCHUTZLAND DEUTSCHLAND
(S. 209–224)

1 Vertrag zur Gründung der Europäischen Wirtschaftsgemeinschaft, Römische Verträge vom 25. März 1957, URL: www.europarl.europa.eu/brussels/website/media/Basis/Vertraege/Pdf/EWG-Vertrag.pdf

2 Landesamt für Natur und Umwelt des Landes Schleswig-Holstein (Hg.): Europäischer Vogelschutz in Schleswig-Holstein. Arten und Schutzgebiete, Flintbek 2008, URL: www.umweltdaten.landsh.de/nuis/upool/gesamt/vogelschutz/vogelschutz_gesamt.pdf

3 Heimatbund Landschaft Eiderstedt e.V.: Historisches Eiderstedt Wirtschaftsformen, URL: www.heimatbund-eiderstedt.de/historisches-eiderstedt/wirtschaftsformen/index.html; Husumer Nachrichten: Rinder aus Eiderstedt für England. Als der Viehhandel boomte, in: Husumer Nachrichten, 18.10.2013, URL: https://www.shz.de/lokales/husumer-nachrichten/als-der-viehhandel-boomte-id3846391.html
4 Europäische Kommission: Mythen und Fakten. Der EU-Haushalt ist ein Mammut-Haushalt, ohne Datum, URL: http://ec.europa.eu/budget/explained/myths/myths_de.cfm
5 Kommission der Europäischen Gemeinschaften: Die Landwirtschaft in Europa, Entwicklung – Zwänge – Perspektiven, Luxemburg 1992, Vorwort von Ray Mac Sharry, Mitglied der Kommission der Europäischen Gemeinschaften.
6 Sebald, C./Kotynek, M./Widmann, M.: EU fördert Großkonzerne statt kleine Bauern, in: Süddeutsche Zeitung, 17.05.2010, URL: www.sueddeutsche.de/wirtschaft/agrarsubventionen-eu-foerdert-grosskonzerne-statt-kleine-bauern-1.443465; Die Zeit: Die grüne Zeitbombe. Die verhängnisvolle Entwicklung der europäischen Agrarpolitik, 28.12.1984, URL: www.zeit.de/1985/01/die-gruene-zeitbombe
7 Der Spiegel: Landwirtschaft – der alltägliche Irrsinn. Wie die EG-Milliarden in die Kassen der Agrarwirtschaft fließen, 48/1987, URL: www.spiegel.de/spiegel/print/d-13526875.html
8 Der Spiegel: Der Welthandel wird leiden, 4/1992, URL: www.spiegel.de/spiegel/print/d-13685668.html
9 Bundesministerium für Ernährung und Landwirtschaft: Agrarzahlungen 2016 veröffentlicht, Pressemitteilung vom 22.05.2017, URL: www.bmel.de/DE/Landwirtschaft/Foerderung-Agrarsozialpolitik/_Texte/VeroeffentlichungEUZahlungen.html
10 Deutscher Bundestag: Stenographischer Bericht, 247. Sitzung, Bonn, Donnerstag, 3. Juni 1976, URL: http://dipbt.bundestag.de/doc/btp/07/07247.pdf
11 Gesetz über Naturschutz und Landschaftspflege (Bundesnaturschutzgesetz – BNatSchG) vom 20. Dezember 1976, URL: www.bfn.de/fileadmin/MDB/documents/themen/recht/BGBl.%20I%20S.%203574.pdf
12 Ebenda.
13 Haber, Wolfgang: Landwirtschaft und Naturschutz, Weinheim 2014, S. 111.
14 Deutscher Bundestag: Gesetz über Naturschutz und Landschaftspflege (Bundesnaturschutzgesetz – BNatSchG), in der Fassung der Bekanntmachung vom 21. September 1998, URL: www.gesetzesweb.de/BNatschG.html; Bundesnaturschutzgesetz vom 29. Juli 2009 (BGBl. I S. 2542), das zuletzt durch Artikel 19 des Gesetzes vom 13. Oktober 2016 (BGBl. I S.

2258) geändert worden ist, siehe genauer § 5, URL: www.gesetze-im-internet.de/bnatschg_2009/BJNR254210009.html

15 NABU Schleswig-Holstein: Die sogenannte »gute fachliche Praxis«. Wenn Grundsätze nicht eingehalten werden ... 07.08.2015, URL: https://schleswig-holstein.nabu.de/politik-und-umwelt/landnutzung/landwirtschaft/fakten-hintergruende/17789.html

16 Richtlinie 92/43/EWG Des Rates vom 21. Mai 1992 zur Erhaltung der natürlichen Lebensräume sowie der wildlebenden Tiere und Pflanzen, URL: http://eur-lex.europa.eu/LexUriServ/LexUriServ.do?uri=CONSLEG:1992L0043:20070101:DE:PDF

17 Deutscher Bundestag: Umweltgutachten 2004 des Rates von Sachverständigen für Umweltfragen. Umweltpolitische Handlungsfähigkeit sichern, S. 142, URL: www.umweltrat.de/cae/servlet/contentblob/465694/publicationFile/56536/2004_Umweltgutachten_Hausdruck.pdf

18 Schleswig-Holsteinischer Landtag: Vögel in Eiderstedt, Präsentation von Dr. Hermann Hötker und Dr. Georg Nehls, Michael-Otto-Institut im NABU, vorgetragen am 9. Juni 2004 in der gemeinsamen Sitzung des Umweltausschusses (64. Sitzung) und des Agrarausschusses (72. Sitzung), URL: www.landtag.ltsh.de/infothek/wahl15/umdrucke/4600/umdruck-15-4633.pdf

19 Alert, Rudolf: »Bauernaufstand« von Eiderstedt – über 1000 protestierten in Kiel!, in: oekoalert.de, ohne Datum, URL: http://oeko-alert.de/html/__bauernaufstand-kiel__.html

20 Ministerium für Landwirtschaft, Umwelt und ländliche Räume des Landes Schleswig-Holstein: Managementplan für das Europäische Vogelschutzgebiet DE-1618-404 Eiderstedt, Stand: 20.09.2010, URL: www.amt-eiderstedt.de/media/custom/1840_168_1.PDF

21 Ebenda.

22 Schleswig-Holsteinisches Oberverwaltungsgericht: Urteil vom 04.02.2016, Aktenzeichen 1 LB 2/13 6 A 186/11, URL: www.schleswig-holstein.de/DE/Justiz/OVG/Oberverwaltungsgericht/_documents/Urteil%20Trauerseeschwalbe.pdf?__blob=publicationFile&v=1

23 Mayr, Claus: Bilanz zur EU-Biodiversitätsstrategie, in: umwelt aktuell 12/1–2016/2017.

24 33. Deutscher Naturschutztag 2016: Naturschutz und Landnutzung. Analysen – Diskussionen – Zeitgemäße Lösungen, Magdeburg 13.–17. September 2016, Tagungsreader, URL: www.deutscher-naturschutztag.de/fileadmin/user_upload/DNT_2016/Downloads/33_DNT_Tagungsreader_2016.pdf; Bund Naturschutz in Bayern: EU-Agrarreform 2015–2020. Chancen für eine grünere und gerechtere Agrarpolitik werden nicht genutzt, Stellungnahme Oktober 2014, URL: www.bund-naturschutz.de/fileadmin/

download/landwirtschaft/BN-Aktuell_EU-Agrarreform-2015-2020.pdf; Weiß, Marlene: Reform der EU-Agrarpolitik. Untergepflügt von der Bauernlobby, in: Süddeutsche Zeitung, 4.11.2013, URL: www.sueddeutsche.de/politik/reform-der-eu-agrarpolitik-untergepfluegt-von-der-bauernlobby-1.1810412

ZURÜCK ZUR NATUR (S. 225–233)

1 Leitbild des Deutschen Bauernverbands: Unsere Werte und Orientierung für die Zukunft, verabschiedet auf dem Deutschen Bauerntag 2011 am 1. Juli 2011 in Koblenz, URL: http://media.repro-mayr.de/79/542779.pdf
2 Nischwitz, Guido/Bartelt, Alexander/Kaczmarek, Markus/Steuwer, Sibyl: Lobbyverflechtungen in der deutschen Landwirtschaft. Beratungswesen, Kammern und Agrobusiness, Institut für Ökologische Wirtschaftsforschung Wuppertal 2001, URL: www.umweltstiftung.com/fileadmin/archiv/foerderprojekte_ueberregional/studiege.pdf
3 Der Spiegel: Kein Bauer mit 'ner Kuh wählt heut noch CDU, 19/1986, URL: www.spiegel.de/spiegel/print/d-13516848.html
4 BayWa Corporate: Hauptversammlung 2013, Dienstag, 04. Juni 2013, Abstimmungsergebnisse – Übersicht, URL: www.baywa.com/investor_relations/hauptversammlung/hauptversammlung_2013/
5 Nebeneinkünfte, Das sind die Top-Verdiener im Bundestag, Spiegel-Online, 18.05.2018, URL: www.spiegel.de/politik/deutschland/nebeneinkuenfte-im-bundestag-was-abgeordnete-dazuverdienen-a-1200365.html
6 Sachverständigenrat für Umweltfragen: Umweltgutachten 2016. Impulse für eine integrative Umweltpolitik, Mai 2016, S. 59, URL: www.bundestag.de/blob/424364/edfa87e451e357c1a442cc6362829425/18-16-385_sru_umweltgutachten_2016-data.pdf
7 Bundesvereinigung der Deutschen Ernährungsindustrie (BVE): Spitzenverbände der Lebensmittelwirtschaft gratulieren Minister Schmidt, Berlin, 17.02.2014, URL: www.bve-online.de/presse/pressemitteilungen/pm-20140217; URL: www.bve-online.de/themen/branche-und-markt/ernaehrunsgindustrie-in-zahlen
8 Statista: Anzahl der Betriebe in der Landwirtschaft in Deutschland in den Jahren 1975 bis 2016, URL: https://de.statista.com/statistik/daten/studie/36094/umfrage/landwirtschaft---anzahl-der-betriebe-in-deutschland/
9 ZA-NExUS: Ein zukunftsfähiger Gesellschaftsvertrag mit der Landwirtschaft, Januar 2017, URL: www.bmub.bund.de/fileadmin/Daten_BMU/Download_PDF/Bodenschutz/za-nexus_politikpapier_bf.pdf
10 Niedermayr, Alex: Hendricks will Agrarförderung umstrukturieren, in: agrarmanager, 18.01.2017, URL: www.agrarheute.com/agrarmanager/news/hendricks-will-agrarfoerderung-umstrukturieren

11 Grefe, Christiane: Landwirtschaft. Revolution in Sicht, in: Die Zeit, 9.03.2017, URL: www.zeit.de/2017/09/landwirtschaft-industrialisierung-revolution-oekobau; DLG e.V.: DLG-Grundgesetz und Allgemeine Geschäftsordnung, Frankfurt am Main, 14.10.2014, URL: http://2015.dlg.org/fileadmin/downloads/satzung/DLG_Satzung_2014.pdf; Grefe, Christiane/Sentker Andreas: Interview mit Carl-Albrecht Bartmer. »Wir brauchen Vielfalt«, in: Die Zeit vom 09.03.2017, URL: www.zeit.de/2017/09/carl-albrecht-bartmer-dlg-landwirtschaft-kurswechsel/komplettansicht
12 DLG-Wintertagung 2017: 10 Thesen zur Landwirtschaft 2030. 5. Pflanzenbau mit Umwelt- und Naturschutz in Einklang bringen.
13 Bundesministerium für Ernährung und Landwirtschaft: Welternährung verstehen. Fakten und Hintergründe, Berlin 2015, S. 2, URL: www.bmel.de/SharedDocs/Downloads/Broschueren/Welternaehrung-verstehen.pdf?__blob=publicationFile

Register von Tieren und Pflanzen

Aal (Anguilla anguilla) 210
Acker-Feuerlilie (Lilium bulbiferum) 40–44
Acker-Fuchsschwanz (Alopecurus myosuroides) 55
Acker-Kleinling (Anagallis minima) 43
Acker-Kratzdistel (Cirsium arvense) 38
Acker-Krummhals (Lycopsis arvensis) 51
Acker-Löwenmaul (Misopates orontium) 45, 51, 113
Acker-Ringelblume (Calendula arvensis) 45
Acker-Rittersporn (Consolida regalis) 50, 55
Acker-Schwarzkümmel (Nigella arvensis) 51
Acker-Stiefmütterchen (Viola arvensis) 48
Acker-Witwenblume (Knautia arvensis) 48
Acker-Ziest (Stachys arvensis) 47
Admiral (Vanessa atalanta) 12, 153
Adonisröschen (Adonis) 54
Ahorn (Acer) 60
Akelei (Aquilegia) 52
Ameisen (Formicidae) 18, 53, 154, 157 f., 249
Amerikanische Kröte (Bufo americanus) 130
Amerikanischer Nerz (Neovison vison) 139
Amsel (Turdus merula) 59, 124, 175 f.
Äpfel (Malus) 8, 65, 80, 94, 108
Asseln (Isopoda) 176, 189
Aurorafalter (Anthocharis cardamines) 8 f.

Bach-Nelkenwurz (Geum rivale) 27
Bachstelze (Motacilla alba) 225
Bärenklau (Heracleum) 31
Bathyphantes setiger 86
Bauernsenf (Teesdalia) 47 f.
Baumfalke (Falco subbuteo) 108
Baumpieper (Anthus trivialis) 108
Bekassine (Gallinago gallinago) 86, 88, 137, 139 f.
Berg-Ahorn (Acer pseudoplatanus) 68, 175
Bergfink (Fringilla montifringilla) 11
Berghänfling (Linaria flavirostris) 11
Berg-Sandglöckchen (Jasione montana) 161
Biber (Castor fiber) 12, 143
Bienen (Apiformes) 15 f., 25, 38, 65 f., 99–101, 136, 161–163, 167–170, 175, 184, 226, 242 f., 250 f.
Bienen-Ragwurz (Ophrys apifera) 10
Birkenzeisig (Carduelis flammea) 11
Birkhahn (als Vogelart Birkhuhn) (Lyrurus tetrix) 137
Birnen (Pyrus) 65
Bisam (Ondatra zibethicus) 161
Blässhuhn (Fulica atra) 225
Blattläuse (Aphidoidea) 69, 98, 103
Blaue Kornblume (Centaurea cyanus) 9, 13, 34, 36, 39 f., 45, 56, 68
Blauer Maiwurm (Meloe violaceus) 226
Bläulinge (Lycaenidae) 11, 16, 80, 154 f., 157–160, 162 f., 249
Blaumeise (Cyanistes caeruleus) 225

Blindschleiche (Anguis fragilis) 10
Bluthänfling (Saxicola rubetra) 11, 105, 118
Blutströpfchen, auch Sechsfleck-Widderchen (Zygaena filipendulae) 13, 16
Blutweiderich (Lythrum salicaria) 84, 154
Borretsch (Borago officinalis), auch Gurkenkraut, Blauhimmelstern, Liebäuglein oder »Guckunnerkraut« 78
Brauner Feuerfalter (Lycaena tityrus) 163
Braunkehlchen (Saxicola rubetra) 105 f.
Breitblättriges Knabenkraut (Dactylorhiza majalis) 27
Breitwegerich (Plantago major) 24
Brennnesseln (Urtica) 31, 153
Brombeere (Rubus sectio Rubus) 60
Buchfink (Fringilla coelebs) 11, 225
Bussard (Buteo) 94, 108
Dachs (Meles meles) 65, 123
Dattelpalme (Phoenix) 53
Deutsches Filzkraut (Filago germanica) 47
Deutsches Weidelgras (Lolium perenne) 17, 35
Dickkopffalter (Hesperiidae) 162 f.
Dohle (Corvus monedula) 124
Dorngrasmücke (Sylvia communis) 73, 118
Dreistacheliger Stichling (Gasterosteus aculeatus) 210, 212 f.
Dunkler Wiesenknopf-Ameisenbläuling (Phengaris nausithous) 157
Echte Kamille (Matricaria chamomilla) 40, 46

Echtes Leinkraut (Linaria vulgaris) 37 f., 40, 48
Echtes Mädesüß (Filipendula ulmaria) 18, 20
Eichelhäher (Garrulus glandarius) 161
Eiche (Quercus) 20 f., 60, 70
Eichhörnchen (Sciurus vulgaris) 59
Einjähriger Knäuel (Scleranthus annuus) 46−48
Einkorn (Triticum monococcum) 50
Eisenhut (Aconitum) 53
Emmer (Triticum dicoccum) 50, 52
Erdkröte (Bufo bufo) 69, 124, 128 f., 134
Esche (Fraxinus excelsior) 60 f., 169
Eulen (Strigiformes) 63
Falke (Falco) 63
Färber-Scharte (Serratula tinctoria) 27
Fasan (Phasianus colchicus) 60, 108
Faulbaum-Bläuling (Celastrina argiolus) 154 f., 157
Feld-Hainsimse (Luzula Campestris) 18
Feldlerche (Alauda arvensis) 48, 103, 104−108, 113, 145
Feldsperling (Passer montanus) 11, 105
Fetthenne (Sedum) 23
Fetthennen-Bläuling (Scolitantides orion) 157
Fingerhut (Digitalis purpurea) 52
Fitis (Phylloscopus trochilus) 225
Fledermäuse (Microchiroptera) 12, 63
Flussmuschel (Unio crassus) 161
Fuchs, auch Rotfuchs (Vulpes vul-

pes) 64f., 69, 123, 139, 141, 147, 221
Futterrübe (Beta vulgaris) 56
Gamander-Ehrenpreis (Veronica chamaedrys), auch Männertreu 18–20, 208
Gänseblümchen (Bellis perennis) 36
Gartenammer, auch Ortolan (Emberiza hortulana) 11
Gartenrotschwanz (Phoenicurus phoenicurus) 73, 225
Gebänderte Prachtlibelle (Calopteryx splendens) 161
Gelbbauchunke (Bombina variegata) 131
Gelber Senf (Sinapis alba) 53, 115
Gelbrandkäfer (Dytiscus marginalis) 11, 121
Gemeine Nachtkerze (Oenothera biennis) 53
Gemeiner Bienenkäfer (Trichodes apiarius) 161
Gemeiner Salbei (Salvia officinalis) 37
Gerste (Hordeum vulgare) 50, 56, 64
Gewöhnlicher Teufelsabbiss (Succisa pratensis) 155
Gewöhnliches Ruchgras (Anthoxanthum odoratum) 208
Giersch (Aegopodium podagraria) 78
Glatthafer (Arrhenatherum elatius) 22
Glockenblume (Campanula) 49, 162, 169
Glockenblumen-Scherenbiene (Osmia rapunculi) 162
Goldammer (Emberiza citrinella) 11, 73, 105, 225
Golddistel (Carlina vulgaris) 161

Goldhafer (Trisetum flavescens) 22
Grasfrosch (Rana temporaria) 124f., 128, 130f., 190
Grauammer (Emberiza calandra) 105–107, 152
Grauer Laubfrosch (Hyla versicolor) 130
Großblättriger Ampfer, auch Stumpfblättriger Ampfer (Rumex obtusifolius) 159
Große Schmuckschwebfliege (Helophilus trivittatus) 154f.
Großer Brachvogel (Numenius arquata) 32, 88, 140, 145, 149
Großer Feuerfalter (Lycaena dispar) 157–159, 163
Großer Klappertopf (Rhinanthus angustifolius) 20, 22, 161
Großer Kolbenwasserkäfer (Hydrous piceus) 220–222
Großes Ochsenauge (Maniola jurtina) 162f.
Großtrappe (Otis tarda) 11 f.
Grünader-Weißling (Pieris napi) 153, 155, 162f.
Grüne Mosaikjungfer (Aeshna viridis) 220
Grünfink (Carduelis chloris) 105
Haarmückenlarven (Bibionidae) 176
Habicht (Accipiter gentilis) 59
Habichtskraut (Hieracium) 23
Hagebutte (Rosa rugosa) 60
Hainbuche (Carpinus betulus) 61
Hartriegel (Cornus) 68
Hasel (Corylus) 60f.
Hauhechel-Bläuling (Polyommatus icarus) 162f.
Heideknabenkraut (Dactylorhiza maculata subsp. elodes) 81
Heidelerche (Lullula arborea) 225

Heller Wiesenknopf-Ameisenbläuling (Phengaris teleius) 157
Himmelblauer Bläuling (Polyommatus bellargus) 11
Hochmoor-Bläuling (Plebejus optilete) 80
Hochmoor-Perlmutterfalter (Boloria aquilonaris) 80
Holunder (Sambucus) 60
Hornmilben (Oribatida) 176
Hummel (Bombus) 15 f., 38, 136, 167 f., 170 f., 174
Hundertfüßer (Chilopoda) 176
Hundsrose (Rosa canina) 66
Hungerblümchen (Erophila verna) 161
Jagdfasan (Phasianus colchicus) 106
Johanniskraut (Hypericum perforatum) 49
Kahles Ferkelkraut (Hypochaeris glabra) 47
Kammmolch (Triturus cristatus) 128, 131
Karotte (Daucus carota subsp. sativus) 37
Kartoffeln (Solanum tuberosum) 51, 56, 108, 112, 209
Kerbel (Anthriscus) 31
Kiebitz (Vanellus vanellus) 86, 88, 107, 137–143, 146 f., 149–152, 217, 220, 222
Kirsche (Prunus) 65, 96
Klatschmohn (Papaver rhoeas) 34, 36, 40, 50, 56
Kleiner Fuchs (Aglais urticae) 153, 156, 163
Kleiner Klappertopf (Rhinanthus minor) 20, 22, 161
Kleiner Perlmuttfalter (Issoria lathonia) 48, 163

Kleiner Vogelfuß (Ornithopus perpusillus), auch Mäusewicke 48
Kleines Wiesenvögelchen (Coenonympha pamphilus) 162 f.
Kletten-Labkraut (Galium aparine) 55
Knoblauchkröte (Pelobates fuscus) 131 f.
Kohlmeise (Parus major) 225
Kompostwurm (Eisenia foetida) 186
Kornrade oder Kornrose (Agrostemma githago) 51 f.
Kranich (Grus grus) 225
Krauser Ampfer (Rumex crispus) 159
Krebsschere (Stratiotes aloides), auch Wasseraloe 212, 219 f.
Kreuzdorn (Rhamnus) 68
Kreuzenzian (Gentiana cruciata) 24, 157
Kreuzenzian-Ameisenbläuling (Phengaris rebeli) 157
Kreuzkröte (Bufo calamita) 124
Kreuzotter (Vipera berus) 10, 79
Kuckuck (Cuculus canorus) 8, 105, 158
Kuckucks-Lichtnelke (Silene flosculi) 16, 22, 32, 208
Lachmöwe (Chroicocephalus ridibundus) 225
Lämmersalat (Arnoseris minima) 46–50
Landkärtchen (Araschnia levana) 153
Laubfrosch (Hyla arborea) 116–122, 124–127, 130
Laufkäfer (Carabidae) 69, 103
Leopardenfrosch (Rana pipiens) 130
Löwenzahn (Taraxacum sect. Ruderalia) 12, 17, 26, 31, 40, 53

Lungenenzian-Ameisenbläuling
  (Phengaris alcon)   157
Lupine (Lupinus)   52
Mädesüß-Perlmuttfalter (Brenthis
  ino)   163
Magerwiesen-Margerite (Leucanthemum vulgare)   23
Mais (Zea mays)   14, 34, 44, 47,
  56, 63, 83, 92, 94, 96–114,
  132, 147, 183–185, 193–195,
  203, 205, 212 f.
Majoran (Origanum majorana)   47
Marder (Mustelidae)   59, 69
Marderhund (Nyctereutes procyonoides)   65, 123
Mäuseschwänzchen (Myosurus minimus)   43, 90
Minze (Mentha)   24
Mohn-Mauerbiene (Osmia papaveris)   162
Mönchsgrasmücke (Sylvia atricapilla)   225
Moorfrosch (Rana arvalis)   131
Moschus-Malve (Malva moschata)   161
Natternkopf (Echium vulgare)   52, 161, 169
Nebelkrähe (Corvus cornix)   106, 225
Neuntöter (Lanius collurio)   43, 73, 105, 108, 118
Nierenfleck-Zipfelfalter (Thecla betulae)   163
Ochsenzunge (Anchusa officinalis)   49, 161
Ortolan (Emberiza hortulana)   43, 108
Pfeilkraut (Sagittaria)   11
Pfirsichblättrige Glockenblume (Campanula persicifolia)   162
Pflaume (Prunus)   65

Pirol (Oriolus oriolus)   43
Rabenkrähe (Corvus corone)   146
Rabenvögel (Corvidae)   139
Raps (Brassica napus)   12, 14, 34,
  38, 40, 56, 64, 96, 99–101,
  104, 108, 168, 171, 204, 212
Rebhuhn (Perdix perdix)   60, 73,
  102, 104, 107 f., 113
Regenwürmer (Lumbricidae)   12,
  53, 92, 139, 142, 176–178,
  186–189
Ringelnatter (Natrix natrix)   123
Rittersporn (Delphinium)   52
Roggen (Secale cereale)   40 f., 43,
  48, 52 f., 87
Rohrammer (Emberiza schoeniclus)   11
Rotbauchunke (Bombina bombina)
  11, 119, 124, 131, 185
Rotkehlchen (Erithacus rubecula)
  225
Rotklee (Trifolium pratense)
  19, 136, 174, 208
Rotmilan (Milvus milvus)   108
Rotschenkel (Tringa totanus)   139 f.
Rotschwingel (Festuca rubra)   18 f.
Rückenschwimmer (Notonectidae)
  121
Rundblättrige Glockenblumen (Campanula rotundifolia)   16
Rundblättriges Hasenohr (Bupleurum rotundifolium)   55
Salweide (Salix caprea)   68
Sandbienen (Andrena)   161
Schafstelze (Motacilla flava)   225
Scharfer Hahnenfuß (Ranunculus acris), auch Butterblumen   208
Schlammpeitzger (Misgurnus fossilis)
  210, 271
Schlehdorn (Prunus spinosa), auch
  Schlehe   61, 66, 162 f.

Schlingnatter (Coronella austriaca) 10

Schlüsselblume, Echte Schlüsselblume (Primula veris) 22

Schnatterente (Anas strepera) 225

Schnecken (Gastropoda) 28, 69, 127, 161, 176, 221

Schornsteinfeger (Aphantopus hyperantus), auch Brauner Waldvogel 153, 163

Schwalbenschwanz (Papilio machaon) 13, 16, 37

Schwanenblume (Butomus umbellatus) 11

Schwarzdorn (Prunus spinosa) 60, 66

Schwarzköpfige Herbstsandbiene (Andrena nigriceps) 169

Schwarzmilan (Milvus migrans) 108

Schwarzstorch (Ciconia nigra) 108

Schwimmendes Laichkraut (Potamogeton natans) 117, 122

Sechsfleck-Widderchen (Zygaena filipendulae) 13, 16

Seeadler (Haliaeetus albicilla) 12

Sommer-Adonisröschen (Adonis aestivalis) 46, 54

Sonnentau (Drosera) 79, 81, 85

Specht (Picidae) 225

Springschwänze (Collembola) 176, 188 f.

Star (Sturnus vulgaris) 94–96, 113, 167

Steinkauz (Athene noctua) 73

Stieglitz (Carduelis carduelis) 105

Storchschnabel (Geranium) 13, 22

Sumpfdotterblume (Caltha palustris) 22, 88

Tagpfauenauge (Aglais io) 12, 153, 156, 163

Tauwurm (Lubricus terrestris) 176, 178, 187

Teich-Ampfer (Rumex hydrolapathum) 159

Teichmolch (Lissotriton vulgaris) 128 f.

Thymian-Ameisenbläuling (Phengaris arion) 157

Torfmoose (Sphagnum) 79–82, 84–86, 239, 271

Trauerseeschwalbe (Chlidonias niger) 64 f., 210–213, 217–219, 221–223, 225, 271

Triticale 48

Turmfalke 108

Uferschnepfe (Limosa limosa) 32, 139, 145, 147, 149, 152, 217

Veränderliches Widderchen (Zygaena ephialtes) 11

Vogelbeere (Sorbus aucuparia) 68

Vogelknöterich (Polygonum aviculare) 24

Vogelmiere (Stellaria media) 53

Vogel-Wicke (Vicia cracca) 18 f., 136

Wachtel (Coturnix coturnix) 106, 108

Wachtelkönig (Crex crex) 88, 140, 148

Waldmeister (Galium odoratum) 208

Waldwasserläufer (Tringa ochropus) 86

Warzenbeißer (Decticus verrucivorus) 43

Wasser-Ampfer (Rumex aquaticus) 159

Wasserhahnenfuß (Ranunculus aquatilis) 117, 122

Wasserläufer (Gerridae) 11, 86

Wasserlinse (Lemna) 84, 127

Weidenröschen (Epilobium) 68
Weinbergschnecke (Helix pomatia) 161
Weinbergslauch (Allium vineale) 46
Weinberg-Tulpe (Tulipa sylvestris) 46
Weißdorn (Crataegus) 59, 61, 68, 77, 93, 118
Weißes Labkraut (Galium album) 49
Weißklee (Trifolium repens) 136
Weißstorch (Ciconia ciconia) 86, 108
Weizen (Triticum) 34, 48, 50, 52, 56, 64, 68, 97, 103, 108, 129, 212, 241
Wespen (Vespinae) 154, 165, 249
Wespenbussard (Pernis apivorus) 108
Wiedehopf (Upupa epops) 21
Wiesel (Mustela) 69
Wiesen-Flockenblumen (Centaurea jacea) 13
Wiesen-Fuchsschwanz (Alopecurus pratensis) 18, 22, 208
Wiesenpieper (Anthus pratensis) 139 f., 148
Wiesenplatterbse (Lathyrus pratensis) 174
Wiesenrispe (Poa pratensis), auch Bluegrass 17
Wiesensalbei (Salvia pratensis) 22
Wiesen-Sauerampfer (Rumex acetosa) 208
Wiesenschafstelze (Motacilla ava) 106
Wiesenschaumkraut (Cardamine pratensis) 8 f., 16, 22, 32, 208
Wiesenschaumzikade (Philaenus spumarius) 8
Wilde Möhre (Daucus carota) 37, 40, 47, 136
Wilder Tabak (Nicotiana attenuata), auch oder Kojoten-Tabak 188
Wildkatze (Felis silvestris) 12
Wildrose (Rosa) 61
Wildschwein (Sus scrofa) 66, 108 f., 123
Windhalm (Apera spica-venti) 55
Wohlriechendes Ruchgras (Anthoxanthum odoratum) 27, 32, 208
Wolf (Canis lupus) 12
Wollgras (Eriophorum) 79, 81, 85
Zaunkönig (Troglodytes troglodytes) 225
Zilpzalp oder Weidenlaubsänger (Phylloscopus collybita) 225
Zitronenfalter (Gonepteryx rhamni) 156
Zuckerrübe (Beta vulgaris) 100 f.
Zwerg-Ahorn (Acer palmatum) 175
Zwerg-Filzkraut (Filago minima) 48
Zwerg-Sauerampfer (Rumex acetosella) 49
Zwergschwan (Cygnus bewickii) 150
Zwergtaucher (Tachybaptus ruficollis) 225

Dank

Dieses Buch konnte nur Dank all derjenigen entstehen, die ihr Fachwissen großzügig mit mir geteilt haben. Einer der ersten war **Prof. Dr. Christoph Leuschner** aus Göttingen mit seinen Einblicken in die Dramatik der Pflanzenverluste auf Wiesen, Weiden und Äckern. **Dr. Stefan Meyer** ist mit mir in Schoolbek in der Holsteinischen Schweiz auf Ackerwildkraut-Pirsch gegangen. **Susanne von Redecker**, die die Flächen bewirtschaftet, hat uns zu diesen Schätzen geführt. Der Nachmittag auf ihrer Terrasse mit Blick auf ihre Schmetterlingswiese ist unvergesslich. Die **Familie Bergmann – Christel** und **Harry** sowie Tochter **Stefanie** – haben von den Sorgen und Mühen erzählt, die es bereitet, wenn man ein Kulturdenkmal auf dem Acker – die Feuerlilien – für die Nachwelt erhalten möchte, und **Fred Bos**, ihr Gast aus den Niederlanden, hat mich mitgenommen auf seine persönliche Forschungsreise zur Geschichte der Feuerlilien. Dank **Dr. Peter König**, Kustos des Botanischen Gartens in Greifswald, wurde mein angelesenes Wissen über Streuwiesen, Küstenmoore und heimische Orchideen zu einer Erfahrung für die Sinne. Von **Prof. Dr. Josef Settele** vom Helmholtz-Zentrum für Umweltforschung in Halle habe ich unter anderem gelernt, dass zarte blaue Schmetterlinge in einer höchst komplexen Symbiose mit Ameisen leben. **Dr. Martin Sorg** vom Entomologischen Verein Krefeld e. V. 1905 sowie der NABU-Landesvorsitzende in Nordrhein-Westfalen **Josef Tumbrinck** haben mir die Dramatik der Insektenverluste vor Augen geführt. Mit **Dr. Knud Schulz** vom NABU in Hamburg durfte ich auf einem sonnigen Halbtrockenrasen in Hamburg Schmetterlinge zählen. **Manuel Pützstück**, Wildbienenexperte der Deutschen Wildtier Stiftung, hat mir gezeigt, dass auch eine Großstadt wie Hamburg wildbienenfreundlich werden kann. Wir haben die Idee daraufhin in meiner Stadt übernommen. Der Diplom-Biologe **Heiko Grell** hat mich in die Geheimnisse der Laubfroschaufzucht eingeweiht und **Dr. Carsten A. Brühl** von der Universität Koblenz-Landau in die Gefahren von Pflanzenschutzmitteln für Amphibien und die Komplexität von Testverfahren. Die Diplom-Biologin **Heike Jeromin** vom Michael-Otto-Institut im NABU hat mir gezeigt, dass Landwirtschaft und Vogelschutz keine Gegensätze sein müssen. Wie sich mit der Natur wirtschaften lässt, habe ich auf Gut Klepelshagen in Mecklenburg-Vorpommern und im Ökodorf Brodowin in Brandenburg erlebt. Dafür danke ich **Prof. Dr. Fritz Vahrenholt**, Alleinvorstand der Deutschen Wildtier Stiftung, und seinem Team in Klepelshagen, insbesondere **Michael Tetzlaff, Peter Stuckert** und **Christian Vorreyer**, die mir geduldig erklärt haben, wie man ohne Unkrautvernichter arbeitet, wildtierfreundliche Rückzugsräume schafft, und wo ich als Highlight abends mehr als 80 Rothirschen beim Äsen zusehen durfte. **Martin Flade**, Landschaftsplaner, Naturschützer und Ornithologe aus Brodowin hat mich frühmorgens zu einem Brutvogelmonitoring mitgenommen, wo ich rund um das Ökodorf eine Vielfalt erlebt habe, die ihresgleichen sucht. **Sibylle Stromberg**, Leiterin des NABU Naturzentrums Katinger Watt, und **Claus Ivens**, Landwirt auf Eiderstedt, haben mir erklärt, was mit Trauerseeschwalben, Schlammpeitzgern und seltenen Libellen passiert, wenn das Wasser aus der Landschaft verschwindet. Von der **Diplom-Biologin Greta Gaudig** habe ich erfahren, wie man Torfmoos vermehrt und so vielleicht dem Moorschwund ein Ende bereitet. **Prof. Dr. Dr. Berndt-Michael Wilke**, Präsident des Bundesverbands Boden e. V., hat mich in die Geheimnisse des Lebens unter unseren Füßen eingeweiht. **Prof. Dr. Hubert Weiger**, Vorsitzender des BUND Naturschutz in Bayern (BN) und des Bund für Umwelt und Naturschutz Deutschland (BUND), hat mir viele zusätzliche Einblicke in den Irrsinn der EU-Agrarpolitik und Hinweise gegeben, wie Abhilfe möglich sein könnte. Der Deutsche Naturschutztag 2016 in Magdeburg mit seinen Vorträgen, insbesondere von **Prof. Dr. Peter Poschlod** von der Universität Regensburg und **Prof. Dr. Klaus Richter** von der Hochschule Anhalt, gaben wichtige Anregungen ebenso wie die Konferenz »Birds in a changing world« des European Bird Census Council 2016 in der Universität Halle, die der Dachverband Deutscher Avifaunisten organisiert hat. Hinzu kommen viele andere, mit denen ich telefoniert habe, die ich getroffen habe, die mir mit Informationen und Rat zur Seite standen und denen ich auf diesem Wege danken möchte. Ich hoffe, ich habe sie richtig wiedergegeben. Nicht alle können erwähnt werden und mancher wollte es nicht. Sich kritisch mit der intensiven Landwirtschaft auseinanderzusetzen, ist der Karriere nicht unbedingt förderlich.

Mein besonderer Dank gilt **Prof. Dr. Michael Succow**. Er war mit seinen Kontakten ein wichtiger Türöffner. Seine Erzählungen über die Landschaften seiner Kindheit, die voller Leben waren, sind der Leitstern dieses Buches.

Impfen? Wann und was?

320 Seiten | Gebunden
mit Schutzumschlag
ISBN 978-3-451-32974-6

Impfen? Bis zur Geburt seiner Tochter für David Sieveking kein Thema. Doch seine Lebensgefährtin will das Baby partout nicht piksen lassen. Er beginnt über Nutzen und Risiken von Impfungen zu recherchieren, und plötzlich wachsen auch bei ihm die Zweifel. Persönlich und unterhaltsam erzählt David Sieveking von seinen Recherchen im Dschungel der Informationen. Und eröffnet ganz nebenbei völlig neue Horizonte in der Impfdebatte.

In jeder Buchhandlung!

HERDER www.herder.de